어른의 마음공부

어른의 마음공부

배영대 지음

동양 최고의 고전 노자 『도덕경』으로
마음챙김 명상을 한다!

클라우드나인
CLOUD 9

마음 공부 시간을 따로 마련해보자

갓난아기의 몸은 부드럽다. 성장하며 어른이 될수록 부드러움은 줄고 딱딱한 부분이 더 많아지게 된다. 삶은 부드러움이고 죽음은 딱딱함이다. 몸만 그런 것이 아니다. 마음에서 일어나는 생각도 그렇다. 좀 더 오래 잘 살고 싶으면 몸과 마음을 부드럽게 해야 한다. 성장한 어른이 어떻게 갓난아기처럼 부드러운 몸과 마음을 유지할 수 있을까? 노자가 제시하는 행복한 삶의 비결이 여기에 있다. 의도적으로 부드러움을 유지하려는 수련이 바로 마음챙김 명상이다. 노자의 『도덕경』은 마음챙김의 원천이다.

어떻게 생각을 부드럽게 할 수 있을까? 간단한 호흡 명상으로도 가능하다. 잠시 하던 일을 멈추고 편안하게 숨을 들이마시고 내쉬어보자. 1분간의 짧은 호흡으로도 헝클어진 마음이 조용히 가라앉음을 느낄 수 있다. 가라앉으면 부드러워진다. 하지만 몸에 밴 오래된 습관 때문에 다시 마음은 이리저리 방황하며 딱딱한 생각을 하게 된다. 그래서 의도적으로 마음공부 시간을 따로 마련할 필요가 있다.

마음챙김 명상과 노자 『도덕경』은 연결돼 있다

간단한 마음공부로는 우선 딱딱한 부분이 많아지는 생각을 알아차려보는 것이다. '내가 지금 딱딱한 생각을 하고 있구나!' 하는 느낌을 한번 알아차려 보자. 그런 알아차림이 마음챙김의 시작이다. 거기서 좀 더 진전된 수련은 생각하는 방식을 바꾸는 것이다. 일종의 '생각의 병'에 대한 치유다. 생각의 병에 대한 노자의 처방이 바로 무위無爲이다. 무위는 아무것도 하지 않는다는 뜻이 아니다. 무위는 새로운 삶의 방식이다. 마음의 눈으로 보고 마음의 손과 발로 행동하는 것이 바로 무위다.

오늘날 영미권에서 마음챙김 명상이 크게 유행하고 있다. 마음챙김의 고향인 동양으로 서양의 마음챙김이 오히려 역수입되고 있을 정도다. 마음챙김이란 용어 자체가 영어 마인드풀니스Mindfulness를 번역한 것이다. 서양은 물질적 요소가 많고 동양은 정신적 요소가 많다는 속설도 옛날이야기다. 서양의 마음챙김 명상에서 가장 많이 쓰이는 표현인 '하지 않음Non-doing'이 바로 노자의 무위를 영어로 번역한 것이다. 마음챙김 명상과 노자의 『도덕경』이 긴밀히 연결돼 있다.

육체의 눈으로 보면 작은 것은 작게만 보이고 큰 것은 크게만 보인다. 마음의 눈을 뜨면 작은 것을 크게 큰 것을 작게 여길 수도 있다. 큰 것이 클 수 있는 것은 작은 것이 있기 때문이다. 작은 것 없이 큰 것만 홀로 존재할 수는 없다. 큰 것과 작은 것은 동전의 양면처럼 하나로 같이 존재한다는 것이 노자가 제시한 도道, 즉 진리다. 이를 유무상생有無相生이라고 표현하기도 한다. 유有는 보이는 세계에 대한 총칭이다. 무無는 보이지 않는 세계에 대한 총칭이다. 육체의 감각기관에 잡힌 세계가 사물의 전부라고 여기지 않는 것이 마음챙김이다. 보이지 않는 무의 세계를 존중하는 마음 자세라고 할 수 있다.

81장으로 구성된 『도덕경』에는 무의 비유나 상징이 마치 숨은그림찾기처럼 절묘하게 곳곳에 다양한 모습으로 배치돼 있다. 자세를 바로 하고 호흡과 함께 매일 한 장씩 읽어가면서 숨은그림찾기 하듯이 무의 세계를 음미할 수 있을 것이다.

왜 어른에게 마음챙김이 필요한 것일까

이 책의 제목인 『어른의 마음공부』에는 세 가지 의미가 담겨 있다.

첫째, 어른이란 말을 '성인聖人'의 다른 표현으로 사용했다. 성인은 노자가 제시한 이상적 인간형이다. '성스러운 인간'이란 표현에서 범인凡人의 일상을 벗어나는 초월적 이미지가 느껴진다. 마음챙김은 일상을 초월하는 것이 아니다. 일상을 관통하면서 삶의 지혜를 찾아가는 마음의 여행이 마음챙김 명상이다. 그런 점을 반영해 '일상 속 성인'의 의미를 어른이란 말에 담아보려 했다. 세상의 지혜가 많은 사람이면서 범인들과 같이 동고동락하는 사람을 어른이라고 불러도 좋을 것 같다. 둘째, 어른의 기준을 몸의 크기와 나이의 많음에 두지 않았다. 마음챙김을 하면서 마음을 크게 잘 쓰는 사람이 참된 어른이다. 셋째, 어른다운 어른이 적어지면서 갈수록 혼탁해지는 우리 사회에 경종을 울리고 싶은 마음을 담았다. 마음챙김으로 우리 사회에 평화와 행복이 오래 유지되기를 바라는 마음이다.

『도덕경』에서 일관되게 발견되는 상대성 원리는 그 어떤 것도 절대적으로 고정된 것은 없다는 것이다. 최고의 진리조차도 말로 표현하면 참된 진리가 아니라는 것이 노자의 가르침이다. 어른의 어른스러움도 고정되어 있는 것이 아니다. 어른스러움도 홀로 존재하는 것이 아니라 어른스럽지 않은 것들과 하나로 같이 존재함을 알아차려야 한다. 어른이라고 해서 더 이상 마음공부를 하지 않아도 되는 것이 아니다. 어른스러움도 마음챙김을 하지 않으면 바로 어른스럽지 않음으로 타락할 수 있다는 것이 노자의 궁극적인 가르침이다.

참된 어른은 마음챙김을 한다

마음챙김 명상에서 많이 인용하는 '두 개의 독화살' 이야기가 있다. 우리 몸과 마음에서 느끼는 고통을 독화살에 비유하곤 한다. 육체적 통증과 불편함 그리고 심리적 불쾌감과 혐오 등이 모두 첫 번째 화살이다. 첫 번째 화살을 피할 수 있는 사람은 세상에 아무도 없다. 누구나 스트레스를 받으며 병에 걸리고 고통을 당한다. 살면서 한 번도 아프지 않은 사람은 없을 것이다. 중요한 것은 두 번째 화살이다. 두 번째 화살은 첫 번째 화살에 대한 자신의 반응이다. 자신의 반응에 따라 흘러가는 구름처럼 지나갈 슬픔이나 분노가 걷잡을 수 없이 커지기도 한다. 어른이 된다는 것은 그 두 번째 화살을 조절할 줄 안다는 것이다. 두 번째 화살은 밖에서 날아오는 것이 아니라 자신의 내면에서 발생한다. 첫 번째와 두 번째 화살 사이에 마음챙김의 자리가 놓여 있다. 그 자리의 주인은 바로 자신의 마음이다. 마음챙김이 두 번째 화살로 인한 고통을 줄이거나 없앨 수 있다는 이야기다.

두 번째 화살을 피하는 길은 끊임없이 방황하는 생각의 흐름을 알아차리는 것이다. 그것은 마음 자세에 달렸다. 내가 마음을 어떻게 쓰느냐에 따라 고통을 계속 달고 다닐 수도 있고 지금 바로 고통에서 벗어나 행복할 수도 있다. 마음 자세는 생각과 감정을 조절하는 방식을 가리킨다. 생각 중에 가장 지독한 생각이 자신만 옳고 진실하다는 독선이다. 자신만 옳고 진실하다는 생각을 내려놓을 줄 아는 것이 마음챙김이다. 마음챙김이 참된 어른의 길이다. 그 이유를 다양한 방식으로 변주하며 알려주는 것이 『도덕경』이다.

차례

2부 덕경德經 　　　　　　　　　　• 195

: 어른의 덕은 치우침 없이 자연스럽다

1부 — 도경 : 어른의 도는 유연하고 담담하다

1장

이름과 모양에 얽매이지 말고 관조하라

말할 수 있는 도는

참된 도가 아니다.

道可道
도 가 도

非常道
비 상 도

부를 수 있는 이름은

참된 이름이 아니다.

名可名
명 가 명

非常名
비 상 명

무無는 천지의 시작

유有는 만물의 어미

無名天地之始
무 명 천 지 지 시

有名萬物之母
유 명 만 물 지 모

그러므로

항상 무로써 숨겨진 미묘함을 관조하고

항상 유로써 드러난 겉모습을 관조한다.

故
고

常無欲以觀其妙
상 무 욕 이 관 기 묘

常有欲以觀其徼
상 유 욕 이 관 기 요

무와 유는 하나로 같이 있다.

此兩者同
차 양 자 동

밖으로 나와 이름을 달리할 뿐이다.　**出而異名**
출 이 이 명

하나로 같이 있음을 현玄이라고 한다.　**同謂之玄**
동 위 지 현

같이 있고 또 같이 있다.　**玄之又玄**
현 지 우 현

모든 미묘함의 문이다.　**衆妙之門**
중 묘 지 문

無(무): 보이지 않는 세계를 상징하는 기호 / 有(유): 보이는 세계를 상징하는 기호 / 妙(묘): 미묘함. 잘 보이지 않는 영역 / 徼(요): 경계境界. 사물의 겉모습 / 玄(현): 가물가물하다. 그윽하다. 대칭적 상관관계인 유有와 무無가 동전의 양면처럼 같이 있음을 상징하는 기호

인간은 생각의 감옥에 갇혀 사는 동물이다. 『도덕경』의 첫 구절 인 '도가도道可道 비상도非常道'는 자신을 옭아맨 생각의 감옥에서 벗어나게 하는 '해방의 만트라'다. 마음을 깨끗이 하고 깨달음의 지혜를 얻기 위해 외우는 진언眞言을 산스크리트어로 만트라mantra라고 한다.

생각은 마음에서 일어나 말로 표출된다. 마음에서는 복수의 생각이 동시에 일어날 수 있다. 하지만 그 생각을 입으로 내뱉을 때는 한 가지 생각밖에 표출하지 못한다. 인간의 한계다. 그 한계 속에서 잘 살아가는 법을 배워야 한다. 부분적으로 한 가지 생각밖에 말하지 못하는 한계를 지니고 있으면서 마치 자신의 말이 전체를 표현한 것처럼 과장해선 안 된다. 과장된 말이 재앙의 씨앗이다. 노자는 세상에 대한 최고의 진리인 도道조차도 말로 표현하면 '참된 도'가 아니라고 말하고 있다. 도가 그러한데 그밖의 다른 것은 말할 것도 없다.

무와 유가 무엇인지 알아차려야 한다

이 구절에서 '도'의 자리에 그 무엇이라도 가져다 놓아보자. '나'를 대입해보면 어떨까? '나를 나라고 말하면 참된 나가 아니다.'가 된다. 나는 나 홀로 존재할 수 없다. 나는 나 아닌 것들과 분리될 수 없는 존재다. '진리를 진리라고 말하면 참된 진리가 아니다.'라는 표현도 가능하다. 진리가 우리를 자유롭게 하지만 동시에 우리를 옭아매는 구속의 밧줄이 될 수도 있음을 알아차려야 한다. 말로 표현된 것은 그 무엇이든 절대적인 것이 아니라는 선언이다. 절대적 우상을 만들지 말라! 영원한 자유의 길이 여기서 시작된다.

노자의 메시지는 마음 자세에 관한 것이다. 자신의 눈과 귀에 포착된 것이 무엇이든지 그 이름과 모양에 얽매이지 말아야 한다. 절대적으로 고정된 것은 없다는 마음 자세를 가지고 살아간다면 감각기관에 포착된 대상의 이름과 모양에 자동적으로 끌려가지 않을 것이다.

도는 우리가 발로 걸어 다니는 길이면서 동시에 우리의 생각이 작용하는 원리와 방법을 상징한다. 『도덕경』에서 궁극적으로 다루는 주제는 생각의 원리와 방법이다. 두 발을 조화롭게 사용해야 잘 걸어갈 수 있듯이 생각도 두 가지를 조화해야 잘 살아갈 수 있다.

두 가지 생각이란 무엇일까? 어떤 사물이나 현상에 대한 느낌이나 판단이 두 가지로 나타남을 가리킨다. 우리의 생각은 대개 좋음과 싫음, 잘함과 잘 못함, 아름다움과 추함, 귀함과 천함, 큼과 작음 등으로 표현된다. 대립적으로 보이는 두 생각이 서로 연관되어 있는 모습이다. 필자는 이를 '대칭적 상관관계'라고 부른다. 『도덕경』에는 수많은 대칭적 상생관계의 사례가 소개된다. 대표하는 표현이 유有와 무無다. 무와 유로 순서를 바꿔 표기해도 된다. 어느 것을 앞에 놓아도 좋다. 중요한 것은 유와 무가 무엇을 상징하는지를 알아차리는 것이다. 그것이 '도덕경 명상'의 핵심이다.

유와 무는 노자 철학의 골조다. 이 책에서 이야기하려는 '도덕경 명상'의 뼈대이기도 하다. 유와 무는 각기 서로의 근거가 되며 공존하는 상생관계다. 이를 2장에서 유무상생有無相生으로 표현했다. 유무상생은 세상 만물이 존재하고 운행하는 원리다. 유무상생이 곧 도의 내용이다. 노자는 1장부터 81장까지 계속 다양한 방식으로 유무상생의 도를 변주한다. 각종 비유나 상징으로 표현된 유무상생의 의미를 각 장에서 마치 숨은그림찾기처럼 알아차리는 것이 '도덕경 명상'이다.

1장에서 한자 원문을 무無와 유有에서 끊어 읽지 않고 무명無名과 유명有名, 무욕無欲과 유욕有欲에서 끊어 읽어도 된다. 무명과 유명, 무욕과 유욕도 대칭적 상관관계이다. 따라서 이렇게 읽는 것이 처음에는 더 이해하기 쉽다. 무명과 유명, 무욕과 유욕에서 명名, 욕欲을 빼면 결국 무, 유만 남는다. '명'과 '욕'의 자리에 그 어떤 명사, 형용사, 동사라도 가져다 놓아보자. 그 말들은 다 자신이 부르고 싶은 이름, 느낌, 혹은 하고 싶은 일이나 판단인 경우가 대부분일 것이다. 수많은 느낌과 판단의 공통적인 속성을 '이름(名)'과 '바람(欲)'으로 추상해서 나타낸 것이고 더욱 추상하면 결국 유와 무만 남게 된다. 유와 무의 대칭적 상관관계가 도의 내용이다.

욕심이 없어야 사물의 실상實相을 볼 수 있다. 실상이란 대칭적 상생관계가 공존하는 모습이다. 욕심이 작동하면 사물의 겉모습만 보게 된다. 무는 못 보고 유만 보는 것이다. 한쪽만 바라보면서 전체인 양 큰소리를 내면 어떻게 될까? 다툼이 끝이 없게 된다. 다툼은 결국 가공할 살상 무기로 서로 죽고 죽이는 전쟁으로 이어진다. 전쟁을 줄이려는 마음이 『도덕경』을 관통하는 핵심 사상이다.

말은 만물을 살리기 위해서 하는 것이다

인간의 욕망은 권력을 향해 있다. 청와대나 백악관의 정치권력만 권력이 아니다. 가정, 학교, 동네, 회사, 종교, 경제, 문학, 역사, 철학 등 모든 곳에서 권력을 향한 욕망이 작동하고 있다. 독선적 소유 욕망이 권력의 특징이다. 권력욕이 개인과 사회를 어지럽힌다. 권력욕이 발동하면 대칭적 상관관계로 존재하는 만물의 실상을 망각하게 된다.

마음챙김 명상은 권력욕의 청정 구역일까? 그렇지 않다. 절대적으로 고정된 것은 없다. 명상도 예외가 아니다. 자신이 하는 명상을 절대화하면 명상도 권력욕에 휩싸이며 타락하게 된다. '타락한 명상'을 알아차려야 한다. 반대로 권력이 절대화의 욕망을 내려놓고 상대를 존중하면 '마음챙김 권력Mindful Power'이 될 수 있다. 마음챙김 명상을 하는 권력은 말을 함부로 하지 않을 것이다. 만물을 살리는 말이 마음챙김의 말이기 때문이다.

대칭적 상생관계의 공존을 상징하는 기호인 현玄을 어떻게 번역할 것인가? 대개 '검을 현玄'이라고 풀이하곤 하는데 '검다'는 뜻으로 단정할 수 없다. '검을 흑黑'과 '흰 백白'이 태극 문양처럼 하나로 섞여 있는 것이 '현'의 의미이기 때문이다. 검다고 할 수도 없고 희다고 할 수도 없다. 이런 색을 무엇이라고 이름 붙일 수 있을까? 특정한 이름을 붙이는 순간 천 길 낭떠러지 아래로 떨어진다. 이름을 붙일 수 없기에 일종의 기호로 보아 그냥 '현'이라고 해도 좋을 것 같다. 중요한 것은 이름이 아니라 그 의미를 알아차리는 것이다.

흑과 백의 관계를 유와 무로 표현해도 된다. 흑이 유라면 백은 무가 된다. 그 반대로 백이 유면 흑은 무가 된다. 눈에 보이는 것을 유라고 하고 그 이면에 숨어 있는 것을 무라고 표현한 것이다. '현'은 감각기관으로 접하며 보고 듣고 생각하는 대상의 경계가 뚜렷하게 나누어지지 않음을 알려주는 글자 기호다. '현'과 의미가 가까운 글자 기호가 상常이다. '상'의 의미에 대해선 16장에서 구체적으로 살펴볼 것이다. 상, 현, 도는 같은 내용의 다른 이름이다.

2장

아름다움과 추함을 억지로 나누지 말라

세상 사람들	天下 천 하
모두 아름다움을 아름다움으로만 아는데	皆知美之爲美 개 지 미 지 위 미
그것은 추함이 있기 때문이다.	斯惡已 사 오 이
모두 잘함을 잘함으로만 아는데	皆知善之爲善 개 지 선 지 위 선
그것은 잘 못함이 있기 때문이다.	斯不善已 사 불 선 이
그러므로	故 고
유와 무는 서로 살리고	有無相生 유 무 상 생
어려움과 쉬움은 서로 이루며	難易相成 난 이 상 성
긺과 짧음은 서로 드러내고	長短相較 장 단 상 교
높음과 낮음은 서로 기대며	高下相傾 고 하 상 경
음과 소리는 서로 어울리고	音聲相和 음 성 상 화
앞과 뒤는 서로 따른다.	前後相隨 전 후 상 수

이 때문에 참된 어른은

是以聖人
시 이 성 인

무위無爲의 마음으로 일을 처리하고

處無爲之事
처 무 위 지 사

불언不言의 자세로 가르침을 행한다.

行不言之敎
행 불 언 지 교

만물을

萬物
만 물

자라게 하면서도 자랑하지 않고

作焉而不辭
작 언 이 불 사

살리면서도 소유하지 않으며

生而不有
생 이 불 유

위하면서도 의지하지 않는다.

爲而不恃
위 이 불 시

공이 이루어져도 머물지 않는다.

功成而不居
공 성 이 불 거

공에 머물지 않기에

夫唯不居
부 유 불 거

공이 떠나지 않는다.

是以不去
시 이 불 거

惡(오): 추함. '아름다울 미美'와 대칭적 상관관계 / 善(선): 잘함. '잘 못함(不善)'
과 대칭적 상관관계 / 有無(유무): 있음과 없음. 아름다움과 추함, 잘함과 잘 못함
등 수많은 대칭적 상관관계를 대표하는 표현 / 相生(상생): 서로 살리다. 대칭적
상관관계가 서로 살려주는 사이임을 의미. 『도덕경』에 나오는 '생生' 자는 '살리
다'는 뜻이 잘 어울림

아름다움이 아름다움으로 여겨지는 것은 그와 상대되는 가치인 추함이 있기 때문이다. 아름다움과 추함은 서로의 존재 근거로 작용한다. 아름다움은 추함의 뿌리이고 추함은 아름다움의 바탕이다. 이런 관계를 대칭적 상관관계라고 부른다. 대칭적 상관관계는 『도덕경』 명상의 뼈대다.

잘함과 잘 못함도 대칭적 상관관계다. 잘함은 잘함 그 자체만으로 절대화될 수 없다. 잘함이 잘함으로 여겨지는 것은 잘 못함이 있기 때문이다. 어려움과 쉬움, 긺과 짧음, 높음과 낮음, 음과 소리, 앞과 뒤 등도 모두 대칭적 상관관계다. 왜 이렇게 대칭적 상관관계를 강조하는 것일까? 대칭적 상관관계가 각기 그 뿌리를 망각하고 이분법으로 분별될 때 세상이 어지러워지기 때문이다.

마음챙김은 무를 마음의 눈으로 보는 것이다

대칭적 상관관계를 대표하는 표현이 유有와 무無다. 이 대목을 잘 이해해야 한다. 『도덕경』에 나오는 수많은 역설적 표현에 걸려 넘어지지 않는 해법이 여기에 있다. 유와 무가 무엇을 상징하는지 알아차리는 것이다. 유는 감각기관에 보이고 들리는 세계의 총칭이다. 무는 감각기관에 보이지 않고 들리지 않으면서 유의 근거가 되는 세계의 총칭이다. 예컨대 우리가 어떤 사물을 보고 아름다움을 느꼈다면 그 순간 아름다움이 유가 되고 그 이면의 추함은 무가 된다. 그 반대의 관계도 성립한다.

보이지 않는 세계인 무를 마음의 눈으로 보는 것이 마음챙김이고 그것이 바로 핵심이다. 유와 무가 동전의 양면이나 태극 문양처럼 하나로 같이 있는 것을 도道라고 부른다. 무, 유, 도는 모두 일종의 기호다. 유무상생有無相生이 곧 만물이 존재하고 운행하는 원리인 도의 내용이다.

무위無爲와 불언不言은 대칭적 상관관계인 유와 무의 어느 한쪽만을 절대화하지 말라는 뜻이다. 왕필의 주석을 참고할 만하다. 왕필은 이렇게 설명했다. "아름다움이란 사람의 마음이 따르고 즐거워하는 것이다. 추함이란 사람의 마음이 미워하고 싫어하는 것이다. 아름답다거나 추하다고 여기는 것은 기뻐하거나 노하는 것과 같고, 잘한다거나 잘 못한다고 여기는 것은 옳다거나 그르다고 하는 것과 같다. 기뻐하는 것과 노하는 것은 근원이 같고 옳다는 것과 그르다고 하는 것은 문호門戶가 같다. 그러므로 한쪽만 거론해서는 안 된다. 본문의 여섯 가지(유무有無, 난이難易, 장단長短, 고하高下, 음성音聲, 전후前後)는 모두 자연스러움을 진술했으니 한쪽만을 거론해서는 안 되는 분명한 이치이다."[1]

대칭적 상관관계의 어느 한쪽만을 거론하는 것은 상대적 가치를 절대화하는 착각임을 알아차려야 한다. 오늘날 영미권의 마음챙김 명상에서 주요 원리로 많이 인용되는 '하지 않음Non-doing'은 『도덕경』의 무위無爲에 대한 번역이다. 습관적이고 기계적인 비교와 판단을 삼가는 것이 무위다. 자신의 생각과 욕심을 고집하지 않고 내려놓아야 무위를 행할 수 있다.

생이불유生而不有, 위이불시爲而不恃, 공성이불거功成而不居 등은 9장,

---

1 "美者, 人心之所進樂也; 惡者, 人心之所惡疾也. 美惡猶喜怒也, 善不善猶是非也. 喜怒同根, 是非同門, 故不可得偏擧也, 此六者皆陳自然, 不可偏擧之明數也"(김학목 옮김, 『노자 도덕경과 왕필의 주』, 홍익출판사, 41~42쪽 참조)

10장, 34장, 51장, 77장 등에 계속 나온다. 표현은 조금씩 다르게 나오지만 그 의미는 같다. 『도덕경』의 주제를 잘 나타내고 있으므로 여러 번 나오는 것이다.

이 구절들은 모두 사사로운 욕심을 어디까지 내려놓아야 하는지를 알려준다. 만물이 잘 살아갈 수 있도록 도움을 주면서 이래라저래라 참견하지 않아야 한다. 큰 공을 세우고 공치사를 하고 싶은 마음을 억제하기는 쉽지 않다. 그 공의 크기가 크면 클수록 더 어려울 것이다. 아무리 공이 커도 공치사를 하지 말라는 뜻이 여기에 담겨 있다. 마음을 비우지 않고는 힘든 경지다.

이 표현들은 모두 끝없는 '마음 혁명'을 묘사하고 있다. 많은 사회 개혁이 실패하고 마는 이유는 다른 데 있지 않다. 사회 개혁의 목소리만 요란하고 정작 '마음 개혁'은 부족하기 때문이다. 사회를 바꾸고 싶으면 자신의 마음부터 비워야 한다. 마음챙김 명상이 지향하는 길이다.

니르바나는 죽어서 얻는 상태가 아니다

대칭적 상관관계의 궁극에 삶과 죽음의 문제가 놓여 있다. 생生과 사死는 마음챙김 명상에서 궁극의 과제다. 모든 근심과 걱정이 삶과 죽음 사이에서 일어난다. 세계적 마음챙김 명상 지도자로 미국과 프랑스에서 활동한 틱낫한 스님의 삶과 죽음에 대한 언급을 참고할 만하다. "니르바나Nirvana는 태어남과 죽음, 있음과 없음, 옴과 감에 대한 개념을 포함하여 온갖 개념과 관념의 소멸을 의미한다. 삶의 궁극 차원, 서늘하고 평화롭고 기쁜 상태가 니르바나이다. 죽어서 얻게 되는 상태가 아니다. 바로 지금 당신은 마음챙김 숨쉬기, 걷기, 차 마시기로 니르바나에 들 수 있다."[2]

니르바나는 열반涅槃, 즉 깨달음을 가리킨다. 궁극의 깨달음은 온 갖 개념과 생각을 내려놓을 때 도달하는 경지다. 승려의 죽음을 열 반이라고도 부르는데 죽어서 얻게 되는 상태가 아니라는 것이다. 바 로 지금 이 순간에 살아서 깨달음에 들어갈 수 있다는 이야기다. 삶 과 죽음을 실체적 이분법으로 분별하지 않는 것이 니르바나다.

틱낫한은 또 "탄생과 죽음은 서로 맞물려(상호 연관되어) 있다Birth and death inter-are."라고도 했다. 베트남 출신의 틱낫한은 미국 프린스 턴대학교에서 비교종교학을 공부하고 컬럼비아대학교에서 불교 강 의를 했다. 그는 불교 용어를 아주 쉬운 영어로 풀어내곤 했다. 그가 사용한 영어 중 가장 주목해야 할 표현이 '인터비잉Interbeing'이다. 틱낫한은 이렇게 말했다.

"불교 수행에서 죽음은 매우 중요합니다. 사는 것만큼 중요합니다. 죽음은 태어나는 것만큼 중요합니다. 탄생과 죽음은 상호 연관되어 있기 때문입니다. 탄생 없이는 죽음도 없습니다. 죽음이 없으면 탄 생도 없습니다. 탄생과 죽음은 매우 가까운 친구이며 둘 사이의 공 동 작업은 삶이 가능하기 위해 필요합니다."[3]

삶을 탄생과 죽음의 공동 작업collaboration으로 설명하는 대목이

---

2 틱낫한 지음, 이현주 옮김, 『지금 이 순간이 나의 집입니다』, 불광출판사, 205쪽.

3 "In the practice of buddhism, dying is very important. It's as important as living. Death is as important as being born, because birth and death inter- are. Without birth, there could be no death. Without death, there is no birth. birth and death are very close friends, and collaboration between the two of them is necessary for life to be possible."(미국의 온라인 불교 명상 사이트 'Lion's Roar' 참조. www.lionsroar.com)

흥미롭다. 틱낫한이 제시한 '탄생과 죽음'의 자리에 『도덕경』 2장의 여러 대칭적 상관관계를 대입할 수 있다. 틱낫한이 말한 인터비잉은 '상호 존재' 혹은 '대칭적 상관관계'로 번역할 수 있다.

『도덕경』의 무위無爲는 2~3세기에 인도 불교가 동아시아에 들어와 처음 번역될 때 차용된 중요한 개념이다. 산스크리트어로 쓰인 불경佛經을 한문으로 번역할 때 『도덕경』이 디딤돌 역할을 했다. 궁극의 깨달음을 가리키는 니르바나는 무위로 한역漢譯됐다. 이 같은 격의格義 불교 시대를 거쳐 니르바나는 열반涅槃으로 음역됐다. 지금은 니르바나라고 원어를 써도 그 의미가 통하게 됐다. 니르바나→무위→열반→니르바나의 순서로 이해되는 과정을 거친 것이다. 그 영향이 오늘날까지도 이어져서 지금도 불경 속에서 무위라는 용어가 핵심적으로 쓰이고 있다. 불교와 노자 철학 사이 융합의 역사가 오래됐다.

4~5세기에 활약한 인도 출신의 승려 구마라습은 산스크리트어로 된 불경을 한문으로 옮긴 대표적 인물이다. 그의 경전 번역을 도운 제자 가운데 승조 스님이 있었다. 승조는 구마라습의 제자가 되기 전에 노장老莊 철학의 전문가였다. 노장 철학이 불교와 융합하는 교량 역할을 했다고 볼 수 있다. 그가 남긴 『조론肇論』은 도불道佛 융합의 초기 모습을 살펴볼 수 있는 저작이다.

『도덕경』을 이야기할 때 빼놓을 수 없는 인물이 위魏나라 출신의 천재 사상가 왕필(王弼, 226~249)이다. 그가 스무 살도 되기 전에 출간한 주석서는 지금도 『도덕경』을 공부하는 이들의 필독서로 꼽힌다. 우리가 일반적으로 보고 있는 통행본 『도덕경』의 81장 구성도 왕필의 편집 체제를 따른 것이다. 이 책도 마찬가지다.

내가 마음챙김의 관점으로 『도덕경』을 다시 보면서 참고한 책은 김학목 박사가 번역하고 해설한 『노자 도덕경과 왕필의 주』(홍익출판사, 2000)이다. 한국 학계에서 '마음 비움' 수양론의 관점을 뚜렷하게 부각하며 노자와 왕필을 해석한 첫 저작으로 간주해도 좋을 것 같다.

3장

지혜를 가장한 자들을 무위로 다스려라

현명함을 높이지 않아야

不尚賢
불 상 현

사람들이 다투지 않는다.

使民不爭
사 민 부 쟁

얻기 어려운 재화를 귀하게 여기지 않아야

不貴難得之貨
불 귀 난 득 지 화

사람들이 도둑질하지 않는다.

使民不爲盜
사 민 불 위 도

욕심낼 만한 물건을 내보이지 않아야

不見可欲
불 견 가 욕

사람들의 마음이 혼란스럽지 않다.

使民心不亂
사 민 심 불 란

이 때문에

是以
시 이

참된 어른의 다스림은

聖人之治
성 인 지 치

그 마음을 비우고

虛其心
허 기 심

배를 채우며

實其腹
실 기 복

그 뜻을 약하게 하고

弱其志
약 기 지

| 뼈를 강하게 한다. | 强其骨 |
| | 강 기 골 |

항상 사람들로 하여금	常使民
	상 사 민
무지 무욕하게 하고	無知無欲
	무 지 무 욕
지혜롭다고 하는 자들이	使夫智者
	사 부 지 자
감히 나서지 못하게 한다.	不敢爲也
	불 감 위 야

무위를 행하면	爲無爲
	위 무 위
다스려지지 않음이 없다.	則無不治
	즉 무 불 치

'현명함을 높이지 말라'는 노자의 역설에 걸려 넘어지면 안 된다. 현명한 처신이 모두 필요 없다는 의미로 볼 순 없다. 우리는 모두 더욱 현명하게 살아야 한다. 하지만 참으로 현명하기 위해선 그 현명함이 현명하지 않게 변질될 수 있음도 알아차려야 한다. 영원히 변치 않을 것 같은 사랑도 변한다. 민주와 정의라는 가치도 절대적으로 고정된 것이 아니다. 사랑과 민주와 정의조차도 '절대 권력'이 되면 그와 반대의 가치로 타락하게 된다. '타락한 사랑' '타락한 민주' '타락한 정의' '타락한 현명함'으로 전락하지 않게 하려면 미리미리 조심하면서 마음을 비워야 한다.

거창한 깃발을 내건 온갖 개혁의 구호가 제대로 열매를 맺지 못하는 이유는 다른 데 있지 않다. 자신의 생각과 욕심을 내려놓지 못하기 때문이다. 생각과 욕심을 내려놓는 것이 바로 무지無知와 무욕無欲이다. 많이 배우고 능력 있다고 하는 자들일수록 자신의 생각과 욕심을 내려놓을 줄은 모른다. 그러면서 세상을 바르게 바꿔보겠다고 나서곤 한다. 그런 오만함은 오히려 세상을 어지럽힐 뿐이다. 적게 배우고 능력 없는 사람이 지도자가 되어야 한다는 이야기가 아니다. 이 점을 오해해선 안 된다. 젊은 학생들은 많이 배우고 능력을 키워야 한다. 그런 노력을 소홀히 하면 안 된다. 다만 그런 배움과 능력이 절대적 위상을 영원히 갖는 것이 아니라는 사실도 알아야 한다.

현명함과 현명하지 않음도 대칭적 상관관계다

'현명함을 높이지 말라'는 말은 역설적 지혜다. 『도덕경』은 이런 역설로 가득 차 있다. 우선 현명함이 현명함으로 여겨지는 것은 현명하지 않음이 있기 때문임을 알아차려야 한다. 현명함과 현명하지 않음도 대칭적 상관관계. 현명함을 높이지 말라는 것은 현명함이란 생각을 절대화하지 말라는 뜻이다. 2장에서 아름다움과 잘함의 판단을 상대화한 것과 같은 이치다. 노자는 도道조차도 절대화해선 안 된다고 했다. 최고의 가치로 여겨지는 진선미眞善美에 모두 상대적 가치만 부여함을 확인할 수 있다.

무언가를 숭상하고 귀하게 만들어놓으면 사람들의 마음이 한쪽으로 쏠리며 미혹하게 되고 그것을 더 많이 차지하기 위한 다툼이 벌어진다. 대칭적 상관관계의 다른 한쪽까지 다 보려면 마음을 비워야 한다. 마음을 비우는 것은 무엇인가 바라고 구하는 욕심을 내려놓는 것이다. 바라고 구하는 것에 관한 생각이 마음에 가득 차 있으면 그 밖의 다른 것은 보아도 보이지 않고 들어도 들리지 않는다. 마음을 비우는 무위無爲가 곧 마음챙김이다.

『도덕경』의 핵심 사상인 '무위'는 아무것도 하지 않는다는 말이 아니다. '위무위爲無爲'라는 표현이 그 점을 알려준다. '무위를 행하다'는 뜻이다. 도를 잘 따르는 사람은 무위를 행한다. 무위란 어떻게 하는 것일까? 이 장에서 제시한 불상현不尙賢, 불귀난득지화不貴難得之貨, 불견가욕不見可欲, 허기심虛其心, 약기지弱其志, 무지無知, 무욕無欲 등이 모두 무위의 구체적 내용이다.

4장

날카로움을 꺾고 빛남을 부드럽게 하라

도는 텅 비어야 작용을 하니

道沖而用之
도 충 이 용 지

혹시라도 가득 채우지 않는다.

或不盈
혹 불 영

깊은 연못 같네!

淵兮
연 혜

만물의 근원인 듯하다.

似萬物之宗
사 만 물 지 종

날카로움을 꺾어

挫其銳
좌 기 예

분란을 해소하고

解其紛
해 기 분

빛남을 부드럽게 하여

和其光
화 기 광

티끌과 하나가 된다.

同其塵
동 기 진

맑고 고요하구나!

湛兮
잠 혜

정말로 존재하는 듯하네.

似或存
사 혹 존

나는 그것이 누구의 자식인지 알지 못한다.   吾不知誰之子
오 부 지 수 지 자

하느님보다 앞서는 것 같네.   象帝之先
상 제 지 선

沖(충): 비다 / 湛(잠): 맑다 / 象(상): ~인 것 같다

도道를 흔히 그릇에 비유하기도 한다. 그릇의 크기가 문제다. 간장 종지만 한 그릇을 이야기하는 게 아니다. 천지天地, 즉 하늘과 땅 사이의 허공만큼 큰 그릇이다. 천天과 지地는 대칭적 상관관계를 상징한다. 하늘과 땅 사이에서 만물이 태어나 자라고 살다가 죽는다. 억지로 보태거나 뺄 것이 없는 자연스러운 과정이다. 도는 자연스러움을 본받는다.

어른의 마음은 허공처럼 크고 연못처럼 깊다

도를 상징하는 그릇은 크다, 작다는 상대적 가치로 재단할 수 없는 그릇이다. 인간의 말로 그 크기를 잴 수 없는 그릇이 진정 큰 그릇이다. 하늘과 땅 사이의 허공처럼 무한히 큰 그릇이 도의 넓이를 상징한다면 연못은 도의 깊이를 상징한다. 금붕어 몇 마리가 사는 작은 연못이 아니다. 태평양과 대서양을 비롯한 오대양을 다 합친 것보다 더 크고 깊은 연못이다. 그릇과 연못에 비유된 도는 우리 마음을 가리킨다. 우리 마음도 만물을 포용하는 허공처럼 크게 쓸 수 있다는 이야기다. 그런 마음이 어른의 마음이다.

허공처럼 큰 마음의 도는 부드럽게 작용한다. 부드럽고 약해 보이는 것이 딱딱하고 강한 것을 이긴다. 노자가 중시하는 부드러움이란 생각의 유연함을 가리킨다. 부드럽고 따뜻하며 친절함이 느껴지는 곳에선 도가 작용하고 있음을 알아차려야 한다. 그 반대로 도가 작용하지 않는 곳에선 대립과 분쟁이 끊이지 않음을 알아차려야 한다. 자신만 잘났다고 뽐내면서 다른 사람을 무시하는 곳에선 도가 짓눌려 있을 것이다.

때로 야심가들이 나서서 얽힌 분란을 푼다는 명분을 내걸지만 오히려 상황이 어지러워지곤 한다. 그 원인은 다른 데 있지 않다. 좋음과 나쁨, 잘함과 잘 못함 등을 분별하는 칼날이 날카롭게 서 있기 때문이다. 날카로움을 계속 갈아서는 얽힌 매듭을 풀고 분란을 해소하지 못한다. 깊은 연못처럼 만물을 포용하는 마음이 있어야 한다. 자신의 생각과 욕심으로 마음을 가득 채우면 다른 것을 포용할수 없다.

붓다와 중생은 하나로 붙어 있다

'화기광和其光 동기진同其塵'은 줄여서 화광동진和光同塵으로 많이 쓰인다. 참선參禪하는 스님들이 즐겨 인용하는 화광동진의 출처가 『도덕경』이다. 붓다의 진리를 깨달은 보살이 혼자만의 깨달음에 안주하지 않고 중생 구제에 나선다는 의미를 담고 있다. 붓다와 중생을 별개의 존재로 생각하면 안 된다는 것이 핵심 포인트다. 붓다와 중생이 대칭적 상관관계로 하나로 같이 붙어 있음을 알아차려야 한다.

화광동진은 노자의 마음챙김을 잘 보여주는 표현이다. 『도덕경』 56장에도 나온다. 자신만 잘났다고 뽐내지 않고 남과 함께 조화로운 삶을 사는 것이 마음챙김이다. 보살의 길과 마음챙김 명상의 거리가 그리 멀어 보이지 않는다. 깨달음을 얻고 마음챙김을 한다고해서 일상의 삶을 벗어나는 것이 아니다. 일상을 관통하면서 깨달음을 실천해가는 것이 마음챙김의 길이다.

어떤 사람이 진리를 깨달았거나 마음챙김을 잘하는지 여부를 어떻게 알 수 있을까? 그의 말과 행동을 보면 알 수 있다. 부드럽고 친절하게 말하고 얽힌 매듭을 풀면서 가족, 이웃, 사회 구성원들과 잘 어울려 사는 모습으로 나타나게 된다.

5장

하늘과 땅의 마음을 제 것으로 삼는다

하늘과 땅은 편애하지 않으니

만물을 짚으로 만든 개처럼 대한다.

天地不仁
천 지 불 인

以萬物爲芻狗
이 만 물 위 추 구

참된 어른도 편애하지 않으니

사람들을 짚으로 만든 개처럼 대한다.

聖人不仁
성 인 불 인

以百姓爲芻狗
이 백 성 위 추 구

하늘과 땅 사이는

아마도 풀무 같네!

天地之間
천 지 지 간

其猶橐籥乎
기 유 탁 약 호

비어 있지만 구부러지지 않고

움직일수록 더욱 더 나온다.

虛而不屈
허 이 불 굴

動而愈出
동 이 유 출

芻狗(추구): 짚으로 만든 개. 고대 제사용품 / 橐籥(탁약): 풀무. 대장간에서 불 피우는 기구 / 數(삭): 자주 / 中(중): 마음

말이 많으면 자주 궁해지니

중中을 지키는 것만 못하다.

多言數窮
다 언 삭 궁

不如守中
불 여 수 중

공자 철학의 핵심인 인仁은 다른 사람의 처지에 공감하는 마음이다. 타인에 대한 공감은 사회를 유지하는 데 없어서는 안 될 중요한 역할을 한다. 노자는 불인不仁을 이야기한다. 노자가 '인'을 부정한 것일까? '불인'은 노자의 역설임을 알아차려야 한다.

최고의 진리라 해도 사사로운 욕심이 개입하면 그 반대의 가치로 타락할 수 있다는 것이다. 아름다움, 잘함, 현명함 등을 절대화하지 않았듯이 '인'도 마찬가지다. 불인이란 '인'의 절대화를 경계하는 역설적 표현이다. '인'은 대개 '어질다'는 뜻으로 풀이된다. 어짊과 어질지 않음이 대칭적 상관관계로 같이 붙어 있음을 상기시키면서 어짊이 어질지 않음으로 변질될 수 있음을 알려주고 있다.

노자의 화법은 겉모습으로 그 의미를 단정할 수 없다는 데 특징이 있다. 불인을 문자 그대로 하면 '어질지 않다'이지만 그 속뜻을 봐야 한다. 무지無知가 단순히 알지 못함이 아니라 무위無爲의 한 형태이듯이 불인도 무위의 한 형태로 봐야 한다.

텅 빈 허공 속에서 만물이 살아간다

풀무는 불을 피울 때 바람을 일으키는 기구다. 풀무는 그 속이 비어 있어야 제 기능을 한다. 여기선 하늘과 땅 사이에 텅 비어 있는 허공을 풀무에 비유했다. 텅 빈 허공이지만 그 작용은 끝이 없음을 알려주고 있다. 텅 빈 허공 속에서 만물이 자라고 살아간다.

풀무나 허공은 우리 마음의 상징이다. 풀무의 가운데가 비어 있어야 그 작용을 하듯이 우리의 마음도 비어 있어야 그 작용을 제대로 할 수 있다. 마음의 작용이란 무엇일까? 사람과 사회를 살리는 일이다. 사람과 사회를 해치는 날카로움은 무디게 하고 꽉 막히고 얽힌 것은 푸는 일이다. 사물의 어느 한쪽에 관한 생각으로 마음을 꽉 채우는 것은 날카로움을 더 날카롭게 하고 꼬인 실타래를 더 꼬이게 하는 유위有爲다. 언제까지 어리석게만 살아갈 것인가? 지나친 욕심을 내려놓고 치우친 생각을 비우는 것이 무위다.

이런 상상을 해볼 수도 있겠다. 풀무의 크기가 어마어마하여 그 끝을 알 수 없다면 어떻게 될까? 하늘과 땅 사이의 허공처럼 될 것이다. 허공처럼 크고 넓은 마음을 한번 상상해보자. 허공 같은 마음 씀씀이라면 한번 날갯짓에 구만리장천을 날아간다고 하는 대붕조차도 작은 새에 지나지 않을 것 같다.

허공의 마음을 유지할 수 있다면 말은 그리 많이 필요하지 않다. 대개 언제 말이 많아지는가? 자신의 생각과 욕심을 구구절절이 설명하고 합리화하려고 할 때다. 말을 많이 하다 보면 자꾸 궁색해지게 마련이다. 그것보다는 중中을 지키는 게 낫다. '중'은 천지 사이의 허공 같은 마음이다. 허공의 마음을 자신의 마음으로 삼는 것이 무위다.

하늘과 땅은 인간을 편애하지 않는다

추구芻狗는 고대 제사용품으로 쓰였다. 짚을 엮어 개 모양을 만들어 제사를 지낼 때 바쳤다가 제사가 끝나면 버렸다고 한다. 필요할 때 만들어 쓰고 그 용도가 다하면 버린다는 이야기다. '만물을 추구처럼 대한다'에는 무엇인가를 특별히 사랑해서 쓰는 것도 아니고 또 싫어해서 버리는 것도 아니라는 의미가 담겨 있다.

엄청난 규모의 지진이나 홍수가 발생해서 수많은 인명이 죽는 뉴스를 볼 때마다 천지불인天地不仁이 떠오른다. 하늘과 땅은 인간을 편애하지 않는다. 큰 지진이 나기 전에 쥐들은 미리 그 조짐을 알고 피한다고 하는데 지진에 관한 한 인간은 쥐만도 못한 것 같다. 인간이 다른 동물보다 잘하는 것도 있지만 잘 못하는 것도 있다. 잘함과 잘 못함은 늘 같이 있는 것이다. 그것이 자연스러운 모습이다. 하늘과 땅 사이에서 만물은 살아가지만 그 속에는 기쁨만 있는 것이 아니라 슬픔과 고통과 죽음도 있다. 인간이 자연을 파괴함으로써 일어나는 재앙은 미리미리 막을 수 있을 것이다. 자연 앞에서 인간은 좀 더 겸손해져야 한다.

6장

현빈은 다툼 없이 평화를 유지한다

골짜기의 신령스러움은 죽지 않는다.

谷神不死
곡 신 불 사

이것을 현빈玄牝이라 한다.

是謂玄牝
시 위 현 빈

현빈의 문

玄牝之門
현 빈 지 문

이것을 하늘과 땅의 뿌리라고 한다.

是謂天地根
시 위 천 지 근

있는 듯 없는 듯 면면히 이어지니

綿綿若存
면 면 약 존

아무리 써도 다함이 없다.

用之不勤
용 지 불 근

綿綿(면면): 끊임없이 이어지는 모양 / 勤(근): 고갈되다, 다하다

『도덕경』은 무無의 세계를 이해시키기 위한 다양한 비유와 은유로 가득 차 있다. 이를 통해 우리의 감각기관에 포착되는 유有의 세계가 전체인 것으로 착각하지 말라고 권한다. 보이는 '유'의 뒤에 보이지 않는 '무'가 동전의 양면처럼 함께하고 있음을 알아차려야 한다.

골짜기의 신령스러움은 바로 무의 세계를 비유한 것이다. 골짜기에 비유된 무의 작용이 신령스럽다는 의미다. 골짜기가 무라면 유는 무엇일까? 봉우리다. 높은 산을 바라볼 때 눈에 우선 들어오는 것은 우뚝 솟은 봉우리다. 대개 우리 의식 속에는 '산은 높다'는 생각이 고정관념으로 박혀 있다. 하지만 봉우리만으로는 산이 성립되지 않는다. 봉우리와 봉우리의 사이에 놓인 낮은 골짜기가 함께 어우러져야 비로소 산이 된다.

봉우리만큼 골짜기도 중요하다

봉우리가 산의 남성성을 상징한다면 골짜기는 산의 여성성을 상징한다. 봉우리가 자신을 드러내고 뽐내는 마음을 상징한다면 골짜기는 드러내지 않고 겸손한 마음을 상징한다. 봉우리와 골짜기를 다 볼 수 있어야 한다. 그런데 노자는 특별히 골짜기에 방점을 찍는다. 왜 그럴까? 세상 사람들이 모두 봉우리만 쳐다보기 때문이다. 봉우리의 봉우리 됨은 봉우리가 아닌 것의 존재, 즉 낮은 골짜기가 있기 때문임을 잊어선 안 된다. 이를 남성성과 여성성의 문제로 바꿔 생각해도 된다. 남성과 여성이 협력해 가정과 사회를 만들어나

가기 때문에 어느 한쪽만 중요하다고 할 수 없다. 그럼에도 노자는 『도덕경』 곳곳에서 특별히 여성성을 중시한다.

노자가 골짜기와 여성성을 중요시한다고 하여 한쪽으로 치우쳤다고 말할 수는 없다. 골짜기와 여성성의 중시는 일종의 '균형 잡기'다. 봉우리와 남성성에 치우친 시각을 조율하는 것이다. 남성과 여성을 이분법으로 분별하는 것도 아니다. 남성과 여성은 대칭적 상관관계를 이루며 모두 상대를 존중하고 배려하는 마음이 중요하다는 것을 알려주고 있는 것이다. 현빈玄牝이란 용어에 그런 의미가 담겨 있다.

상대를 존중하고 배려한다

『도덕경』에서 현玄 자를 보면 대칭적 상관관계의 의미가 담겨 있음을 알아차려야 한다. '현'은 검은색과 흰색이 동전의 양면처럼 하나로 같이 붙어 있음을 의미하는 기호다. 그런 '현'이 '암컷 빈牝' 앞에 놓여 있는 '현빈'을 어떻게 풀이해야 할까? '검은 암컷'이라고 번역할 수는 없다. '검은 암컷'이라고 하면 '현'에 담긴 대칭적 상관관계의 양면성이 사라져버리기 때문이다.

현빈은 홀로 존재하는 암컷이 아니다. 대칭적 상관관계인 수컷과 함께 하나로 조화를 이루고 있는 암컷이라는 점에서 현빈은 유무상생有無相生의 다른 표현이다. 대칭적 상관관계를 품고 있는 암컷이 현빈의 의미다.

골짜기로 비유된 무의 세계를 본다는 것은 결국 대칭적 상관관계의 상대에 대한 존중을 의미한다. 상대를 존중하고 배려하는 마음이 바로 현빈의 마음이고 그 현빈의 마음이 전쟁을 종식하고 세상을 평화롭게 만든다.

불사不死라는 표현이 나오니까 마치 영원히 죽지 않는 비법이 있는 것처럼 오해되기도 하는데 세상에 죽지 않는 것은 없다. 삶과 죽음도 대칭적 상관관계로 같이 붙어 있다. 이 장에서 '불사'는 맨 뒤에 나오는 용지불근用之不勤과 같은 의미로 보아야 한다. 세상을 평화롭게 하는 골짜기의 신령스러운 작용이 오래 지속된다는 뜻이다.

7장

사사로운 욕심을 줄이는 것이 지속의 비결이다

하늘과 땅은 길고 오래간다.	天長地久 천 장 지 구
하늘과 땅이 길고 오래갈 수 있는 까닭은	天地所以能長且久者 천 지 소 이 능 장 차 구 자
자신만 살려고 하지 않기 때문이다.	以其不自生 이 기 부 자 생
그러므로 오래 살 수 있다.	故能長生 고 능 장 생
이 때문에 참된 어른은	是以聖人 시 이 성 인
자신을 뒤로 물리지만 오히려 앞서게 되고	後其身而身先 후 기 신 이 신 선
자신을 도외시하지만 오히려 보존된다.	外其身而身存 외 기 신 이 신 존
이것은 사사로움이 없기 때문이 아니겠는가?	非以其無私邪 비 이 기 무 사 야
그러므로 그 사사로움을 이룰 수 있다.	故能成其私 고 능 성 기 사

하늘과 땅이 길고 오래 지속된다는 것은 누구나 아는 사실이지만 그 이유까지는 잘 모르고 있다. 하늘과 땅이 오래 지속되는 이유로 부자생不自生을 제시한 것은 노자의 탁견이다. 자생自生은 자기만 살려는 것이고 '부자생'은 그렇게 하지 않는 것이다.

자신을 뒤로 물리면 오히려 앞서게 된다

하늘이 하늘만 살려고 하고 땅이 땅만 살려고 한다면 천지天地는 오래 지속될 수 없을 것이다. 대칭적 상생관계인 하늘과 땅이 서로 어울려 상생相生하기에 장생長生이 가능하다는 이야기다. 하늘과 땅은 대칭적 상관관계의 종류 가운데 그 크기가 가장 큰 조합이다. 하늘과 땅 사이에서 만물은 천지의 영향을 받아 대칭적 상관관계로 조화를 이루며 살아간다.

자기만 앞서가려고 하고 자기만 돋보이려고 하는 것은 '자생'의 행태다. 여기서 노자의 역설이 나온다. 자신을 뒤로 물리는데 오히려 앞서게 되고 자신을 도외시하는데 오히려 보존된다고 했다. 이런 표현은 자칫 오해를 부를 수 있다. 마치 사욕私欲을 실현하기 위한 '음흉한 전술'인 것처럼 이 구절을 해석하는 것은 노자에 대한 억측이다. 노자는 그런 오해가 생길 것을 우려하여 비이기무사야非以其無私邪라는 구절까지 추가해 놓았다. '무사無私'라는 직접적인 표현을 사용해 사사로운 욕심을 줄이고 상생하길 요청하는 것이다.

만물은 홀로 존재하지 않고 연결되어 있다

후기신後其身, 외기신外其身이 '무사'의 의미다. 사사로운 욕심이 없는 무사가 곧 부자생不自生이다. '부자생'이란 표현은 대승불교의 무자성無自性을 떠올리게 한다. '무자성'은 텅 비어 있는 공空을 의미한다. 텅 비어 있다는 것은 만물이 자체의 성질만으로 존재하지 않고 다른 것과 함께 연결되어 있다는 의미다.

8장

마음을 연못처럼 깊고 땅처럼 낮게 써라

최상의 선은 물과 같다.	上善若水 상 선 약 수
물은 만물을 잘 이롭게 하면서 다투지 않고	水善利萬物而不爭 수 선 리 만 물 이 부 쟁
사람들이 싫어하는 곳에 머문다.	處衆人之所惡 처 중 인 지 소 오
그러므로 도에 가깝다.	故幾於道 고 기 어 도
거함은 땅처럼 낮게	居善地 거 선 지
마음 씀은 연못처럼 깊게	心善淵 심 선 연
함께할 땐 어질게	與善仁 여 선 인
말할 땐 미덥게	言善信 언 선 신
바르게 함은 질서 있게	正善治 정 선 치
일할 땐 능숙하게	事善能 사 선 능
움직임은 때맞춤이 최상	動善時 동 선 시

上善(상선): 최상의 선善, 가장 잘하는 것 / 所惡(소오): 싫어하는 곳

오직 다투지 않을 뿐!

夫唯不爭
부 유 부 쟁

그러므로 허물이 없다.

故無尤
고 무 우

노자는 도道의 덕성을 물의 작용에 비유했다. 눈에 보이지 않고 말로 표현하기 힘든 도의 모습을 물의 흐름을 통해 간접적으로 보여준다. 물이 작용하는 방식은 도가 작용하는 방식과 닮았다. 물은 뭇사람이 가기 싫어하는 곳도 가리지 않고 거기에 처한다. 모두가 위만 쳐다보고 올라가려 하는데 물은 시궁창도 마다하지 않고 아래로 흘러간다.

『도덕경』에는 선善 자가 많이 나온다. 대개 '착할 선'으로 암기하고 있는 경우가 많은데 그러면 그 의미가 매우 제한된다. 『도덕경』전반의 맥락에서 선은 '잘함'의 의미가 적합해 보인다. '착할 선'은 '잘할 선'의 범위에 포함된다. 살아가면서 부닥치는 다양한 상황에서 잘 처신하는 길을 '잘할 선'으로 표현했다. 상선上善은 '최상의 선'이나 '가장 잘하는 것'으로 풀이할 수 있다. 가장 잘하는 것은 도를 따르는 모습이다.

대칭적 상관관계로 볼 때 '상선'은 선善과 불선不善, 즉 잘함과 잘못함을 분별하지 않는 마음이다. 무명無名의 마음이라고 할 수 있다. 자신이 잘한다고 뽐내며 잘 못하는 사람을 무시하는 것은 참으로 잘하는 사람의 마음이 아니다. '도덕경 만트라'가 여기에도 적용될 수 있다. 잘함을 잘한다고 말하면 참으로 잘하는 것이 아니다. 잘한다고 여겨지는 것은 잘 못하는 사람이 있기 때문이다. 잘함과 잘 못함을 두루 살펴볼 줄 아는 넓고 깊은 마음이 도를 잘 따르는 모습이다.

선행을 관통하는 핵심은 다투지 않는 마음이다

이 장에 제시된 일곱 가지 '잘함'의 사례는 인생의 다양한 상황을 보여준다. '일곱 가지 선행善行'이라고 부를 수 있는데 거선지居善地, 심선연心善淵, 여선인與善仁, 언선신言善信, 정선치正善治, 사선능事善能, 동선시動善時다. 모두 다양한 인간관계를 잘 풀어나가는 데 초점이 맞춰 있다.

일곱 가지 선행을 관통하는 핵심은 다투지 않는 마음이다. 다툼은 언제 생겨나는가? 자신의 생각과 욕심을 억지로 강제하려고 할 때 생긴다. 자신만 그런 것이 아니라 남도 그러기 때문이다. 정치인의 마음이 사사로운 욕심과 편견에 빠져 있다면 다툼은 해결되기 힘들 것이다. 두 생각이 부딪쳐야 다툼이 일어난다. 자신이 먼저 욕심을 내려놓으면 다툼이 생길 여지가 없다.

누구나 좀 더 높은 자리에 오르고 싶어 한다. 윗자리는 적은데 올라가고 싶어하는 사람이 많으면 경쟁이 일어나지 않을 수 없다. 『도덕경』의 해법은 역설적이다. 대부분 하늘처럼 높은 위치에 올라가고 싶어하는데 노자는 땅처럼 낮은 곳에 처하기를 잘하라고 권한다. 남들은 위로만 향하는데 그들과 방향이 다르니 다툴 일이 없다.

마음 씀씀이가 깊은 연못처럼 깊어야 분별심이 사라질 수 있다. 연못처럼 자신의 마음을 깊이 있게 쓰고 땅처럼 낮은 자세로 넓게 마음을 쓰는 것이 참된 어른의 마음가짐이다. 일곱 가지 선행이 궁극적으로 지향하는 것은 '다투지 않음'임을 놓쳐선 안 된다. 만물을 잘 이롭게 하면서도 다툼이 일어나지 않게 하려면 어떻게 해야 할까? 마음을 비우는 일이 우선이다.

인을 중시하면서도 절대화하지 않아야 한다

여선인與善仁은 다른 사람들과 함께할 때의 마음가짐이다. '어질 인仁'은 다른 사람의 처지에 대한 공감 능력이다. 사람은 누구나 이 공감 능력을 타고난다. '인'을 공자의 덕목이라고만 단정할 필요는 없다. 노자가 공자와 차이가 있다면 '인'을 중시하면서도 절대화하지 않는 마음 자세다. 말로는 '인'을 내세우면서 행동은 제 잇속 채우기에 급급한 경우가 있음을 경계하는 것이다. '인'의 의미가 제대로 구현된다면 노자가 '인'을 부정할 이유가 없다. 그렇게 되면 노자와 공자의 차이가 크지 않을 것이다.

동선시動善時는 동작을 할 때의 마음가짐인데 『중용』에 나오는 시중時中이 연상된다. 시중 역시 그 의미가 제대로 구현된다면 거기에 노자와 공자의 구별이 필요 없을 것이다.

9장

교만의 허물을 벗고 마음부터 개혁하라

계속 채우려는 것은

持而盈之
지 이 영 지

그만두느니만 못하다.

不如其已
불 여 기 이

계속 날카롭게만 하면

揣而銳之
췌 이 예 지

오래 보존할 수 없다.

不可長保
불 가 장 보

금과 옥이 집에 가득 차면

金玉滿堂
금 옥 만 당

제대로 지킬 수 없다.

莫之能守
막 지 능 수

부귀한데 교만하기까지 하면

富貴而驕
부 귀 이 교

스스로 허물을 남기게 된다.

自遺其咎
자 유 기 구

공을 이루면 자신은 물러나는 것이

功遂身退
공 수 신 퇴

하늘의 도

天之道
천 지 도

참된 부자는 만족할 줄 아는 사람이다. 그러기 위해선 그칠 줄 알아야 한다. 이 말을 재산 증식 행위를 많이 하지 말라는 소극적 의미로 받아들일 필요는 없다. 재산 증식을 계속해 나가되 적당하게 베풀 줄 아는 '적극적 그침'의 지혜가 필요하다. 혼자만 잘살 수는 없기 때문이다. 대칭적 상관관계는 나와 남의 관계에도 적용된다. 내가 있기에 남이 있고 남이 있기에 내가 있다. 나와 남의 관계 역시 유무상생有無相生의 일종이다.

재물이 쌓이고 명예가 높아지면 자기도 모르게 목에 힘이 들어가고 뻣뻣해진다. 굽힐 줄 모르고 교만해지게 마련이다. 교만으로 가득 찬 마음에는 다른 소리가 들어가지 못한다. 자신만 옳고 다른 사람은 보이지 않게 된다. 노자는 그렇게 되면 남는 것은 결국 허물뿐이라고 경고한다. 스스로 허물을 짓는 것이다. 그렇게 되기 전에 미리미리 조심하고 마음을 비워 다른 사람의 소리를 들어보아야 한다. '미리미리'는 노자 철학의 중요한 특징이다. 호미로 막을 일을 가래로도 못 막는 상황이 오지 않게 적당할 때 그칠 줄 알아야 한다.

따뜻하고 친절한 말 한마디가 세상을 바꾼다

췌揣는 '헤아리다' '재다'는 뜻으로 인간의 생각과 관련이 있다.[1] 예리한 칼만 날카로운 것이 아니다. 우리의 생각과 말이 칼보다 더

---

1 명나라 때 고승으로 『도덕경』에 대한 주석을 남긴 감산은 '췌이예지揣而銳之 불가장보不可長保'에 대해 "헤아리고 생각하는 것이 날카로우면 오래 유지되지 못한다."라고 풀이했다. '췌'는 헤아림, '예'는 생각을 날카롭게 가다듬는 것으로 보았다.(감산 지음, 『감산 도덕경』, 오진탁 옮김, 서광사. 39~41쪽 참조)

날카로운 흉기가 된다. 생각을 계속 날카롭게 갈면 흉기로 변하는 것이다. 생각을 멈출 줄 알아야 한다. 생각을 멈출 줄 아는 것이 마음챙김이다.

어떤 사람이 마음챙김을 하고 있는지를 알려면 그 말을 보면 된다. 말을 얼마나 부드럽고 친절하게 하는지 관찰해보자. 마음챙김의 작용을 한마디로 요약하면 '따뜻하고 친절하게'다. 어쩌다 한 번 그렇게 하는 것으로는 부족하다. 계속 따뜻하고 친절하게 못 하는 것은 습관 때문이다. 습관을 고치기 위해 의도적인 명상 수행이 필요하다.

세상을 부드럽게 하는 것은 자신의 생각을 어떻게 하느냐에 달렸다. 공수신퇴功遂身退는 2장에 나온 공성이불거功成而不居와 같은 의미다. 어떤 공을 세우는 데 기여했다고 하여 거기에 머무르려 하지 말라는 뜻이다. 표현을 조금 달리하면서 유사한 내용을 담은 구절이 9장, 10장, 34장, 51장, 77장에도 나온다. 노자 철학의 핵심 메시지가 담겨 있기에 자주 반복되는 것이다. 공수신퇴, 공성이불거는 끝없는 '마음 혁명'을 이야기하는 것이다. 수많은 사회 개혁이 실패하고 마는 이유는 다른 데 있지 않다. 사회 개혁의 목소리만 요란하고 정작 '마음 개혁'은 부족하기 때문이다.

마음의 거울에서 욕심의 먼지를 닦으라

아!　　　　　　　　　　　　　　　　　　　載
　　　　　　　　　　　　　　　　　　　　　재

혼과 백을 하나로 안아　　　　　　　　營魄抱一
　　　　　　　　　　　　　　　　　　　영 백 포 일

분리되지 않게 할 수 있겠는가?　　　能無離乎
　　　　　　　　　　　　　　　　　　　능 무 리 호

기를 모아 부드럽게 하여　　　　　　專氣致柔
　　　　　　　　　　　　　　　　　　　전 기 치 유

갓난아기처럼 될 수 있겠는가?　　　能嬰兒乎
　　　　　　　　　　　　　　　　　　　능 영 아 호

마음의 거울을 깨끗이 닦아　　　　　滌除玄覽
　　　　　　　　　　　　　　　　　　　척 제 현 람

흠이 없게 할 수 있겠는가?　　　　　能無疵乎
　　　　　　　　　　　　　　　　　　　능 무 자 호

백성을 사랑하고 나라를 다스림에　愛民治國
　　　　　　　　　　　　　　　　　　　애 민 치 국

무지로써 할 수 있겠는가?　　　　　能無知乎
　　　　　　　　　　　　　　　　　　　능 무 지 호

감각의 문을 열고 닫음에　　　　　　天門開闔
　　　　　　　　　　　　　　　　　　　천 문 개 합

암컷처럼 할 수 있겠는가?　　　　　能爲雌乎
　　　　　　　　　　　　　　　　　　　능 위 자 호

명백하게 사방에 통달해도	明白四達 명 백 사 달
무위할 수 있겠는가?	能無爲乎 능 무 위 호
만물을 살리고 기른다.	生之畜之 생 지 휵 지
살리면서도 소유하지 않는다.	生而不有 생 이 불 유
위하면서도 의지하지 않는다.	爲而不恃 위 이 불 시
키우면서도 주재하지 않는다.	長而不宰 장 이 부 재
이것을 현덕玄德이라고 한다.	是謂玄德 시 위 현 덕

載(재): 발어사. '부夫'와 같은 용도 / 營魄(영백): 혼백魂魄 / 玄覽(현람): 마음의
거울 / 天門(천문): 감각기관

정신을 가리키는 혼魂과 육체를 가리키는 백魄이 하나로 같이 붙어 있어야 살아 있는 인간이다. 죽음이란 '혼'과 '백'이 분리되는 현상이다. 보이지 않는 혼과 보이는 백의 조화가 생명이라고 할 수 있다. 죽으면 혼은 하늘로 올라가고 백은 땅으로 흩어진다.

혼백은 본래 천지天地의 일부였다. 만물 가운데 하늘과 땅에 속하지 않는 것은 없다. 하늘과 땅의 일부를 잠시 빌려 삶을 누리다가 죽으면 다시 흩어져 하늘과 땅으로 돌아가는 것이다. 하늘과 땅은 부모를 상징하기도 한다. 나의 몸에는 아버지와 어머니가 반반씩 들어와 있다. 혼백, 천지, 부모가 모두 자신을 구성하는 대칭적 상관관계로 볼 수 있다.

혼과 백을 함께 싣고 살아가는 모습이 인간의 삶이다. 이 둘을 하나로 품어서 분리되지 않게 하는 것이 삶을 오래 유지하는 길이다. 포일抱—은 대칭적 상관관계가 분리되지 않게 하나로 품는다는 의미다. 포일은 대칭적 상관관계가 공존하는 도道의 모습을 가리킨다.

대칭적 상관관계를 분리하지 않는 모습을 가리키는 다양한 표현이 여기 등장한다. 무리無離, 영아嬰兒, 무자無疵, 무지無知, 위자爲雌, 무위無爲 등에는 모두 유무상생有無相生의 의미가 담겨 있음을 알아차려야 한다.

글자 무의 공통점은 부드러움이다

무無 자 돌림의 글자들이 많이 쓰이고 있다. 무위의 의미를 다르게 표현한 것들이다. 무無 자 돌림의 글자들과 영아와 위자 등은 모두 무위의 부드러움이란 공통점이 있다. 노자는 부드러움을 지향한다. 자신의 생각과 욕심을 고집하지 않는 모습을 부드러움으로 나타냈다.

영아는 갓난아기다. 갓난아기가 무엇을 상징하는지 알아차려야 한다. 단지 나이의 어림이나 육체적 유약함의 의미로 볼 순 없다. 갓난아기는 자신을 고집하는 생각이 발생하기 이전의 마음 자세를 가리킨다. 나와 남, 이것과 저것, 옳음과 그름 등을 이분법으로 분별하는 생각이 일어나기 이전의 마음을 갓난아기에 비유했다. 전기치유專氣致柔를 통해 이루고자 하는 경지가 갓난아기라는 점에서 전기치유 역시 육체보다는 생각과 마음의 상태를 조절하는 의미로 보아야 한다.

갓난아기와 함께 노자는 여성성을 중시한다. 갓난아기와 여성을 노자는 무위의 비유로 종종 사용한다. 이 장에 나온 '암컷 되기[爲雌]'도 무위의 다른 표현으로 쓰였다. 대칭적 상관관계를 억지로 분리하지 않는 무위를 노자는 여성과 갓난아기에 비유하고 있는 것이다.

천문天門은 감각기관을 가리킨다. 우리는 눈, 귀, 코, 입 같은 감각기관을 통해 외부 사물을 접한다. 그런데 감각기관으로 접하는 세계는 대칭적 상관관계의 한쪽인 유有의 세계일 뿐이다. 대칭적 상관관계의 다른 한쪽인 무無의 세계는 마음의 눈으로 보아야 한다. 마음의 눈으로 보고 마음의 귀로 듣고 마음의 코로 냄새 맡고 마음의 입으로 맛볼 때 유무상생의 대칭적 상관관계를 온전히 느낄 수 있다.

참된 어른이라야 무위를 실천할 수 있다. 참된 어른의 다른 이름은 현덕玄德이다. 현玄이란 글자가 나오면 대칭적 상관관계를 분리하지 않는 의미가 담겨 있음을 알아차려야 한다. 세상 만물이 존재하고 움직이는 원리가 도_道라면 그 도를 체득해 마음에 쌓인 것이 덕_德이다. 덕이 있는 사람이 도를 실천한다. 그런데 덕을 많이 쌓은 사람은 언뜻 덕이 없는 것처럼 보이기도 한다. 38장에서 '높은 덕은 덕스럽지 않다'고 했다. 덕을 실천하면서도 덕을 베푼다는 생각을 하지 않기 때문이다. 자신이 덕이 있다고 드러내거나 뽐내지도 않는다. 덕이 있는 것 같기도 하고 없는 것 같기도 한 모습이 가물가물한 '현'을 닮았다. 그래서 현덕이다.

만물이 잘 살아가게 하면서도 그것들을 소유물로 삼아 지배하려고 하지 않고 공을 이루어도 거기에 기대려고도 하지 않는 것이 현덕, 즉 참된 어른의 마음이다.

마음의 거울을 닦아 흠이 없게 한다

척제현람_{滌除玄覽}은 마음챙김 명상과 바로 연결될 수 있는 표현이다. 여기에도 현_玄이 나온다. 대칭적 상관관계를 분리하지 않는 의미가 담겨 있음을 알아차려야 한다. '볼 람_覽'은 '거울 감_鑒'의 뜻으로 쓰인다. 현람_{玄覽}은 대칭적 상관관계를 분리하지 않고 보는 마음이란 뜻이다. 마음의 거울에 욕심의 먼지가 가득 끼면 사물의 실상을 제대로 비추어 보기 힘들다. 마음의 거울을 닦아 흠이 없게 하려면 마음을 비우고 생각을 내려놓아야 한다.

마음 닦음과 나라 다스림을 노자는 같은 원리로 설명한다. 나라 다스림과 관련해 주목해야 할 표현은 무지_{無知}다. 무지라는 말이 지식이 다 필요 없다는 뜻이 아님을 알아차려야 한다. 젊은이들은 더 많은 지식을 습득하기 위해 공부해야 한다. 하지만 마음챙김이 없는 지식은 삿된 욕망의 도구로 타락할 수 있음도 알아야 한다. 여기서 노자가 말하는 무지는 권력자가 자신의 편견과 분별적 지식으로 백성을 가르고 분열시키지 않으면서 나라를 다스리는 마음을 가리킨다. 무지로 나라를 다스림이 곧 무위의 정치다. 전기치유와 척제현람의 수신修身 원리를 치국治國에도 적용한 것이다.

명백하게 사방에 두루 통달할 정도의 광범한 지식을 갖추어도 무위를 행할 수 있어야 한다. 그것이 도를 따르는 참된 어른이 되는 길이다. 교만하지 않고 자신의 편견과 사욕을 억지로 강제하지 않는 것이 무위의 핵심이다. 참된 어른의 마음으로 세상을 다스릴 때 평화가 오래 지속될 수 있을 것이다.

기氣란 무엇일까? 오래전부터 기의 의미가 궁금했다. 1980~1990년대 한의학 분야에서 선풍禪風을 일으킨 김홍경 한의사가 기억난다. 당시 그의 강연을 들은 적이 있는데 잘 풀리지 않는 의문은 '기'였다. 2000년 무렵의 어느 날 그를 만날 기회가 있었다. 오랜 시간 이야기를 나누었는데 지금도 잊히지 않는 한마디가 있다. "경락經絡은 마음의 통로"라는 설명이었다. 보통 기가 흐르는 통로를 경락이라고 부른다. 그의 저서를 찾아 확인해보니 "경락은 의식과 감정의 통로"라고 했다.[1]

기의 통로가 경락이고 경락이 마음의 통로라면 기의 움직임은 마음의 흐름이라고 해도 좋을 것이다. 지금 노자의 전기치유專氣致柔를 보면서 그때의 만남이 떠오른다. 기를 모은다는 것은 마음의 기운을 모으는 것이다. 마음의 기운을 모아 부드러운 경지에 이르는 것이 곧 마음챙김이다.

---

1 『사암침법으로 푼 경락의 신비』, 식물추장, 2001, 26~32쪽 참조

11장

무의 세계를 알아차림이 마음챙김이다

서른 개 바퀴살이 하나의 바퀴통에 모이는데

三十輻共一轂
삼 십 폭 공 일 곡

바퀴통 속이 비어 있기에

當其無
당 기 무

수레의 쓰임이 있다.

有車之用
유 거 지 용

진흙을 빚어 그릇을 만드는데

埏埴以爲器
선 식 이 위 기

그릇 속이 비어 있기에

當其無
당 기 무

그릇의 쓰임이 있다.

有器之用
유 기 지 용

문과 창을 뚫어 집을 만드는데

鑿戶牖以爲室
착 호 유 이 위 실

집 안이 비어 있기에

當其無
당 기 무

집의 쓰임이 있다.

有室之用
유 실 지 용

輻(폭): 바퀴살 / 轂(곡): 바퀴통. 수레바퀴의 가운데에 뚫린 작은 구멍 / 埏(선):
진흙을 빚다 / 埴(식): 진흙 / 鑿(착): 뚫다 / 牖(유): 들창

그러므로

유有는 이로움이 되고

무無는 쓰임이 된다.

故
고

有之以爲利
유 지 이 위 리

無之以爲用
무 지 이 위 용

수레가 제대로 굴러가려면 무엇이 필요할까?

그릇이 제 기능을 발휘하려면 무엇이 필요할까?

집이 주거 공간으로 잘 쓰이려면 무엇이 필요할까?

노자는 텅 빈 공간이라고 말한다. 텅 빈 공간을 가리키는 기호는 무無다. 텅 빈 공간이 있기에 만물의 쓰임이 있게 된다. 무와 유有의 대칭적 상관관계가 공존하는 모습을 노자는 수레, 그릇, 집을 예로 들어 설명하고 있다.

유와 무는 서로 의지하는 상생관계인데 당기무當其無라는 표현에서 마치 무를 더 강조한 것처럼 느껴진다. 이는 '방편적 강조'로 보아야 한다. 사람들이 모두 유의 세계만을 바라보면서 무의 가치를 망각하기 때문이다.

지금 이 순간 자신이 놓여 있는 주변을 한번 잠시 돌아보자. 편안한 마음으로 자신의 호흡에 주의를 기울여보자. 마음의 눈과 마음의 귀로 무의 세계를 알아차리는 것이 마음챙김이다. 무의 세계를 알게 되면 대칭적 상관관계의 상대를 존중하고 배려하게 된다.

바퀴통 속이 비어 있기에 수레의 쓰임이 있다

수레에는 두 개의 빈 공간이 있다. 수레의 짐을 싣는 공간과 바퀴통 속 공간이다. 빈 공간을 상징하는 기호가 무다. 수레에는 두 개의 무가 있는 셈이다. 이 장에서 노자가 말하는 무는 바퀴통 속 공간을 가리킨다. 그런데 그 쓰임을 이야기할 때 바퀴통의 쓰임이 아니라 수레의 쓰임을 언급하고 있다. 이 대목에서 독자들은 혼동을 느끼기도 한다. '바퀴통 속이 비어 있기에 바퀴통의 쓰임이 있다'고 했으면 혼동이 줄었을 것이다.

노자는 왜 '바퀴통의 쓰임이 있다'고 하지 않고 '수레의 쓰임이 있다'고 했을까? 바퀴가 없으면 수레가 아니다. 굴러가는 바퀴가 있어야 수레는 수레로서의 작용을 할 수 있다. 그리고 바퀴가 굴러가려면 바퀴통의 가운데 빈 공간이 있어야 한다. 바퀴통 속 빈 공간의 작용은 궁극적으로 수레를 굴러가게 하는 것이다. 그래서 '바퀴통의 쓰임이 있다'고 하지 않고 '수레의 쓰임이 있다'고 한 것이다.

수레와 달리 그릇과 집의 경우엔 빈 공간의 의미를 어렵지 않게 이해할 수 있다. 텅 빈 공간을 상징하는 기호가 무라는 점을 알아차리는 것이 핵심이다. 무는 유처럼 눈에 보이거나 손에 잡히지 않지만 그 유가 제대로 작용을 하여 이롭게 쓰이는 데 무가 없어서는 안 된다. 이것이 유무상생有無相生이다.

12장

호흡 명상을 하면 감각에 미혹되지 않는다

다섯 가지 색은 사람의 눈을 멀게 한다.

五色令人目盲
오 색 령 인 목 맹

다섯 가지 음은 사람의 귀를 먹게 한다.

五音令人耳聾
오 음 령 인 이 롱

다섯 가지 맛은 사람의 입을 상하게 한다.

五味令人口爽
오 미 령 인 구 상

말 달리고 사냥하는 것은

사람의 마음을 미치게 한다.

馳騁畋獵令人心發狂
치 빙 전 렵 령 인 심 발 광

얻기 어려운 재화는

사람이 가야 할 길을 방해한다.

難得之貨令人行妨
난 득 지 화 령 인 행 방

이 때문에 참된 어른은

是以聖人
시 이 성 인

배를 위하고 눈을 위하지 않는다.

為腹不為目
위 복 불 위 목

盲(맹): 눈이 멀다 / 聾(롱): 귀가 먹다 / 爽(상): 상하다 / 馳騁(치빙): 말 타고 달리다 / 畋獵(전렵): 사냥하다

그러므로

저것을 버리고 이것을 취한다.

故
고

去彼取此
거 피 취 차

눈, 귀, 입은 우리의 감각기관을 가리킨다. 우리가 대상을 접하는 경계에 놓여 있다. 대상을 가장 먼저 접한다. 그런데 감각기관을 통해 보고 듣고 맛보며 얻는 앎은 제한적이다. 감각기관으로는 유有의 세계만 알 수 있기 때문이다. 다섯 가지 색이 유의 세계라면 다섯 가지로 드러나지 않는 수많은 색은 무無의 세계다.

말과 지식의 한계와 상대성을 알아야 한다

세상에는 다섯 가지 색만 있는 게 아니다. 수많은 색을 다섯 가지 색으로만 재단하는 것은 '미학적 폭력'이다. 말과 지식으로 이루어진 인간의 의식 활동이 그런 폭력을 함부로 행사한다. 세상의 다양한 생각을 자신의 생각으로 일원화하려는 것이 독재다. 노자는 그런 언어의 폭력성을 싫어하기 때문에 말과 지식의 절대화를 경계한다. 말과 지식이 필요 없다는 것이 아니다. 이 점을 오해해선 안 된다. 말과 지식의 한계와 상대성을 알아차려야 한다는 뜻이다. 다섯 가지 음과 다섯 가지 맛도 마찬가지다. 세상에 무수한 음과 무수한 맛이 존재하는데 거기서 다섯 가지씩 대표 선수를 뽑았을 뿐이다. 인간은 자신의 말과 생각에 속는 존재다. 자신이 만들어놓은 가공의 덫에 걸려 넘어지는 것과 같다.

유와 무의 세계를 모두 통관할 수 있는 것은 오직 마음을 통해서다. 유무상생有無相生의 도道를 알아차리는 것이 마음챙김이다. 마음챙김이 안 되면 겉모습만 볼 뿐이다. 겉모습만 보고 절대화하면 다툼이 일어나게 마련이다. 다툼이 전쟁의 살상과 참극으로 이어지면서 비극이 계속된다.

'저것을 버리고 이것을 취하라'고 했는데 저것은 무엇이고 이것은 무엇인가? 저것은 밖으로 내달리는 감각기관의 앎이고 이것은 그 방향을 안으로 돌려 마음을 챙기는 일이다. 온 세계를 다 돌아다닌다고 해서 세계의 실상이 보이는 것이 아니다. 밖으로 향해 있는 감각기관을 닫고 그 방향을 안으로 돌려 마음을 살펴보는 마음챙김이 필요하다.

호흡 명상은 감각기관에 흔들리지 않는 수행이다

'배를 위하고 눈을 위하지 않는다'는 구절은 감각기관에 속지 말라는 뜻으로 이해할 수 있다. '배'와 '눈'을 대비한 것에 대해 여러 해석이 가능하지만 필자는 '호흡 명상Mindful Breathing'이 연상된다. 자신의 관심을 의도적으로 호흡에 모으는 것이 호흡 명상이다. 숨을 들이마시고 내쉬기를 반복하면서 감각기관에 흔들리고 미혹되는 마음을 고요하게 하는 수행이다.

코로 숨을 들이마시고 내쉬기를 반복하면서 숨이 들고 남에 따라 아랫배가 나왔다 들어갔다 하는 느낌을 알아차려 보자. 너무 잘하려고 애쓰지 말고 편안한 마음으로 호흡에 자신의 관심을 기울여보는 것이다. 어떤 대상이나 사물이 감각기관에 들어올 때 가만히 호흡을 가다듬으면서 보이고 들리는 대로 그냥 받아들여 보자. 예컨대 동백꽃이 눈에 들어온다면 가만히 호흡을 가다듬고 마음속으로 '아! 동백꽃이 피어나고 있구나.'라고 받아들이는 것이다. 동백꽃에 대한 어떤 판단이나 평가를 자제하고 그냥 있는 그대로 느껴보자.

13장

총애를 경계하고 근심을 귀하게 여기라

총애나 모욕이나 다 놀란 듯이 받아들이라. 　寵辱若驚
　　　　　　　　　　　　　　　　　　　총 욕 약 경

큰 근심을 자신처럼 귀하게 여기라. 　　貴大患若身
　　　　　　　　　　　　　　　　　　　귀 대 환 약 신

총애나 모욕이나 다 놀란 듯이 　　　何謂寵辱若驚
　　　　　　　　　　　　　　　　　　　하 위 총 욕 약 경

받아들이라는 말은 무슨 뜻인가?

총애는 모욕으로 바뀔 수 있으니 　　寵爲下
　　　　　　　　　　　　　　　　　　　총 위 하

총애를 얻어도 놀란 듯이 하고 　　　得之若驚
　　　　　　　　　　　　　　　　　　　득 지 약 경

잃어도 놀란 듯이 하라는 것이다. 　失之若驚
　　　　　　　　　　　　　　　　　　　실 지 약 경

이것이 총애나 모욕이나 　　　　　是謂寵辱若驚
　　　　　　　　　　　　　　　　　　　시 위 총 욕 약 경

다 놀란 듯이 받아들이라는 것이다.

큰 근심을 자신처럼 귀하게 　　　何謂貴大患若身
　　　　　　　　　　　　　　　　　　　하 위 귀 대 환 약 신

여기라는 말은 무슨 뜻인가?

내게 큰 근심이 있는 것은 　　　　吾所以有大患者
　　　　　　　　　　　　　　　　　　　오 소 이 유 대 환 자

나 자신을 고집하기 때문이다. 　　爲吾有身
　　　　　　　　　　　　　　　　　　　위 오 유 신

나 자신을 고집하지 않는데　　　及吾無身
　　　　　　　　　　　　　　　급 오 무 신

내게 무슨 근심이 있겠는가?　　吾有何患
　　　　　　　　　　　　　　　오 유 하 환

그러므로　　　　　　　　　　　故
　　　　　　　　　　　　　　　고

자신을 천하처럼 귀하게 여기는 이라면　　貴以身爲天下
　　　　　　　　　　　　　　　　　　　　귀 이 신 위 천 하

천하를 맡길 수 있고　　　　　若可寄天下
　　　　　　　　　　　　　　　약 가 기 천 하

자신을 천하처럼 소중히 아끼는 이라면　　愛以身爲天下
　　　　　　　　　　　　　　　　　　　　애 이 신 위 천 하

천하를 의탁할 수 있다.　　　若可託天下
　　　　　　　　　　　　　　약 가 탁 천 하

寵(총): 총애 / 辱(욕): 욕됨, 모욕 / 驚(경): 놀라다

이 장에 소개된 대칭적 상관관계의 사례는 총애와 모욕이다. 총애는 사람들이 가장 좋아하는 것 중의 하나이고 모욕은 사람들이 가장 받기 싫어하는 것 중의 하나다. 총애와 모욕이 별개의 사건이 아니라 하나로 같이 붙어 있음을 마음의 눈으로 알아차려야 한다.

총애를 받는 것이 당장 눈앞에 드러난 유有의 세계라면 그 순간 그 뒤에는 드러나 보이지 않는 모욕이 무無의 영역으로 공존하고 있다. 노자는 그것을 알아차림을 놀란 듯이 하라고 표현했다. 그 반대도 성립한다. 모욕을 당하는 것이 유의 세계라면 그 순간 그 뒤에는 총애가 무의 세계로 공존하고 있음을 알아야 한다. 총애와 모욕은 공존하면서 돌고 도는 관계다. 그러므로 총애를 받는다고 너무 좋아하며 교만해질 필요도 없고 모욕을 당했다고 지나치게 낙담하며 실망할 필요도 없다. 총애나 모욕이나 흘러 지나가는 구름 같은 하나의 사건으로 받아들이는 것이 마음챙김이다.

총애가 하찮은 것이라고 단정할 순 없다

총위하寵爲下의 해석은 여러 가지로 할 수 있다. '총애는 하찮은 것이다.'라고 번역하는 경우도 있는데 총애가 하찮은 것이라고 단정할 수는 없다. 예컨대 열심히 노력해서 훌륭한 성과를 내고 칭찬받으며 승진하는 것을 하찮다고만 볼 수는 없는 것이다. 노자는 총애가 무조건 하찮은 것이라고 폄하하지 않는다. 노자는 총애를 절대적인 것으로 간주하지 말라고 말하고 있을 뿐이다.

총애를 절대적으로 여기면 그 순간 총애를 빼고는 아무것도 보이지 않고 들리지 않는다. 자기만 잘난 줄 알고 우쭐대기 쉽다.『도덕경』의 일관된 논리로 보면 총애가 총애일 수 있는 것은 그 이면에 모욕이 있기 때문이다.

'총위하'에서 하下는 대칭적 상관관계인 위와 아래의 '하'로 보는 게 좋다. '총위하'라고 했으니까 대칭적 상관관계로 보면 욕위상辱爲上이라는 표현도 가능하겠다. '욕위상'을 '모욕을 당하는 것이 좋다'고 번역할 수는 없을 것이다. 이 또한 대칭적 상관관계의 어느 하나만 내세워 절대화하지 말라는 뜻으로 보아야 한다. 총애를 얻으면 '아, 총애를 얻었구나.'라고 받아들이고 총애를 잃으면 '아, 총애를 잃었구나.'라고 받아들여 보는 것이다. 그렇게 있는 그대로 받아들이는 것을 노자는 놀란 듯이 하라고 표현했다. 알아차리라는 뜻이다. 알아차리기만 해도 마음이 안정됨을 느낄 수 있다.

고집을 내려놓으면 근심도 줄어든다

걱정과 근심은 대개 사건이나 문제의 실상을 파악하지 못할 때 생기는 경우가 많다. 그 이유는 대개 자신의 생각과 욕심에 사로잡혀 있기 때문이다. 자신의 고집을 내려놓으면 걱정과 근심도 줄어들 것이다. 여기에서 노자가 말한 무신無身은『금강경』에서 깨달음의 기준으로 제시하는 무아無我를 연상시킨다. 나 자신을 절대적으로 고립된 실체로 보지 않는 것이 '무아'의 의미다. 나와 남을 분리해서 보지 않고 대칭적 상관관계로 보는 것이다.『도덕경』과『금강경』의 거리가 그리 멀어 보이지 않는다.

이 구절에 대한 왕필의 해설도 참고할 만하다. "큰 근심은 영예와 총애 따위이다. 삶에 대한 생각만 두터우면 반드시 죽음의 자리로 들어가게 된다. 그러므로 큰 근심이라고 한 것이다. 사람이 영예와 총애에 미혹되면 큰 근심이 자신에게 돌아온다.”[1] 큰 근심은 영예와 총애라고 왕필은 말하고 있다. 모욕이 근심이 아니라 오히려 영예와 총애가 근심이 된다는 이야기다. 모욕을 당하면 누구나 조심할 줄 안다. 조심하면서 대비하면 큰 걱정이 닥치는 것을 미리 막을 수도 있다. 하지만 총애나 영예를 얻으면 우쭐하고 교만해지면서 더 큰 재앙을 불러들이게 된다. 삶에 대한 생각이 너무 지나칠 때는 총애와 영예가 넘치는 순간이라고 할 수 있다. 그런 순간이 영원히 계속되는 것이 아니라 그 반대의 순간이 함께 있음을 알아야 한다. 총애를 받거나 큰 칭찬을 들을 때 마치 큰 근심이 자신에게 다가오고 있음을 알아차릴 수 있을까? 쉽지 않은 경지다.

자신을 천하처럼 귀하고 소중하게 여긴다면 총애나 영광스러운 순간에 어떻게 처신할까? 총애의 대칭인 모욕이 공존함을 알기에 미리미리 조심하면서 오만한 행위를 하지 않을 것이다. 총애와 모욕, 높음과 낮음, 삶과 죽음이 공존하며 돌고 도는 이치를 알기 때문이다. 그런 사람에게 천하를 맡겨봐도 좋을 것 같다.

---

1   “大患, 榮寵之屬也. 生之厚必入死之地, 故謂之大患也. 人迷之於榮寵, 返之於身.”(임채우 옮김, 『왕필의 노자주』, 한길사, 85쪽 참조)

14장

분별적 판단을 벗어나 황홀을 마주하라

보아도 보이지 않는 것은 이夷

視之不見名曰夷
시 지 불 견 명 왈 이

들어도 들리지 않는 것은 희希

聽之不聞名曰希
청 지 불 문 명 왈 희

잡아도 잡히지 않는 것은 미微

搏之不得名曰微
박 지 부 득 명 왈 미

이 세 가지는 낱낱이 따져 물을 수 없다.

此三者不可致詰
차 삼 자 불 가 치 힐

그러므로 섞어서 하나로 여긴다.

故混而爲一
고 혼 이 위 일

그 위라고 밝지 않고

其上不皦
기 상 불 교

그 아래라고 어둡지 않다.

其下不昧
기 하 불 매

새끼줄처럼 꼬이면서 이어져

繩繩不可名
승 승 불 가 명

이름을 붙일 수 없으니

무물無物로 되돌아간다.

復歸於無物
복 귀 어 무 물

이것을 일컬어

是謂
시 위

모양 없는 모양

無狀之狀
무 상 지 상

사물 없는 상징이라 한다.	無物之象 무 물 지 상
이것을 홀황惚恍이라고도 하니	是謂惚恍 시 위 홀 황
앞에서 맞이해도 그 머리를 볼 수 없고	迎之不見其首 영 지 불 견 기 수
뒤에서 따라가도 그 꼬리를 볼 수 없다.	隨之不見其後 수 지 불 견 기 후
옛날의 도를 가지고	執古之道 집 고 지 도
오늘의 일을 다스리면	以御今之有 이 어 금 지 유
옛날의 시작을 알 수 있으니	能知古始 능 지 고 시
이것을 도의 벼리라고 한다.	是謂道紀 시 위 도 기

致詰(치힐): 낱낱이 따져 묻다 / 繩繩(승승): 새끼줄처럼 꼬이면서 이어지는 모양
/ 惚恍(홀황): 황홀. 경계가 흐릿하여 구분되지 않는 모양

보아도 보이지 않고 들어도 들리지 않으며 잡아도 잡히지 않는 것은 무엇일까? 무無의 세계를 가리킨다. 도道의 세계라고 할 수도 있다. 유有와 무가 상생하는 모습을 도라고 부르는데 무를 알지 못하면 도 역시 알지 못하기 때문이다. 이 같은 무와 도의 세계를 여기에서는 이夷, 희希, 미微라는 세 글자로 표현했다. 그런데 이 낯선 세 글자에 걸려 넘어지면 안 된다. 세 글자 대신에 다른 어떤 글자로 표기해도 상관없기 때문이다. 이 글자들이 의미하는 바를 아는게 중요하다. 바로 대칭적 상관관계가 공존하는 도의 실상이다.

무와 도의 세계는 욕심이 가득한 눈과 귀로는 보아도 보이지 않고 들어도 들리지 않는다. 마음을 비워야 비로소 보이고 들린다. 마음을 비우고 본다는 것은 대칭적 상관관계를 분리하지 않는 마음으로 보고 듣는 것이다. 대칭적 상관관계를 떼어 내는 분별적 지식으로는 알 수가 없는 경지다. 성능이 좋은 전구를 켜놓았다고 더 잘 보이는 세계가 아니다. 캄캄한 곳에 있다고 해서 볼 수 없는 것도 아니다. 마음의 눈은 그 위치나 외부의 조건에 구애받지 않는다.

황홀한 세계는 분별심을 내려놓아야 보인다

높음과 낮음, 밝음과 어둠의 분별을 떠나야 보이는 것이 무와 도의 세계다. 대칭적 상관관계가 상생하는 모습은 마치 두 개의 새끼 줄이 서로 꼬이며 하나의 동아줄처럼 이어지는 모습이며. 두 줄이 맞물려 하나의 동아줄이 되어 있는 세계를 각각 떼어 내어 한쪽만 드러내 보이는 것이 분별적 지식이다.

분별적 지식을 벗어나 도의 전체상을 보려면 무물無物로 돌아가야한다. '무물'은 분별적 지식이 일어나기 이전의 마음 상태를 가리킨다. 무물은 이름 붙일 수 없는 무명無名의 세계이기도 하다. 이름을 붙인다는 것은 좋음과 나쁨, 잘함과 잘 못함의 분별적 판단이 발동된다는 의미다. 이름이 없는 무명, 무물의 세계는 '모양 없는 모양' '사물 없는 상징'으로 표현할 수 있다. 무물이라고 하니까 아무것도 존재하지 않는 것으로 오해할까 봐 덧붙인 설명이다. '모양 없는 모양'은 대칭적 상관관계인 유와 무가 각기 자체의 독자적 정체성을 고집하지 않는 것을 가리킨다. 고정된 이름을 붙여 절대화하지 않을 뿐이지 아무것도 존재하지 않는 것은 아니다. '사물 없는 상징'이란 말은 그 점을 더 분명히 알려준다. 고정된 사물의 형태가 아니라 상징으로 존재한다는 의미다. 도의 모습이 그렇다는 것이다.

대칭적 상관관계의 경계가 흐릿하여 분별되지 않는 모습을 홀황惚恍이라고도 표현한다. 요즘도 일상에서 황홀하다는 말을 쓰고 있다. 황홀이라는 말이 요즘은 물질적으로 퇴색된 느낌이다. 노자가 이 말을 쓸 때는 그렇지 않았던 것 같다. 홀惚과 황恍은 모두 경계가 미묘하여 확실하게 구분되지 않는 모양을 가리키는 글자다. 현玄과 의미가 통한다. 황홀한 세계는 앞에서 보아도 그 머리가 보이지 않고 뒤에서 보아도 그 꼬리가 보이지 않는다. 위와 아래, 밝음과 어둠의 분별이 없는데 앞과 뒤의 구분이 있을 수 없다.

2,500여 년 전에 노자가 제시한 도를 가지고 21세기 오늘의 여러 문제를 해결할 수 있다. 아무리 시대가 바뀌어도 도의 핵심은 마음에서 마음으로 면면히 이어지기 때문이다. 밖으로만 향한 관심을 안으로 돌려 가만히 마음을 들여다보면 보인다.

새끼줄처럼 대립면들이 꼬이면서 이어진다

승승繩繩은 노자의 도道의 모습을 새끼줄로 형상화해 보여주는 글자다. 최진석 서강대학교 명예교수의 해석을 참고할 만하다. "어떤 학자는 도의 모습을 형용하는 승승繩繩을 '계속 끊이지 않고 이어지는 모습'이라고 해석하기도 하지만 이는 노자 철학의 진면목을 파악하지 못한 해석이다. 이 용어 안에 '계속 끊이지 않고 이어지는 모습'이라는 의미도 분명히 있지만 그냥 끊임없이 이어지는 것이 아니라 사실은 '새끼줄처럼 꼬이면서 이어져 가는 모습'이다. 노자가 여기서 승승이라는 용어를 통해 주로 드러내고자 하는 의미는 이 세계가 새끼줄이 꼬이듯이 반대되는 대립면들의 꼬임으로 이루어져 있다는 사실이다. 즉 반대편 것들끼리 서로 꼬이며 관계 속에서 존재하는 세계의 모습을 드러내주고 있는 것이다. 유무상생有無相生을 형상하고 있다."[1]

---

1 『노자의 목소리로 듣는 도덕경』, 소나무, 126쪽 참조

15장

살얼음 개울 건너듯이 조심조심 살아라

옛날에 도를 잘 따르는 사람은	古之善爲士者 <small>고 지 선 위 사 자</small>
미묘한 세계에 그윽하게 통달하여	微妙玄通 <small>미 묘 현 통</small>
그 깊이를 알 수 없었다.	深不可識 <small>심 불 가 식</small>
오직 알 수 없기에	夫唯不可識 <small>부 유 불 가 식</small>
억지로 다음과 같이 형용해본다.	故强爲之容 <small>고 강 위 지 용</small>
머뭇거리네! 겨울 살얼음 개울 건너듯	豫焉 若冬涉川 <small>예 언 약 동 섭 천</small>
두리번거리네! 마치 사방을 경계하듯	猶兮 若畏四隣 <small>유 혜 약 외 사 린</small>
정중해 보이네! 모두 받아들이는 듯	儼兮 其若容 <small>엄 혜 기 약 용</small>
따뜻해 보이네! 얼음이 녹으려는 듯	渙兮 若氷之將釋 <small>환 혜 약 빙 지 장 석</small>
돈독해 보이네! 가르지 않은 통나무처럼	敦兮 其若樸 <small>돈 혜 기 약 박</small>
관대해 보이네! 마치 텅 빈 골짜기처럼	曠兮 其若谷 <small>광 혜 기 약 곡</small>
혼탁해 보이네! 마치 흐린 흙탕물처럼	混兮 其若濁 <small>혼 혜 기 약 탁</small>

누가 흙탕물을 가라앉혀

서서히 맑게 할 수 있을까?

孰能濁以靜之徐清
숙 능 탁 이 정 지 서 청

누가 안정된 것을 오래 움직여

서서히 살아가게 할까?

孰能安以久動之徐生
숙 능 안 이 구 동 지 서 생

이 도를 지키는 자는

保此道者
보 차 도 자

가득 채우려 하지 않는다.

不欲盈
불 욕 영

오직 가득 채우지 않기에

夫唯不盈
부 유 불 영

덮고 감싸줄 뿐 새로 이루려 하지 않는다.

故能蔽不新成
고 능 폐 불 신 성

士(사): 도道를 잘 따르는 사람 / 豫(예): 머뭇거리다 / 猶(유): 망설이다 / 樸(박):
통나무. 대칭적 상관관계의 공존을 상징 / 濁(탁): 혼탁하다 / 蔽(폐): 덮다, 감추
다 / 新成(신성): 새롭게 이루다

유有와 무無가 상생하는 도道를 깨달은 이의 언행은 조심스럽기만
하다. 경계가 흐릿하여 구분하기 힘든 대칭적 상관관계는 말로 온
전히 다 표현할 수 없기 때문이다. 현통玄通은 그런 미묘한 세계에
통달한 모습이다. 현玄에는 대칭적 상관관계를 분리하지 않는 의미
가 담겨 있다. 대칭적 상관관계를 분리하지 않는 통합적 마음의 눈
을 뜬 어른일수록 되도록 말을 아끼고 행동을 조심하는 이유다.

예언豫焉부터 혼혜混兮까지 일곱 가지 묘사가 도를 체득한 이의
모습을 그림 그리듯 보여주고 있다. 예豫, 유猶, 엄儼 등은 모두 머뭇
거리고 망설이며 조심하는 모습이다. 겨울에 살얼음 개울을 건너는
듯하고, 사방 주위를 두리번거리는 듯하고, 정중하게 손님을 받아
들이는 듯하다. 도를 터득한 이의 모습을 한마디로 표현하면 '조심
조심'이다. 마음의 움직임을 알아차리면서 말로 다 표현할 수 없는
도를 군이 말로 설명하려고 하니까 일종의 방편으로 예, 유, 엄 같
은 문자를 사용했다.

흙탕물을 서서히 맑게 하는 비결을 터득해야 한다

'누가 흙탕물을 가라앉혀 서서히 맑게 할 수 있을까?'라는 구절은
현통玄通의 경지를 보여준다. 여기서 서청徐淸이란 표현을 주목해야
한다. 서서히 맑게 한다는 뜻이다. 조심스럽고 신중하게 자연스러
운 도의 흐름을 따르는 모습이다.

흙탕물이 서서히 맑아지는 비결을 터득해야 한다. 흙탕물과 흙탕
물 아닌 것을 분별하지 않는 통합적 마음이 필요하다. 도를 따르는

사람은 더러움과 깨끗함을 절대적으로 분별하지 않기에 마치 더러운 것처럼 보일 수도 있다. 41장에 나오는 '대백약욕大白若辱'에 그런 뜻이 들어 있다. '크게 깨끗함은 마치 더러운 것 같다'는 의미다. 도를 잘 따르는 사람은 자신이 깨끗하다고 빛을 내며 자랑하지도 않고 자신의 깨끗함을 절대적 기준으로 하여 다른 사람의 잘잘못을 함부로 재단하지도 않는다. 자신의 깨끗함을 뽐내지 않고 주변과 동화되는 화광동진和光同塵의 경지다.

현통은 욕심을 가득 채우려 하지 않는 것이다

혼탁함과 안정됨은 대칭적 상관관계다. 어지러움과 다스려짐의 관계로 바꿔 생각해보아도 좋다. '누가 안정된 것을 오래 움직여 서서히 살아가게 할까?'라는 구절은 잘 다스려지는 안정된 시대에는 어떻게 살아야 하는지를 알려준다. 혼탁함과 안정됨 혹은 어지러움과 다스려짐은 절대적으로 고정되어 있지 않다. 잘 다스려지다가도 권력의 욕심이 발동하면 다시 어지러운 상태로 바뀌게 된다. 안정된 평화의 시기를 오래 유지하려면 욕심이 지나치게 발동하는 것을 조절해야 한다. 욕심을 가득 채우려 하지 않는 것이 현통의 모습이다. 그것이 장생長生의 비결이다.

16장

지도자에게는 포용과 공평의 마음이 있다

비움에 이르길 지극히 하고

致虛極
치 허 극

고요함을 지키길 돈독히 하라.

守靜篤
수 정 독

만물이 함께 어울려 살아가는데

萬物竝作
만 물 병 작

나는 이로써 되돌아감을 관조한다.

吾以觀復
오 이 관 복

만물은 무성하게 되면

夫物芸芸
부 물 운 운

자신의 뿌리로 돌아간다.

各復歸其根
각 복 귀 기 근

뿌리로 돌아감을 고요함이라 하고

歸根曰靜
귀 근 왈 정

이것을 천명으로 돌아감이라 한다.

是謂復命
시 위 복 명

천명으로 돌아감을 상常이라 하고

復命曰常
복 명 왈 상

상을 아는 것을 명明이라 한다.

知常曰明
지 상 왈 명

상을 알지 못하면

不知常
부 지 상

함부로 흉한 일을 저지른다.

妄作凶
망 작 흉

상을 알면 포용하게 되고

知常容
지 상 용

포용하면 공평하게 되며

容乃公
용 내 공

공평하면 왕이 될 수 있다.

公乃王
공 내 왕

왕이 되면 하늘처럼 되고

王乃天
왕 내 천

하늘처럼 되면 도를 따르게 된다.

天乃道
천 내 도

도를 따르면 오래갈 수 있으니

道乃久
도 내 구

죽을 때까지 위태롭지 않다.

沒身不殆
몰 신 불 태

竝作(병작): 함께 어울려 살아가는 모양 / 芸芸(운운): 만물이 무성한 모양

도道를 따른다는 것은 마음을 비우는 것이다. 마음을 비운다는 것은 생각을 내려놓는 것이다. 비움과 고요함이란 바로 생각을 비우는 것이고 생각을 고요하게 하는 것이다. 생각을 어디까지 내려놓고 마음을 어디까지 비워야 할까? 그 궁극의 경지, 완전히 텅 빈 마음을 여기서 치허致虛와 수정守靜으로 표현했다.

수정守靜은 판본에 따라 수중守中으로 쓰여 있기도 하다. 중中이란 좋음과 싫음 같은 감정이 밖으로 표출되기 이전의 마음 상태를 가리킨다. 표출되기 이전의 마음이란 좋음과 싫음의 어느 한쪽만 드러내지 않는다는 의미다. 좋음과 싫음에 대한 생각을 내려놓는다는 의미에서 텅 빈 마음이자 고요한 마음이라고 할 수 있다. 편향된 생각과 지나친 욕망으로 인한 동요가 없을 때 고요함을 유지할 수 있다.

함께 잘 살기 위해서는 고요함으로 돌아가야 한다

병작竝作은 만물이 함께 어울려 살아가는 모습이다. 치허와 수정이 곧 병작이다. 함께 어울려 잘 살아가기 위해서는 지나친 욕심과 생각을 비우고 고요함으로 돌아가야 한다. 치허, 수정, 병작을 통해 노자는 만물이 되돌아가는 모습을 관조한다. 만물은 어디로 되돌아갈까? 그 뿌리로 되돌아간다. 뿌리는 대칭적 상관관계가 공존하며 돌고 도는 도를 가리킨다.

뿌리로 돌아가는 것을 고요함이라 하고 이를 일컬어 복명復命, 즉 '천명天命으로 돌아감'이라고 했다. '복명'의 명命은 천명이다. 아름다움과 추함, 잘함과 잘 못함, 긺과 짧음, 유와 무 등 대칭적 상관관계가 돌고 도는 모습을 천명으로 간주하는 것이다. 자신의 욕심으로 대칭적 상관관계를 분리할 수 없다는 의미가 복명에 내포돼 있다.

복명을 상常이라고 했다. 1장에서부터 나온 '상'의 의미를 여기서 구체적으로 알려주고 있다. '상'의 의미는 복명, 즉 천명으로 돌아감이고 복명의 의미는 뿌리로 돌아가는 귀근歸根과 고요함(靜)이며 이는 만물이 함께 어울리는 병작竝作으로 연결된다. 병작이 곧 귀근이고 복명이며 '상'의 의미가 되는 것이다.

'상'에는 대칭적 상관관계가 분리되지 않는다는 의미가 담겨 있다. 대칭적 상관관계의 조합이 각기 자신의 뿌리를 향해 돌고 돌아가며 공존하는 모습이 '상'인데 인간의 언어는 그 공존을 폭력적으로 단절한다. '상'은 『도덕경』에서 도만큼이나 중요한 의미를 지닌다.

'상'의 의미를 아는 것이 왜 중요한 것일까? '상'을 알면 포용력이 생기기 때문이다. 대칭적 상관관계의 뿌리를 존중하기에 자기만 옳고 자기만 잘났다고 뽐내지 않는다. 이런 마음 자세는 포용력으로 나타난다. 상대를 존중하여 겸손하게 되는 것이다. 반대로 '상'을 알지 못하면 자기만 잘난 줄 알고 우쭐하여 함부로 몸과 마음을 움직이게 되고 급기야 흉한 일까지 저지르게 된다.

'상'을 알아 포용력이 생기면 공평한 마음으로 일을 처리하게 된다. 포용과 공평의 마음을 갖추면 임금의 역할까지 할 수 있다. 대단한 '상'이다. 지도자의 조건 가운데 가장 중요한 것이 바로 '상'의 의미를 아는 것이다. '상'을 알아서 포용과 공평의 마음으로 임금의 역할을 할 줄 알면 그것은 곧 하늘의 마음을 아는 것이다. '하늘 천天' 자는 자연自然을 뜻하기도 하고 백성의 마음을 가리키기도 한다. 임금이 사사로운 욕심을 내세워 억지로 일을 강제한다면 그것은 백성을 괴롭히고 민심을 어지럽히는 일이다. 임금이 하늘을 섬기듯이 민심을 살핀다면 그것이 곧 도를 따르는 모습이다. 도를 따라야 오래 지속되고 죽을 때까지 위태롭지 않다.

명은 낮과 밤의 대칭적 상관관계를 표현한다

상常을 아는 것을 명明이라고 했다. '명'이란 글자를 주목해 보아야 한다. '명'은 '해 일日'과 '달 월月'이 결합한 모양이다. 낮과 밤의 대칭적 상관관계를 글자 모양 자체로 보여주고 있다. 『천자문千字文』에 나오는 일월영측日月盈昃이 해와 달의 대칭적 상관관계를 잘 보여준다. '해와 달은 차고 기운다'는 뜻이다. 해가 뜨면 달이 지고 달이 뜨면 해가 지는 대칭적 상관관계의 의미가 담겨 있다. 해와 달의 뜨고 짐, 낮과 밤의 조화로 유무상생有無相生의 도를 표현했다. 일월日月은 해와 달에서 날과 달, 즉 세월로 그 의미가 확장된다. 낮과 밤의 조화가 삶이다.

'명'은 사물에 대한 인식의 최고 수준을 가리키는 용어로 간주될 만하다. 대칭적 상관관계가 분리되지 않음을 알아차리는 것이 '명'이다. 이 또한 『도덕경』의 전문 용어로 보아 굳이 '밝음'이라고 번역하지 않고 그냥 '명'으로 표기해도 좋겠다. 중요한 것은 이름이 아니라 그 내용을 아는 것이다. '명'의 의미를 알아차림이 '도덕경 명상'의 핵심이다.

1장에서 상도常道를 '참된 도'로 번역했는데 일종의 '방편적 번역'이라고 할 수 있다. 대칭적 상관관계가 공존하는 모습이 사물의 참된 실상이므로 '상도'를 '참된 도'라고 해도 크게 어긋나는 번역은 아닐 것이다. 중요한 것은 '상도' 혹은 '참된 도'라는 번역에는 말로 분리할 수 없는 유무상생의 의미가 내포되어 있음을 알아차리는 것이다.

'상'을 '항상 그러함'으로 번역하는 책도 있다. 나는 '상'을 『도덕경』의 전문 용어로 보아 그냥 '상'으로 표기해도 좋다고 본다. 중요한 것은 이름이 아니라 그 의미를 알아차리는 것이기 때문이다. '상'의 의미를 알아차려 보는 것이 곧 마음챙김의 훈련이 될 수 있다.

17장

마음챙김 하는 어른은 공치사를 참는다

최상의 지도자는 사람들이

그가 있다는 것만 안다.

太上 下知有之
태 상 하 지 유 지

그다음은 그를 가깝게 여기고 기린다.

其次 親而譽之
기 차 친 이 예 지

그다음은 그를 두려워한다.

其次 畏之
기 차 외 지

그다음은 그를 조롱한다.

其次 侮之
기 차 모 지

믿음이 부족하면

信不足焉
신 부 족 언

불신이 뒤따른다.

有不信焉
유 불 신 언

느긋한 마음으로

悠兮
유 혜

그 말을 귀하게 여기라.

其貴言
기 귀 언

太上(태상): 최상의 지도자 / 悠(유): 느긋하고 한가한 모양

공이 이루어지고 일이 완수되면

功成事遂
공 성 사 수

사람들은 모두

百姓皆謂我自然
백 성 개 위 아 자 연

"내가 스스로 그렇게 했다."라고 말한다.

위와 아래는 서로 기대어 의지하면서 마치 하나처럼 돌고 돈다. 위가 있기에 아래가 있고 아래가 있기에 위가 있다. 인간관계를 잘 풀어가는 사람은 상하 관계를 위계적 갑을甲乙 관계로 보지 않는다. 상생相生의 관점으로 본다. 상생 관계가 유지되기 위해서는 윗사람의 넓은 마음이 필요하다. 동시에 아랫사람의 넓은 마음도 필요하다. 위와 아래 모두 무위無爲의 넓은 마음일 때 인간관계가 잘 돌아간다.

모든 문제는 인간관계의 갈등에서 시작된다

세상의 모든 문제는 대개 인간관계의 갈등에서 시작된다. 인간관계에서 맺힌 갈등이 깊어지지 않도록 미리미리 순조롭게 풀어나가는 것이 행복한 삶의 비결이다. 그 열쇠는 신뢰를 쌓는 것이고 그 시작은 자신으로부터다. 나의 신뢰가 부족하면 남의 불신이 뒤따르게 마련이다. 남 탓을 해서 문제가 풀리지 않는다. 자신의 마음속에 꼬인 실타래를 풀고 불신의 벽을 허물어보자. 자신이 먼저 믿음을 주면 다른 사람의 믿음도 온다. 문제 해결의 출발은 자신이다.

무위와 유위有爲의 갈림길은 말에서 나타난다. 말이 재앙의 씨앗이다. 행복과 불행이 말을 어떻게 하느냐에 달렸다. 말을 귀하게 여긴다는 것은 무슨 뜻일까? 말을 아끼는 것이다. 노자가 볼 때 말은 적게 하는 것이 자연스러운 행위다. 대칭적 상관관계로 이루어진 사물의 온전한 모습을 분별적 언어로는 다 담아낼 수 없기 때문이다. 자신의 공을 과시하며 잘난 체하지 않는 것이 말을 귀하게 여기

는 모습이다. 잘하는 사람이 있으면 잘 못하는 사람도 있게 마련이
다. 일 처리를 잘하는 선인善人과 일처리를 잘 못하는 불선인不善人
은 대칭적 상관관계로 공존한다는 것이 노자의 가르침이다.

어른은 마음챙김으로 입조심을 한다

일을 잘해서 큰 업적을 세우고서도 자신을 내세우지 않기는 어
려울 것이다. 생색을 내며 공치사를 하고 싶을 것이다. 그걸 참기가
쉽지는 않겠지만 그런 상황에서도 입조심하는 게 마음챙김을 하는
어른의 모습이다. 여기에 유悠 자를 쓴 것을 보면 공치사를 아끼는
어른은 느긋한 모습인 것 같다. 자기를 과시하려고 조급해하지 않
으면 느긋할 수 있다. 너무 급하게 서두르지 말자. 미리미리 조심하
면 서두를 일이 없다.

18장

인의도 충효도 맹신하지 말라

대도가 무너지자	大道廢 대 도 폐
인의仁義가 생겼다.	有仁義 유 인 의
지혜가 나타나자	慧智出 혜 지 출
위선이 생겼다.	有大僞 유 대 위
가정이 불화하자	六親不和 육 친 불 화
효자孝慈가 생겼다.	有孝慈 유 효 자
국가가 혼란하자	國家昏亂 국 가 혼 란
충신이 생겼다.	有忠臣 유 충 신

六親(육친): 가족, 부자·형제·부부의 총칭 / 僞(위): 거짓, 위선 / 孝(효): 자식의
효도 / 慈(자): 부모의 사랑

대도大道는 '큰 마음'이다. 분별하지 않고 크게 포용하는 '넓은 마음'이다. 무명無名, 무위無爲의 '넓은 마음'이 사라지면 분별하는 '좁은 마음'이 그 자리를 차지한다. 좁은 마음이 되면 인仁과 의義조차도 편견으로 전락하게 된다.

'인'은 공감 능력이고 '의'는 정의감이다. 공감 능력과 정의감은 우리가 함께 어울려 살아가는 데 없어서는 안 될 중요한 가치다. 그 기본 가치를 노자가 다 부정하는 것은 아니다. 언뜻 인의仁義 자체를 부정하는 듯한 '역설적 화법'에 걸려 넘어지면 안 된다. 노자는 왜 '인의'를 나쁜 것처럼 표현한 것일까? 여기에 『도덕경』의 미묘함이 있다. 이 관문을 통과해야 대도가 보인다. 인의를 절대화하지 말라는 것이 노자의 가르침이다. 절대화는 타락의 길이다. 인의의 절대화도 마찬가지다. 인의가 가진 본래의 따뜻함과 공정함을 잃어버리고 날카로운 칼로 변한다. 자신의 인의를 뽐내며 상대방을 공격하는 흉기가 된다. '타락한 인의'로 변질되는 것이다.

위선은 지혜를 앞세우며 뒤로 제 잇속 채우는 것이다

지혜도 절대화되면 '타락한 지혜'가 된다. 입으로 지혜를 앞세우면서 뒤로는 제 잇속만 챙기는 위선僞善이 자행된다. 분별심을 지혜로 포장하여 절대화를 일삼는 것이 위선이다. 잘났다고 하는 사람들이 내놓은 지혜라는 것이 결국 어느 한쪽의 이해관계를 대변하거나 사욕私欲을 가린 포장일 수 있음을 경계해야 한다. 『도덕경』에는 역설적 문장이 많이 나오는데 잘났다고 하는 이들의 위선을 드러내는 데는 역설이 효율적이다.

육친六親은 가정을 이루는 구성원의 총칭이다. 가정의 구성원이 화합하지 않으니까 효도니 자애니 하는 말들이 생겨났다. 가족이 화목하게 지낸다면 그런 말들이 생겨나지도 않았을 것이다. 국가가 혼란해지니까 충신이 생겨났다는 구절도 역설적이다. 효자孝慈나 충신忠臣이 나쁘다는 의미가 아님을 알아차려야 한다. 좋다, 나쁘다 하는 분별을 넘어서는 이야기다.

아름답다고 부르는 것은 추한 것에서 생긴다

이 장에서 왕필이 남긴 주석을 참고할 만하다. "매우 아름답다고 부르는 것은 아주 추한 것에서 생기니, 이른바 아름다움과 추함은 문을 같이한다는 것이다."[1]라고 했다. 아름다움과 추함이 같이 있듯이 좋음과 나쁨도 같이 있다. 효자나 충신이라는 말이 나오기 전에 미리미리 조심해서 가정을 화목하게 하고 국가를 혼란스럽지 않게 잘 다스려야 한다. 『도덕경』은 인륜을 부정하는 이야기가 아니다. 인륜의 의미를 좀 더 깊이 성찰하고 관조하게 한다.

이 구절을 보면 필자가 고등학교 다닐 때 한문을 가르쳐주신 설악산인雪嶽山人 김종권 선생님이 기억난다. 한문 고전 번역을 많이 하신 분인데 수업 시간에 『도덕경』의 이 구절을 많이 인용하셨다. 그때는 기발한 문장이라고만 생각했는데 세월이 흐를수록 그 깊은 맛이 느껴진다.

---

1 "甚美之名, 生於大惡, 所謂美惡同門."(김학목 옮김, 『노자 도덕경과 왕필의 주』, 홍익출판, 96쪽 참조)

19장

성스러움과 지혜를 끊어버려라

성스러움과 지혜를 끊어버리면

사람들의 이익이 백배가 된다.

絶聖棄智
절 성 기 지

民利百倍
민 리 백 배

인의仁義를 끊어버리면

사람들이 효자孝慈로 돌아간다.

絶仁棄義
절 인 기 의

民復孝慈
민 복 효 자

기교와 이로움을 끊어버리면

도적이 없어진다.

絶巧棄利
절 교 기 리

盜賊無有
도 적 무 유

이 세 가지로는

문장을 삼기에 부족하므로

사람들이 따를 지침이 있게 한다.

此三者
차 삼 자

以爲文不足
이 위 문 부 족

故令有所屬
고 영 유 소 속

素(소): 꾸밈없는 바탕 / 樸(박): 통나무. 유무상생의 도를 상징

꾸밈없는 바탕을 보고 통나무를 품으라!　　見素抱樸
　　　　　　　　　　　　　　　　　　　견 소 포 박

사사로움을 줄이고 욕심을 적게 하라!　　少私寡欲
　　　　　　　　　　　　　　　　　　　소 사 과 욕

'성스러움'이 있으면 '성스럽지 않음'도 있게 마련이다. 성聖과 불성不聖은 대칭적 상관관계다. 성聖과 속俗의 관계로 보아도 좋다. 성과 속이 하나로 같이 있음을 볼 수 있어야 한다. 그래야 전쟁을 막고 평화를 유지할 수 있다. 역사상 수많은 종교 전쟁을 보라. 성스러움으로 포장한 종교 전쟁이 가장 참혹하다. 역사의 아이러니라고 미뤄둘 문제가 아니다. 오늘날도 예외가 아니다. 성스러움을 위한 전쟁은 계속되고 있다. 자신이 성스럽다고 여기는 바로 그 생각이 착각임을 알아차려야 이 문제가 풀릴 수 있다.

성스러움과 지혜를 절대화하지 않는다

성스러움도 무조건 나쁜 것이라고 할 수는 없다. 그 점을 오해하면 안 된다. 성과 불성의 관계는 선善과 불선不善의 관계처럼 어느 한쪽만을 절대화하여 지나치게 과장하는 것이 문제다. 성스러움과 지혜를 끊어버리라는 말은 거기에 상대적 가치만 부여해야지 절대적 우위를 부여해선 안 된다는 뜻이다. 성스러움과 지혜를 절대화하지 않으면 그로부터 얻는 사람들의 이익이 백배나 늘어날 정도로 많을 것이다.

'인의仁義를 끊어버리라'는 말도 '인의'를 모두 다 부정하는 말이 아님을 알아차려야 한다. 공감 능력과 정의감이 없으면 사회가 제대로 유지될 수 없다. 노자가 그것까지 다 부정하는 것은 아니다. '도덕경 명상'은 그보다 높은 경지의 성찰이다. 인의를 절대화했을 때의 폐해, 즉 '타락한 인의'를 경계하는 것이다. 그래야 부모에 대한 효성과 자식에 대한 사랑을 회복할 수 있다. '지혜 없는 지혜'의 역설이다.

기술과 이익도 무조건 나쁜 것으로 단정해선 안 된다. 기술의 정교함은 필요하고 많은 이익을 가져다준다. 문명은 그렇게 발전했다. 젊은이들은 과학과 기술의 정교함과 문명의 발전을 배우고 익혀야 한다. 하지만 동시에 무엇이든 절대적 가치로 높이면 문제가 된다는 것을 알아차려야 한다. 적절하게 멈출 줄 알아야 한다. 적절하게 멈춤을 아는 것이 마음챙김이다.

성스러움과 지혜로움, 어짊과 의로움, 기교와 이로움을 끊어버리라는 『도덕경』의 역설에 대해 여전히 고개를 갸우뚱하는 사람들이 적지 않을 것 같다. 어떤 사람들은 '그게 무슨 엉뚱한 말이냐'라며 비웃기도 할 것이다. 역설적 화법은 비웃음을 초래할 수 있다. 그래서 역설적인 세 문장만으로 사람들을 이해시키기에 부족하다고 보고 좀 더 그 의미가 분명한 문장을 행동지침으로 제시했다. 견소포박見素抱樸 소사과욕少私寡欲이 그것이다.

억지로 꾸미지 않는 마음의 바탕을 볼 수 있어야 한다. 꾸밈이 없는 마음은 분별이 없는 마음이다. 그 마음은 각종 도구로 재단되기 이전의 통나무를 닮았다. 통나무는 노자가 좋아하는 비유다. 대칭적 상관관계를 분리하지 않고 통으로 보는 마음의 눈을 찾아보자.

과욕寡欲이라는 표현이 눈길을 끈다. 무욕無欲이라고 하지 않은 것은 '도덕경 명상'이 현실과 동떨어진 이야기가 아님을 보여준다. 욕심을 없애려고 결심한다고 해도 그게 잘 안 되는 것이 현실이다. 욕심을 모두 다 없애지는 못해도 조금씩 줄여나갈 수는 있다. 가장 오래된 판본인 죽간본에 '견소포박 소사과욕'이란 구절이 그대로 들어 있는 것을 보고 놀랐던 기억이 난다.

인의를 민주와 자유로 바꾸면 오늘의 이야기다

절인기의絶仁棄義에 대해 대만의 철학자 남회근이 오늘날 우리가 쓰는 민주, 자유, 인권이란 말을 가지고 해설한 점이 눈에 띈다. "춘추전국시대에는 모든 나라가 서로 전쟁을 일으켜 땅을 빼앗으면서도 하나같이 인의仁義라는 미명을 구실로 삼았습니다. 마치 오늘날 일부 국가에서 민주니 자유니 인권이니 표방하지만 결국은 '너희는 내 인권을 존중해서 내가 하라는 대로 말 잘 들으라'라고 하는 식입니다. 춘추전국시대에도 마찬가지였습니다. 인의를 선전 구호로 삼아서는 안 됩니다. 인의를 강조하면 할수록 서로 속고 속이는 갖가지 병폐가 생겨나게 됩니다."[1]

'인의'라고 하면 옛날이야기 같은데 민주, 자유, 인권이라고 하니까 오늘날의 상황이 됐다. 옛날이야기에서 현실의 경구로 다시 살아난다. 고전은 오늘의 자신을 비추어보는 거울이다.

---

1   남회근 지음, 『노자타설』, 부키, 상권 365쪽 참조

20장

배움을 끊으면 근심이 사라진다

배움을 끊으면 근심이 사라진다.　　絶學無憂
　　　　　　　　　　　　　　　　　절 학 무 우

'예'와 '응'이라는 대답은　　　　　唯之與阿
　　　　　　　　　　　　　　　　　유 지 여 아

서로 거리가 얼마나 되는가?　　　相去幾何
　　　　　　　　　　　　　　　　　상 거 기 하

'좋음'과 '싫음'이라는 감정은　　　善之與惡
　　　　　　　　　　　　　　　　　선 지 여 오

서로 차이가 얼마나 나는가?　　　相去若何
　　　　　　　　　　　　　　　　　상 거 약 하

남들이 두려워하는 것을　　　　　人之所畏
　　　　　　　　　　　　　　　　　인 지 소 외

두려워하지 않으면 안 된다.　　　不可不畏
　　　　　　　　　　　　　　　　　불 가 불 외

넓고 아득하기가 끝이 없구나!　荒兮其未央哉
　　　　　　　　　　　　　　　　　황 혜 기 미 앙 재

뭇사람들은 희희낙락하며　　　　衆人熙熙
　　　　　　　　　　　　　　　　　중 인 희 희

마치 큰 소를 잡아 잔치를 벌이고　如享太牢
　　　　　　　　　　　　　　　　　여 향 태 뢰

봄날 누대에 오르는 것 같다.　　如春登臺
　　　　　　　　　　　　　　　　　여 춘 등 대

나만 홀로 조용히 아무런 조짐도 없네! 　我獨泊兮其未兆
아 독 박 혜 기 미 조

마치 갓난아기가 아직 웃을 줄 모르는 것 같다. 　如嬰兒之未孩
여 영 아 지 미 해

고달프기가 마치 돌아갈 곳이 없는 듯하네! 　儽儽兮若無所歸
루 루 혜 약 무 소 귀

뭇사람들은 모두 여유가 있는데 　衆人皆有餘
중 인 개 유 여

나만 홀로 부족한 듯하다. 　而我獨若遺
이 아 독 약 유

나의 마음은 어리석은 이의 마음이로다! 　我愚人之心也哉
아 우 인 지 심 야 재

혼돈스럽구나! 　沌沌兮
돈 돈 혜

세상 사람들은 빛이 나는데 　俗人昭昭
속 인 소 소

나만 홀로 어둡구나. 　我獨昏昏
아 독 혼 혼

세상 사람들은 꼼꼼히 따지는데 　俗人察察
속 인 찰 찰

나만 홀로 어리숙하구나. 　我獨悶悶
아 독 민 민

담담하기가 깊은 바다와 같네! 　澹兮其若海
담 혜 기 약 해

바람 소리가 그침이 없는 듯하네! 　飂兮若無止
료 혜 약 무 지

뭇사람들은 모두 쓸모가 있는데 　衆人皆有以
중 인 개 유 이

나만 홀로 미련하고 촌스러운 듯하다. 　而我獨頑似鄙
이 아 독 완 사 비

나만 홀로 사람들과 다르게

식모食母를 귀하게 여긴다.

我獨異於人
아 독 이 어 인

而貴食母
이 귀 식 모

唯(유): 공손히 대답하는 소리 / 阿(아): 대충 대답하는 소리 / 善(선): 좋아하다.
惡(싫어할 오)와 대칭적 상관관계 / 太牢(태뢰): 옛날 나라의 제사 때 소를 제물로
바치던 일 / 食母(식모): 만물을 먹이고 살리는 어미. 대칭적 상관관계의 공존을
의미하는 도

'배움을 끊으면 근심이 사라진다'는 구절은 '도덕경 명상'의 핵심을 간결하게 표현하고 있다. 어떤 배움을 끊으라는 이야기일까? 배움을 끊는다는 것은 배움의 태도나 자세 혹은 마음가짐을 가리킨다. 일종의 역설이다. 배움 자체를 모두 배격한 것으로 오해해선 안 된다. 역설에 담긴 속뜻을 보아야 한다. 배움은 언제나 필요하다. 『도덕경』조차도 배우지 않고는 알 수 없다. 다만 배우고 나서는 그 것을 내려놓을 줄도 알아야 한다.

절대화의 습관이 스트레스와 병의 원인이다

내려놓을 줄 안다는 것은 절대화하지 않는다는 뜻이다. 무엇을 절대화해서는 안 되는가? 앞서 19장에서 언급한 성스러움, 지혜, 어짊, 정의 같은 가치들을 절대화하지 않아야 한다. 다시 말하지만 성스러움, 지혜, 어짊, 정의가 무조건 나쁘다는 말이 아니다. 이런 가치들은 사회를 유지하는 데 필요하다. 문제는 이를 절대화하는 독선적 태도다.

절대화한 성스러움, 절대화한 지혜, 절대화한 어짊, 절대화한 정의는 세상을 평화롭게 하는 것이 아니라 어지럽히는 흉기로 변한다. 모든 근심과 걱정의 근원이 바로 무엇인가를 절대화하려는 욕심에서 비롯된다. 다른 사람의 느낌이나 생각을 무시하고 나의 느낌과 생각만 옳다고 과장하는 것이 바로 절대화하는 태도다. 다른 사람이 두려워하는 것이 있다면 그 느낌과 생각을 존중해야 한다.

근심과 걱정으로 인한 스트레스가 인생을 피곤하고 힘들게 한다.

병의 원인도 여기서 시작되는 경우가 많다. 절대화의 습관이 스트레스와 병의 원인임을 알아차려야 한다. 참된 어른의 길은 절대화의 유혹에서 벗어나는 데 있다. 도道를 잘 따르면 병에도 잘 걸리지 않게 된다. 절대화의 유혹에 빠지더라도 그것이 함정인 줄 곧 알아차리고 상대적 위치로 되돌려 놓기 때문이다.

'부정의 절대화'와 '긍정의 절대화'를 피해야 한다

생각에 함정이 있다. 예와 응이라는 대답의 거리, 좋아함과 싫어함이라는 감정의 차이 등을 따지고 분별하는 것이 바로 생각의 함정이다. 유唯는 공손하게 대답하는 소리이고 아阿는 건성으로 대답하는 소리이다. 어떤 식으로 대답을 해도 대답의 본질은 같으니까 건방지게 행동해도 좋다는 식으로 이 구절을 오해하면 안 된다. 그런 오해는 마치 절인기의絶仁棄義라는 글자만 보고 인의仁義를 무조건 배척해야 한다고 과장하는 것과 마찬가지다. 그런 사고방식은 '부정의 절대화'다. 우리 의식의 또 다른 함정이다. 인의가 무조건 좋다는 '긍정의 절대화'가 하나의 함정이라면 인의는 무조건 나쁘다고 하는 '부정의 절대화' 또한 피해야 할 함정이다. 긍정의 절대화와 부정의 절대화를 모두 끊어버리고 중도中道의 지혜를 찾는 것이 마음챙김 명상이다.

좋아함과 싫어함은 우리가 일상적으로 느끼는 감정의 대명사다. 좋아함과 싫어함의 감정에 끌려다니지만 않아도 우리 삶의 스트레스는 대폭 줄어들 것이다. 좋아함과 싫어함의 감정에 어떻게 하면 끌려다니지 않을 수 있을까? 처음엔 좋아하다가 얼마 지나지 않아 싫어하게 된 경험을 누구나 해보았을 것이다. 좋아함도 영원하지 않고 싫어함도 영원하지 않다. 좋아함과 싫어함도 대칭적 상관관계임을 알아차려야 한다. 좋아함이 겉으로 드러나 보일 땐 그 속에 싫어함도 들어 있다. 좋아함과 싫어함이라는 감정이 동전의 양면처럼 붙어 있다는 사실만 알아차려도 그로 인한 스트레스는 줄어들 것이다.

좋아함과 싫어함이란 감정은 우리가 일상생활에서 늘 빠지는 함정이다. 뭇사람들이 어떻게 반응하는지 살펴보라. 좋아함이 절대적 좋아함인 줄 알고 즐거워한다. 마치 큰 소를 잡고 잔치를 벌이는 듯하다. 대칭적 상관관계 전체를 통관하는 참된 어른은 좋아함과 싫어함을 이분법으로 분별하지 않는다. 이를 노자는 마치 갓난아기가 아직 웃을 줄 모르는 것 같다고 했다. 아직 웃을 줄 모른다는 말은 웃음과 울음의 분별이 생겨나기 이전의 모습을 가리킨다. 갓난아기는 노자가 즐겨 사용하는 비유다. 참된 어른은 갓난아기의 모습을 지니고 있다. 나이의 많음과 육체의 크기가 참된 어른의 기준이 아니다. 생각의 깊이, 마음의 넓이가 참된 어른이 되는 조건이다.

노자는 세상 사람들은 사리 분별이 뚜렷한데 자신만 홀로 어수룩해 보인다고 했다. 이런 표현을 노자가 자신의 처지를 한탄하는 내용으로만 볼 수는 없다. 맨 마지막 구절에서 노자의 진심을 알 수 있다. '나 홀로 사람들과 다르게 식모食母를 귀하게 여긴다'고 했다. '식모'는 '만물을 먹이고 살리는 어미'라는 뜻으로 대칭적 상관관계가 공존하는 도를 상징한다.

21장

사라지지 않고 생명력을 유지해야 한다

큰 덕의 모습은	孔德之容 공 덕 지 용
오직 도를 따를 뿐이다.	惟道是從 유 도 시 종
도라는 것은	道之爲物 도 지 위 물
오직 황홀할 뿐이다.	惟恍惟惚 유 황 유 홀
홀황함이여!	惚兮恍兮 홀 혜 황 혜
그 속에 상징이 있다.	其中有象 기 중 유 상
황홀함이여!	恍兮惚兮 황 혜 홀 혜
그 속에 사물이 있다.	其中有物 기 중 유 물
그윽하고 아득함이여!	窈兮冥兮 요 혜 명 혜
그 속에 정수가 있다.	其中有精 기 중 유 정

그 정수가 매우 참되어

其精甚眞
기 정 심 진

그 속에 미더움이 있다.

其中有信
기 중 유 신

예로부터 지금까지

自古及今
자 고 급 금

그 이름이 떠나지 않으니

其名不去
기 명 불 거

이로써 만물의 시작을 살핀다.

以閱衆甫
이 열 중 보

내가 어떻게 만물이

吾何以知衆甫之狀哉
오 하 이 지 중 보 지 상 재

시작하는 모양을 알겠는가?

이것을 통해서다.

以此
이 차

孔(공): 크다 / 窈(요): 그윽하다. 대칭적 상관관계의 경계가 흐릿하여 분명하지
않은 모양. 황홀(恍), 홀惚, 명冥과 의미가 통함 / 閱(열): 보다 / 甫(보): 시작, 시초

도道와 덕德은 밀접히 연관되어 있다. 세상 만물이 존재하고 운행하는 원리가 도이고 그 도를 본받는 이의 마음에 쌓인 것이 덕이다. 마음속의 도가 덕인 셈이다. 도와 덕은 마음속에서 하나가 된다. 도를 따르는 마음이 곧 덕이다.

공덕孔德은 큰 덕을 가리킨다. 마음을 비워야 덕이 쌓인다. 마음을 비우고 또 비워서 하늘과 땅 사이의 허공만큼 비우면 어떻게 될까? 크다, 작다는 말로 표현할 수 없이 큰 덕이 될 것이다. 텅 빈 허공처럼 큰 덕이 '공덕'이다. 공덕은 오로지 도를 따르면서 도와 일체된 모습이다.

하늘과 땅 사이 허공 속에서 만물이 살아가듯이 공덕, 즉 큰 덕을 지닌 사람은 포용하지 않는 것이 없다. 큰 덕을 지닌 사람이 모든 것을 포용함은 분별심이 없기 때문이다. 좋아함과 싫어함, 깨끗함과 더러움, 높음과 낮음, 귀함과 천함 등을 분별하여 어느 하나만 일방적으로 절대화하지 않기에 모두 포용할 수 있다. 대칭적 상관관계가 공존하는 도를 알아차리고 실천하는 사람이 큰 덕을 지닌 사람이다. 큰 덕은 참된 어른의 마음이다.

대칭적 상관관계를 따로 분리하지 않는다

황恍과 홀惚은 앞서 14장에서 그 의미를 살펴본 바 있다. 이 장에는 요窈와 명冥이 추가됐다. 황, 홀, 요, 명은 모두 대칭적 상관관계의 경계가 뚜렷하지 않고 흐릿한 모양을 가리킨다. 명冥은 보통 '어둡다'는 뜻으로 새기는데 단순히 '어둡다'는 의미로 단정할 수 없다.

검은색과 흰색이 함께 태극처럼 어울려 있는 모습을 상징하는 글자인 현玄을 '검다'고 단정할 수 없는 것과 같은 이치다. 굳이 번역을 하자면 '아득하다' '그윽하다' 정도로 풀어낼 수는 있겠다. 중요한 것은 '현'과 '명'이란 이름 속에 '분별하지 않는 마음'이 담겨 있음을 알아차리는 것이다. 대칭적 상관관계를 따로 분리하지 않는 마음을 가리킨다. 분리하지 않는 마음이 큰 덕이다. 허공처럼 큰 덕은 자신의 생각과 욕심을 내려놓을 때 가능하다. 그것이 마음챙김이고 명상冥想이다.

황홀에 대한 감산 대사의 설명을 참고할 만하다. 감산은 "도는 본래 무형이고 어떤 단 하나의 모양도 띠지 않으므로 '도라는 것은 오직 황홀할 따름'이라고 말했다. 황홀이란 있는 것도 같고 없는 것도 같아 무어라고 지정할 수 없음을 뜻한다."[1]라고 했다.

있는 것 같기도 하고 없는 것 같기도 한 것은 어떤 하나의 모양이나 가치를 고집하지 않기 때문이다. 그것을 무형無形이라고 한다. 고정된 형태가 없다는 뜻이다. 특정한 모양을 고집하지 않기에 마치 모양이 없는 것처럼 보일 뿐이지 없다고 단정할 수는 없다.

마음부터 돌보아야 진리를 알아차릴 수 있다

도道는 그 모양이 아니라 작용으로 그 존재를 느낄 수 있다. 굳이 이름을 붙여 도라고 했지만 그것은 고정적 실체가 아니라 상징으로 붙인 이름일 뿐이다. 보이지 않는다고 하여 존재하지 않는 것이 아니다. 비유비무非有非無 혹은 무실무허無實無虛의 경지를 가리키는 표

---

1 감산 지음, 오진탁 옮김, 『감산의 노자 풀이』, 82쪽 참조

현이 바로 황恍, 홀惚, 요窈, 명冥, 현玄이다.

이 용어들은 대칭적 상관관계의 경계가 흐릿함을 표현한 것인데 그 속에 핵심이 들어 있음을 알아차려야 한다. 핵심이란 대칭적 상관관계인 유有와 무無의 상생이다. 유무상생有無相生의 황홀한 모습이 바로 도의 핵심이라는 뜻이다.

도의 핵심은 매우 진실하니 그 안에 믿을 만한 증거가 있음도 알아차려야 한다. 믿을 만한 증거가 없다면 예로부터 오늘에 이르기까지 도라는 이름이 계속 이어져 오지 못했을 것이다. 도라는 이름이 까마득한 옛날부터 내려오지만 그것은 무명無名의 다른 이름일 뿐이다. 분리할 수 없는 대칭적 상관관계를 상징하는 이름이 무명이다. 무명, 즉 특정한 이름을 붙이지 않기 때문에 사라지지 않고 그 생명력을 오래도록 유지할 수 있다. 특정한 이름을 붙이지 않는다는 것은 곧 그 도라는 이름조차 절대화하지 않는다는 의미다.

중보衆甫는 대개 '만물의 시작'으로 해석되는데 '만물을 살리고 키우는 도'를 의미한다고 볼 수 있다. 이름 붙이지 않는 무명의 참된 도를 노자는 '이것을 통해서(以此)' 알았다고 했다. 이것이란 무엇일까? 대칭적 상관관계의 도는 오직 마음의 눈을 통해서 알아차릴 수 있다. 진리를 알아차리려면 마음부터 돌아보아야 한다.

22장

자신만 높이지 않으니 오히려 어른이 된다

굽으면 온전해지고

휘면 펴진다.

曲則全
곡 즉 전

枉則直
왕 즉 직

파이면 채워지고

낡으면 새로워진다.

窪則盈
와 즉 영

敝則新
폐 즉 신

적으면 얻게 되고

많으면 미혹된다.

少則得
소 즉 득

多則惑
다 즉 혹

이 때문에 참된 어른은

하나를 품어 천하의 모범이 된다.

是以聖人
시 이 성 인

抱一爲天下式
포 일 위 천 하 식

자신만 나타내지 않으니 오히려 밝아지고

자신만 옳다고 하지 않으니 오히려 드러난다.

不自見故明
부 자 현 고 명

不自是故彰
부 자 시 고 창

자신만 자랑하지 않으니

오히려 공이 있게 되고

자신만 높이지 않으니 오히려 어른이 된다.

不自伐故有功
부 자 벌 고 유 공

不自矜故長
부 자 긍 고 장

오직 다투지 않으므로

세상에 누구도 그와 다툴 수 없다.

夫唯不爭
부 유 부 쟁

故天下莫能與之爭
고 천 하 막 능 여 지 쟁

예부터 내려오는 '굽으면 온전해진다'는 말이

어찌 헛된 말이겠는가!

참으로 온전해지면 돌아가게 된다.

古之所謂曲則全者
고 지 소 위 곡 즉 전 자

豈虛言哉
기 허 언 재

誠全而歸之
성 전 이 귀 지

窪(와): 파이다 / 敝(폐): 낡다 / 惑(혹): 미혹迷惑하다

굽음과 온전함, 휘어짐과 곧음, 파임과 채워짐, 낡음과 새로움은 모두 대칭적 상관관계다. 유무상생有無相生의 도道가 여기에도 모두 적용된다. 굽은 것은 온전해지고 온전한 것은 다시 굽어진다. 유무상생의 원리는 40장에서 '반자反者 도지동道之動'으로 표현되기도 한다. 되돌아감이 도의 운동 방식이라는 뜻이다. 유有와 무無가 돌고 돌듯이 곡曲과 전全도 서로를 향해 되돌아간다. 왕枉과 직直, 와窪와 영盈, 폐敝와 신新도 마찬가지로 돌고 돈다.

포일抱一은 도의 다른 이름이다. 『도덕경』에는 득일得一이라는 표현도 나온다. 대칭적 상관관계가 하나로 같이 있는 모습을 '포일'과 '득일'로 표현했다. 하나로 움직이는 포일을 두 개로 나누는 것이 분별심이다. 분별하는 마음으로는 포일이 보이지 않는다. 도를 잘 따르는 어른은 포일의 마음으로 세상의 모범이 된다.

잘하는 것이나 장점으로 알고 있는 데서 미혹에 빠진다

소즉득少則得 다즉혹多則惑의 표현이 흥미롭다. 대개 적음과 많음이 대칭적 상관관계인데 적음과 많음을 직접 연결하지 않았다. 적음을 '얻음'과 연결했다. 얻어야 많아지니까 얻음은 많음과 비슷한 의미로 볼 수 있다. 주목해야 할 표현은 '다즉혹'이다. 혹惑은 '미혹迷惑하다'는 뜻이다. '혹'을 소少를 대신하는 글자로 보기는 어렵다. 그럼 왜 여기서 '다즉소多則少'라고 하지 않고 '다즉혹'이라고 했을까? 가진 것을 잃거나, 많이 벌었다가 적어지거나, 잘하다가 잘 못하게 되면 우리는 마음을 가다듬고 조심하게 된다. 잘못을 반성하기도 한다. 그렇게 조심하면서 잃은 것을 만회할 수 있다. 그와 반대로 적은 상태에서 많아지게 되는 경우엔 자칫 방심하기 쉽다. 자신이 다 잘해서 그런 줄 착각하기 때문이다. 잘함이 있는 것은 잘 못함이 있기 때문이라는 유무상생의 도를 망각하는 것이다. 방심하면 조심스럽지 못하게 된다. 그런 상태를 '혹'으로 표현했다.

'다즉혹'은 우리가 수시로 마음챙김을 하면서 성찰해야 할 구절이다. 한나라 때의 인물로 알려진 하상공이 남긴 이 구절에 대한 해설을 기억할 만하다. "재산이 많은 자는 재산을 지키는 데서 미혹되고 학문이 많은 자는 들은 바의 지식에서 미혹된다."[1]라고 했다. 자기가 잘하는 것이나 장점으로 알고 있는 데서 미혹에 빠진다는 이야기다. '도덕경 명상'의 영원한 주제다.

미혹은 잘난 줄 착각하게 하고 교만하게 하고 다투게 한다

미혹은 마음챙김이 되지 않은 상태를 가리킨다. 미혹은 도의 원리를 잊어버리고 자신만 잘난 줄로 착각하며 교만해지는 모습이다. 자현自見, 자시自是, 자벌自伐, 자긍自矜은 모두 자신만 잘났다고 뽐내는 모습이다. 이렇게 미혹되면 다툼이 일어나게 마련이다. 부자현不自見, 부자시不自是, 부자벌不自伐, 부자긍不自矜은 7장에 나오는 부자생不自生과 의미가 통한다. 자신만 살려고 하지 않는 태도다. 자신만

---

1 "財多者, 惑於所守; 學多者, 惑於所聞."(이석명 옮김, 『노자 도덕경 하상공장구』, 163쪽 참조) 하상공은 한나라 문제(文帝, BC 202~BC 157) 때 인물로 알려져 있다. 그가 주석한 판본을 '하상공장구 노자(도덕경)'라고 부른다. 책 전체를 장章별로 명확하게 구분했기에 '장구章句'라는 이름이 붙었다. 하상공의 정확한 생졸년과 성명은 알 수 없다. 하상공이란 명칭은 '황하의 위쪽에 살았던 인물(河上公)'이란 뜻이다. '왕필본 노자'와 더불어 『도덕경』을 해석하는 주요 저본으로 활용되어 왔다.

잘났다고 드러내지 않고 자신만 살려고 하지 않음으로써 다툼이 일어날 요인을 미리 없애는 모습이다. 다툼이 생길 요소가 없다면 세상에 그 누구와도 다툴 일이 없다.

'참으로 온전해지면 돌아가게 된다'고 했는데 어디로 돌아가는 것일까? 성전誠全의 '전'을 곡즉전曲則全의 '전'으로 보면 '전'과 짝을 이루는 '곡'을 포함하여 '곡즉전'의 원리로 돌아간다고 볼 수 있다. 도의 원리로 돌아가는 것이다.

23장

말은 적게 하는 것이 자연스럽다

말은 적게 하는 것이 자연스럽다.

希言自然
희 언 자 연

그러므로

故
고

회오리바람도 아침 내내 불지 않고

飄風不終朝
표 풍 부 종 조

소나기도 하루 종일 내리지 않는다.

驟雨不終日
취 우 부 종 일

누가 이렇게 하는가?

孰爲此者
숙 위 차 자

하늘과 땅이다.

天地
천 지

하늘과 땅도 이렇게 오래하지 않는데

天地尙不能久
천 지 상 불 능 구

하물며 사람에게 있어서이랴!

而況於人乎
이 황 어 인 호

그러므로

故
고

도를 따라 살아야 한다.

從事於道者
종 사 어 도 자

도를 따르는 자는 도와 같아지고	道者同於道 도 자 동 어 도
덕을 쌓는 자는 덕과 같아지며	德者同於德 덕 자 동 어 덕
도와 덕을 잃은 자는 잃음과 같아진다.	失者同於失 실 자 동 어 실
도와 같아진 자는	同於道者 동 어 도 자
도 역시 기꺼이 그를 받아들이고	道亦樂得之 도 역 락 득 지
덕과 같아진 자는	同於德者 동 어 덕 자
덕 역시 기꺼이 그를 받아들이며	德亦樂得之 덕 역 락 득 지
잃음과 같아진 자는	同於失者 동 어 실 자
잃음 역시 기꺼이 그를 받아들인다.	失亦樂得之 실 역 락 득 지
믿음이 부족하면	信不足焉 신 부 족 언
불신이 뒤따른다.	有不信焉 유 불 신 언

飄風(표풍): 회오리바람 / 驟雨(취우): 소나기 / 從事(종사): 따르고 받듦

희언希言은 무언無言과 같은 의미다. 1장의 도가도道可道 비상도非常
道, 2장의 불언지교不言之敎, 5장의 다언삭궁多言數窮 불여수중不如守中
등이 모두 언어의 한계를 가리키는 경구다. 말을 많이 하면 자주 곤
궁한 처지에 이르게 되니까 그 중中을 간직하는 것이 좋다. '중'이란
자신의 마음속 감정이나 판단이 밖으로 표출되지 않는 상태를 가리
킨다. 5장의 수중守中 역시 희언, 무언, 불언의 맥락에서 이해할 수
있다. 모두 무위無爲의 다른 표현들이다. 자연스러움이 곧 무위다.

자연스러움의 사례로 강풍과 소나기를 제시했다. 아무리 거센 바
람도 아침 내내 불지 못하고 아무리 세찬 소나기도 종일 퍼붓지 못
한다. 누가 시켜서 그런 것이 아니라 하늘과 땅 사이의 텅 빈 공간
에서 자연스럽게 전개되는 현상이다. 인간의 언어는 그렇지 않은
경우가 많다. 만물의 실상을 자신의 생각과 욕심대로 재단하기 때
문이다. 인간의 언어는 마치 강풍이나 소나기 같은 모양이다. 그런
강풍이나 소나기 같은 말을 계속 내뱉으며 다른 사람과 함께 평화
롭게 잘 살아갈 수는 없다. 함께 잘 살아가기 위해서는 말을 조심해
야 한다. 말을 조심하는 것이 마음챙김이다.

마음챙김 명상은 좋은 습관을 들이는 훈련이다

말을 조심하기 위해선 사물의 실상을 관조해야 한다. 사물의 실
상을 관조하면 자연의 도道를 따르게 된다. 도는 오직 자연을 본받
고 있기에 인간이 도를 따르면 그 마음과 행동이 자연스러워진다.
자연의 도를 따라 자연스러워지는 것, 그것이 바로 도에 종사從事하

는 마음이다. 종사는 따르고 섬긴다는 뜻이다. 도에 종사한다는 것
은 행동거지行動擧止를 도에 맞춘다는 의미다.

도를 따르고 섬기다 보면 도와 같아진다. 도를 체득해 그 도가 나
의 마음에 쌓인 것이 덕德이다. 덕을 많이 쌓은 사람은 덕과 같아진
다. '잃은 사람'이란 도와 덕을 잃은 사람을 가리킨다. 도와 덕을 잃
은 사람은 잃음과 같아진다. 인간의 몸과 마음은 습관의 지배를 받
는다. 습관의 지배를 여기선 같아진다고 표현했다. 마음챙김 명상
은 좋은 습관을 들이는 훈련이다.

종사어도자從事於道者 이후의 구절에 대한 감산의 해석을 참고할
만하다. 도를 체득한 사람이 도 있는 자와는 그 도를 함께하고 덕
있는 자와는 덕을 함께하며 도와 덕을 잃은 사람과는 속됨을 함께
한다는 뜻으로 풀이했다. 주목해야 할 것은 도와 덕을 잃은 사람에
대한 태도다. 감산은 "세속의 평범한 사람을 만나도 성인은 속됨을
함께 나누어 가진다. 나를 소라고 부르면 소가 되고 말이라고 부르
면 말이 된다. 옳음도 옳지 않음도 없다는 것이다."[1]라고 해석했다.

인간관계의 열쇠는 마음 씀씀이에 달렸다

도를 따르는 사람이 자신과 비슷한 도반道伴만 만나며 살 순 없
을 것이다. 도와 덕을 잃은 사람과도 만나 관계를 잘 유지하며 살아
야 한다. 감산의 해석은 그 점을 일깨운다. 도와 덕을 잃은 사람과
도 함께하려면 자신만 잘난 척하고 뽐내는 행위를 삼가야 한다. 자
신의 빛을 부드럽게 하여 티끌과 함께 어울리는 화광동진和光同塵의

---

1   감산 지음, 오진탁 옮김, 『감산의 노자 풀이』, 서광사, 88~89쪽 참조

마음과 같은 이야기다.

사람과의 관계를 잘 풀어가는 열쇠는 마음 씀씀이에 달렸다. 관계를 풀어가는 첫 단계는 나의 마음이다. 먼저 상대를 믿으면 상대도 믿음으로 화답한다. 자신의 믿음이 부족하면 상대의 불신이 뒤따르게 마련이다. 신부족언信不足焉 유불신언有不信焉은 17장에서도 나왔다. 그만큼 중요한 표현이기에 반복되는 것이다.

24장

발꿈치를 들고는 오래 서 있지 못한다

발꿈치를 들고는 오래 서 있지 못하고 企者不立
기 자 불 립

가랑이를 벌리고는 멀리 가지 못한다. 跨者不行
과 자 불 행

자신만 나타내는 자는 오히려 밝지 않고 自見者不明
자 현 자 불 명

자신만 옳다고 여기는 자는 自是者不彰
자 시 자 불 창

오히려 드러나지 않는다.

자신만 자랑하는 자는 오히려 공이 없어지고 自伐者無功
자 벌 자 무 공

자신만 높이는 자는 自矜者不長
자 긍 자 부 장

오히려 어른이 되지 못한다.

그런 것은 도의 관점에서 其在道也
기 재 도 야

음식 찌꺼기나 군더더기 행동이라 한다. 曰餘食贅行
왈 여 식 췌 행

企(기): 발돋움하다 / 跨(과): 뛰어 넘다, 큰 걸음으로 걷다 / 贅行(췌행): 쓸데없는 행동 / 惡(오): 싫어하다

사람들은 그런 것을 싫어하므로 　　物或惡之
　　　　　　　　　　　　　　　　　　물 혹 오 지

도를 깨달은 이는 그렇게 처신하지 않는다. 　故有道者不處
　　　　　　　　　　　　　　　　　　고 유 도 자 불 처

°·ⓐ·ⓢ·ⓓ·ⓢ·

뒤꿈치를 들고 발돋움하여 서 있거나 가랑이를 벌리고 보폭을 크게 하는 것은 자연스럽지 못한 모습이다. 자연스러워야 오래 지속할 수 있다. 노자는 오래 유지하는 삶을 추구한다. 뒤꿈치를 들고 서면 당연히 오래 서 있을 수 없다. 가랑이를 벌리고는 한 걸음도 제대로 내디딜 수 없을 것이다. 기자企者와 과자跨者는 억지로 욕심을 내는 유위有爲를 상징한다.

자신만 잘났다고 뽐내는 것은 자연스럽지 않다

자현自見, 자시自是, 자벌自伐, 자긍自矜은 모두 자신만 잘났다고 뽐내는 행위다. 기자와 과자처럼 억지로 자신을 과시하는 행위이기에 자연스럽지 않은 모습이다. 이런 모습을 『금강경』에서는 아상我相에 집착하는 모습이라고 한다. 나와 남이 대칭적 상관관계로 하나로 같이 공존하는 존재임을 망각하는 것이다.

자기 생각과 욕심만 드러내고 자신만 옳다고 여기면서 자랑하면 결국 빛나지도 못하고 지도자 역할도 제대로 할 수 없다. 이런 모습은 도道의 관점에서 보면 음식 찌꺼기나 쓸데없는 행동이기에 도를 체득한 사람은 그렇게 처신하지 않는다. 자현, 자시, 자벌, 자긍은 22장과 연결해 읽을 수 있다.

25장

한쪽만 보고 자기 주장을 내세우지 말라

어떤 것이 뒤섞여 이루어져 있는데

有物混成
유 물 혼 성

하늘과 땅보다 먼저 생겨났다.

先天地生
선 천 지 생

고요하고 텅 비었네!

寂兮寥兮
적 혜 료 혜

홀로 서 있으면서 바뀌지 않는다.

獨立不改
독 립 불 개

두루 운행하면서도 위태롭지 않으니

周行而不殆
주 행 이 불 태

세상의 어미가 될 수 있다.

可以爲天下母
가 이 위 천 하 모

나는 그 이름을 알지 못하여

吾不知其名
오 부 지 기 명

그것에 글자를 붙여 도道라 하고

字之曰道
자 지 왈 도

억지로 이름을 지어 크다大고 한다.

强爲之名曰大
강 위 지 명 왈 대

크면 떠나고

大曰逝
대 왈 서

떠나면 멀어지고

逝曰遠
서 왈 원

멀어지면 돌아온다.	遠曰反 원 왈 반
그러므로	故 고
도는 크고	道大 도 대
하늘도 크고	天大 천 대
땅도 크고	地大 지 대
왕 또한 크다.	王亦大 왕 역 대
우주에 네 가지 큰 것이 있으니	域中有四大 역 중 유 사 대
왕이 그중의 하나를 차지하고 있다.	而王居其一焉 이 왕 거 기 일 언
사람은 땅을 본받고	人法地 인 법 지
땅은 하늘을 본받고	地法天 지 법 천
하늘은 도를 본받고	天法道 천 법 도
도는 자연을 본받는다.	道法自然 도 법 자 연

混(혼): 섞이다 / 寂(적): 고요하다 / 寥(료): 텅 비다 / 法(법): 본받다

뒤섞여 이루어진 그 어떤 것이란 도道를 가리킨다. 대칭적 상관관계인 유有와 무無가 하나로 같이 있으면서 상생하는 모습을 묘사하고 있다. 유와 무가 섞여 있기에 그 경계가 뚜렷하지 않고 흐릿한 모양이다. 이를 고요하고 텅 비었다고 표현했다.

유와 무는 서로 짝이 되는 대칭적 상관관계로 섞여 있지만 도는 그런 모습에 억지로 붙인 이름일 뿐이므로 별도의 짝이 없다. 도는 상징적 기호에 불과함을 '홀로 서 있으면서 바뀌지 않는다'라고 표현했다. 유는 무로 바뀌고 무는 유로 바뀔 수 있다. 유와 무의 돌고 도는 모습을 가리키는 기호인 도는 짝이 없기에 바뀔 게 없다는 이야기다.

도는 세상 만물에 다 적용되고 위태롭지 않다

도는 세상 만물에 적용되지 않는 곳이 없으면서도 위태롭지 않다. 위태롭게 하는 다툼의 여지를 애초에 만들지 않는 것이 도의 작용이기 때문이다. 그래서 세상 만물을 살리면서 오래 유지하는 근본 원리가 될 수 있다.

이름을 알 수 없다는 말은 고정된 이름을 붙일 수 없다는 뜻이다. 이름을 정하는 것은 대칭적 상관관계를 따로따로 떼어 내 '유는 유' '무는 무'로 분별하는 행위다. 분별하지 않는 무명無名이 곧 무위無爲다.

최고의 진리인 도조차도 억지로 붙인 이름에 불과하다면 도라는 이름 대신에 다른 어떤 글자를 붙여도 된다. 도 대신에 'X'라고 해도 좋다. 중요한 것은 이름이 아니라 그 의미를 알아차리는 것이다. 고정된 이름으로 분별하지 않는 도의 의미를 여기선 '크다(大)'고 했다. 어느 정도 큰 것일까? 하늘과 땅 사이의 허공만큼 크다. 그래서 허공처럼 도 역시 만물을 다 포용할 수 있다. 그렇게 큰 도이기에 '대'와 '도'를 합쳐 대도大道라고 표기하기도 한다. 도를 따르는 마음도 만물을 포용할 만큼 커질 수 있다.

마음챙김으로 자연을 본받으면 자연스러워진다

도의 작용을 알아차리는 것이 마음챙김이다. 도의 작용을 '큼→떠나감→멀어짐→되돌아옴'의 과정으로 설명하고 있다. 도의 작용은 결국 되돌아옴이다.

'크다'는 공통점을 들어 도道-천天-지地-왕王을 연결하고 있다. 이는 결국 나라를 다스리는 지도자의 마음이 하늘과 땅과 도만큼 커야 한다는 이야기다. 세상을 평화롭게 하여 사람들을 잘 살게 하는 지도자의 역할이 하늘과 땅만큼 중요하다는 뜻이다. 하늘과 땅의 도를 따라 세상을 다스려야 한다는 의미가 담겨 있다. 도를 따른다는 것은 마음을 하늘과 땅만큼 키우는 것이다. 마음을 허공처럼 비워야 만물을 포용할 만큼 커질 수 있다. 마음은 비워야 커진다.

도는 억지로 강제함이 없는 자연스러움 그 자체다. 마음을 키우는 것은 자신의 생각대로 강제하려는 욕심을 내려놓는 것이다. 이를 '도는 자연을 본받는다'고 표현했다. 도가 곧 자연이므로 본받고 말고 할 것도 없지만 굳이 말로 표현을 하려니까 '본받을 법法'으로 그 사이를 연결한 것이다.

'자연'에 대한 왕필의 설명을 참고할 만하다. 왕필은 "자연을 본받는다는 것은 네모난 것에서는 네모남을 본받고 둥근 것에서는 둥긂을 본받음이니 자연스러움에 어긋남이 없는 것이다. 자연이란 일컬음이 없는 말이고 궁극의 표현이다."[1]라고 해설했다.

'일컬음이 없는 말'은 역설적 표현이다. '이름 없는 이름〔無名之名〕'이라고 표현할 수도 있겠다. 도 역시 말로 표현할 수 없는 궁극의 말이다. 도라는 이름보다 더 중요한 것은 그 내용이다. 네모난 것에서는 네모남을 본받고 둥근 것에서는 둥긂을 본받는 도의 자연스러움이 바로 마음챙김이다. 마음챙김으로 자연을 본받아야 자연스러워진다.

이 장에 대한 감산의 총평도 참고할 만하다. "한쪽만 보고서 자기의 견해와 자기의 주장을 내세우는 세상 사람들이 어찌 도를 알 수 있겠는가. 이것이 바로 자기의 견해를 고집하는 자는 도에 어둡고 자기의 주장을 앞세우면 밝지 못하게 되는 이유이다."[2]라고 했다.

---

1 "法自然者, 在方而法方, 在圓而法圓, 於自然無所違也, 自然者, 無稱之言, 窮極之辭也."(김학목 옮김, 『노자 도덕경과 왕필의 주』, 홍익출판사, 120~121쪽 참조)
2 감산 지음, 오진탁 옮김, 『감산의 노자 풀이』, 서광사, 94쪽 참조

26장

가볍고 조급하면 어른의 지위를 잃는다

무거움은 가벼움의 뿌리	重爲輕根 중 위 경 근
고요함은 조급함의 군주	靜爲躁君 정 위 조 군
이 때문에 참된 어른은	是以聖人 시 이 성 인
종일 다녀도	終日行 종 일 행
무거운 짐수레를 떠나지 않고	不離輜重 불 리 치 중
화려한 경관이 있더라도	雖有榮觀 수 유 영 관
편안히 처하며 초연하다.	燕處超然 연 처 초 연
어찌 만 대의 수레를 가진 군주로서	奈何萬乘之主 내 하 만 승 지 주
자신을 천하보다 가볍게 여기겠는가?	而以身輕天下 이 이 신 경 천 하

輜重(치중): 무거운 짐을 실은 수레 / 榮觀(영관): 화려한 볼거리 / 燕處(연처): 편안하게 처신하다

가볍게 여기면 근본을 잃고

조급하면 군주의 지위를 잃는다.

輕則失本
경 즉 실 본

躁則失君
조 즉 실 군

무거움과 가벼움, 고요함과 조급함도 대칭적 상관관계. 그런데 노자는 가벼움보다 무거움을, 조급함보다 고요함을 더 중시하고 있다. 왜 그럴까? 한없이 경박함 쪽으로 달려가는 세태에 경종을 울리기 위해서다. 특히 만 대의 수레를 보유한 큰 나라의 군주라면 더욱 그 처신을 가볍게 해서는 안 될 것이기 때문이다.

마음의 균형 잡기를 통해 치우치지 마라

『도덕경』에는 대칭적 상관관계의 사례가 많이 제시되는데 단순히 대립물의 상대적 가치를 나열하지 않는다. 남성성보다 여성성, 강함보다 유약함, 봉우리보다 골짜기를 더 강조한다. 강함보다 유약함을 중시하는 것은 세상 사람들이 모두 강함만을 추구하는 세태가 결국엔 끊이지 않는 전쟁으로 귀결되기 때문이다. 유무상생有無相生이 도道의 원리이지만 마치 유有보다 무無가 더 중시되는 것처럼 보이는 것도 마찬가지 이치다. 노자가 무의 세계를 강조하는 것은 한쪽으로 치우친 마음의 '균형 잡기'다.

치중輜重은 무거운 짐을 실은 수레를 뜻한다. 말이나 수레에 실은 짐을 가리키기도 한다. 고대의 군주는 외출할 때 반드시 마차 뒤에 짐수레를 달았다고 한다. 무거운 짐수레를 달고 다님으로써 군주가 언제나 경거망동하지 않아야 함을 되새기는 장치다.[1]

---

1 이석명 지음, 『노자』, 민음사, 272쪽 참조

신중하게 처신하며 함부로 화를 내지 않는다

군이 무거운 짐수레까지 싣고 다니지 않더라도 마음챙김을 통해 일상의 태도를 신중하게 할 수 있다. 마음을 비우면 함부로 말하지 않고 함부로 행동하지 않게 된다. 신중하게 처신하기에 함부로 화를 내지도 않는다. 화를 내는 것은 그 대상이 자신이 세워놓은 기준에 맞지 않는다는 표현이다. 자신의 생각과 욕심을 비우면 경거망동하지 않게 된다. 리더십을 오래 유지하려면 미리미리 조심하면서 자신의 마음부터 신중하게 다스려야 한다.

27장

흔적 없이 행하고 흠 없이 말하라

잘 행하면 지나간 흔적이 없고	善行無轍跡 선 행 무 철 적
잘 말하면 조그만 흠도 남지 않는다.	善言無瑕謫 선 언 무 하 적

잘 셈하면 계산기가 필요 없다.	善數不用籌策 선 수 불 용 주 책
잘 닫으면 빗장이 없어도 열지 못하고	善閉無關楗而不可開 선 폐 무 관 건 이 불 가 개
잘 묶으면 노끈이 없어도 풀지 못한다.	善結無繩約而不可解 선 결 무 승 약 이 불 가 해

이 때문에 참된 어른은	是以聖人 시 이 성 인
항상 사람을 잘 구제하므로	常善救人 상 선 구 인
버려지는 사람이 없다.	故無棄人 고 무 기 인
항상 사물을 잘 활용하므로	常善救物 상 선 구 물
버려지는 사물이 없다.	故無棄物 고 무 기 물
이것을 습명襲明이라고 한다.	是謂襲明 시 위 습 명

그러므로	故 고

잘하는 사람은	善人者 선 인 자
잘 못하는 사람의 스승이 되고	不善人之師 불 선 인 지 사
잘 못하는 사람은	不善人者 불 선 인 자
잘하는 사람의 바탕이 된다.	善人之資 선 인 지 자
그 스승을 귀하게 여기지 않고	不貴其師 불 귀 기 사
그 바탕을 아끼지 않으면	不愛其資 불 애 기 자
지혜가 있더라도 크게 미혹될 것이다.	雖智大迷 수 지 대 미
이것을 요묘要妙라고 한다.	是謂要妙 시 위 요 묘

轍跡(철적): 수레바퀴 자국. 어떤 사물의 흔적을 비유 / 瑕讁(하적): 흠, 허물 / 籌策(주책): 계산 도구 / 關楗(관건): 빗장 / 繩約(승약): 노끈

이 장에도 선善 자가 많이 나온다. 흔히 '착할 선'으로 암기하고 있는 글자인데 『도덕경』의 경우 '착하다'는 뜻에 국한할 필요는 없다. '잘하다' '좋다'는 의미로 풀이하는 게 더 잘 어울린다. 윤리를 배제한다는 뜻이 아니다. '잘하다'에는 '착하다'가 포함돼 있다.

8장의 상선약수上善若水에서 '잘할 선善'으로 풀었듯이 여기 27장에서도 '잘하다'는 뜻으로 푸는 것이 적합해 보인다. 상선上善과 선행善行은 모두 가장 잘하는 것을 의미한다. 가장 잘하는 것은 도道를 따르는 행위다. 인위적으로 조작하지 않고 물이 흐르듯 자연스럽게 행하는 무위無爲가 바로 도가 작용하는 모습이다.

분별하지 않는 마음에서 하는 말은 흠이 없다

선언善言, 선수善數, 선폐善閉, 선결善結 등은 모두 선행을 다양한 상황에 맞추어 변주하는 내용이다. 자신의 생각과 욕심을 내세워 억지로 강제하면 흔적이 남는다. 자기만 잘났다고 뽐내지 말고 겸손할 줄 알아야 한다. 그러기 위해선 만물의 운행 원리인 도를 체득하여 무無의 세계를 볼 수 있어야 한다. 무의 세계를 보아야 분별심이 줄어든다.

분별하지 않는 마음에서 나오는 말은 어떤 흠도 남기지 않는다. 잘 행하고 잘 말하는 것보다 인간관계에서 더 중요한 것은 없다. 경솔하게 처신하지 않는 길이다. 마음챙김을 하는 것도 결국 잘 말하고 잘 행동해서 주변 사람들과 관계를 잘 풀어가기 위해서다. 계산기, 열쇠, 노끈의 비유는 인간관계에서 맺힌 것이 없게 하는 방법을 이야기하고 있다. 가장 좋은 계산기, 열쇠, 노끈은 자신의 밖이 아니라 자신의 마음속에 있다. 가장 잘 행하고 가장 잘 말하기 위해선 궁극적으로 마음을 잘 써야 한다.

어른은 사람을 무시하지 않고 버리지 않는다

마음챙김을 잘하는 어른은 함부로 다른 사람을 무시하지 않는다. 그 재능과 특성에 맞는 사람을 잘 찾아 쓰기에 함부로 버리는 사람이 없다. 왕필은 이런 해설을 남겼다. "성인聖人은 모양과 이름을 내세워서 사물을 단속하지 않고, 나아갈 방향을 만들어놓고 그에 미치지 못하는 이들을 죽이거나 버리지 않는다. 만물의 자연스러움을 도울 뿐 새롭게 일을 시작하지 않는다. 그러므로 사람을 버리는 일이 없다고 했다."[1]

특정한 모양과 이름을 기준으로 내세워 이를 절대화하는 것이 권력의 작용이다. 3장에서 '현명함을 높이지 말라'고 한 이유가 여기에 있다. 현명함조차도 권력의 입맛에 맞는 현명함으로 타락할 수 있기 때문이다. 아무리 현명하고 능력 있는 사람이라고 해도 절대적으로 숭상하게 되면 교만하게 되고 사람들은 그의 기준에 맞추기 위해 다투게 된다.

어떤 곳에서 재능을 발휘하지 못한 사람이라도 다른 곳에서는 재능을 발휘할 수 있다. '버려지는 사람이 없다'는 것은 '절대적 낙인'을 찍지 않는다는 뜻이다. 능력 있음과 능력 없음, 현명함과 현명하

---

1 "聖人不立形名以檢於物, 不造進向以殊棄不肖, 輔萬物之自然而不爲始, 故曰無棄人也."(김학목 옮김, 『노자 도덕경과 왕필의 주』, 125쪽 참조)

지 못함, 잘함과 잘 못함은 모두 하나로 같이 있으면서 상대를 향해 돌아가는 대칭적 상관관계임을 알아차려야 한다. 사람과 사물을 작은 마음으로 분별하지 않고 큰 마음으로 각각의 쓰임을 잘 살펴서 적재적소에 배치하는 것이 '마음챙김 정치'의 요체다.

습명襲明의 '명'은 대칭적 상관관계를 상징하는 글자다. '밝음을 이어받음'이라고 번역하기보다는 『도덕경』의 전문 용어로 보아 그냥 '습명'이라고 하는 게 좋다. 중요한 것은 이름이 아니라 그 내용을 알아차리는 것이다. 그 내용이 바로 '잘하는 사람은 잘 못하는 사람의 스승이 되고 잘 못하는 사람은 잘하는 사람의 바탕이 된다'는 것이다.

유有와 무無가 상생하듯이 잘하는 사람과 잘 못하는 사람도 서로 짝을 이루어 하나처럼 공존한다. 선인善人과 불선인不善人이 각기 상대에 대한 존중이 없으면 세상은 제대로 돌아가지 않는다. 아무리 많은 지식과 지혜를 갖추고 있다고 해도 이런 이치를 모르면 미혹을 벗어나지 못한다. 미혹은 세상 만물의 운행 원리를 망각할 때 발생하는 의식의 현상이다. 미혹하면 평화를 잃어버리게 된다. 대칭적 상관관계의 짝이 곧 스승이요, 바탕이다. 이런 이치를 알아차리면 미혹에서 벗어날 수 있다. 이것을 요묘要妙라고 부른다. '미묘할 묘妙'는 미묘하여 잘 보이지 않는 영역을 상징한다. 그런 '묘'에다 '중요할 요要'를 붙여놓았으니 '핵심적 미묘함'이라고 풀이할 수 있겠지만 이 역시 『도덕경』의 전문 용어로 보아 그냥 '요묘'라고 해도 좋다. 보이는 이름보다 보이지 않는 무의 미묘한 세계를 알아차리는 마음이 중요하다.

28장

백색을 알고 흑색을 지키면 모범이 된다

남성다움을 알고 · 知其雄
지 기 웅

여성다움을 지키면 · 守其雌
수 기 자

천하의 계곡이 된다. · 爲天下谿
위 천 하 계

천하의 계곡이 되면 · 爲天下谿
위 천 하 계

상덕常德이 분리되지 않아 · 常德不離
상 덕 불 리

갓난아기로 되돌아간다. · 復歸於嬰兒
복 귀 어 영 아

백색을 알고 · 知其白
지 기 백

흑색을 지키면 · 守其黑
수 기 흑

세상의 모범이 된다. · 爲天下式
위 천 하 식

세상의 모범이 되면 · 爲天下式
위 천 하 식

상덕常德이 어긋나지 않아 · 常德不忒
상 덕 불 특

무극無極으로 되돌아간다. · 復歸於無極
복 귀 어 무 극

영화로움을 알고

知其榮
지 기 영

욕됨을 지키면

守其辱
수 기 욕

천하의 골짜기가 된다.

爲天下谷
위 천 하 곡

천하의 골짜기가 되면

爲天下谷
위 천 하 곡

상덕常德이 곧 충족되어

常德乃足
상 덕 내 족

통나무로 되돌아간다.

復歸於樸
복 귀 어 박

통나무를 가르면 그릇이 되니

樸散則爲器
박 산 즉 위 기

참된 어른은 통나무의 이치를 써서

聖人用之
성 인 용 지

지도자가 된다.

則爲官長
즉 위 관 장

그러므로

故
고

큰 다스림은 가르지 않는다.

大制不割
대 제 불 할

常德(상덕): 대칭적 상관관계를 분리하지 않는 덕 / 忒(특): 어긋나다 / 樸(박): 통나무. 대칭적 상관관계의 공존을 상징

남성다움과 여성다움, 백색과 흑색, 영화로움과 욕됨이 대칭적 상관관계로 제시됐다. 온갖 대칭적 상관관계 가운데 일상적으로 가장 많이 접하는 사례들이다. 여성이 있어야 남성이 있고 엄마가 있어야 아빠가 있다. 이를 모르는 사람은 없을 것이다. 이 같은 대칭적 상관관계가 만물에 적용된다는 사실을 알아차리지 못할 뿐이다. 암컷은 부드러움을 상징하고 수컷은 강함을 상징한다.

일상에서 많이 쓰는 용어 중에 '흑백 논리'가 있다. 이분법적 사고를 가리킨다. 『도덕경』은 세상을 흑과 백으로 분별하는 이분법적 사고를 경계한다. 흑은 백이 있기에 존재하고 백은 흑이 있기에 존재한다고 보기 때문이다.

어른은 만물의 대칭성과 양면성을 관조하고 포용한다

영화로움과 욕됨은 인생을 살아가면서 가장 많이 경험하는 감정의 굴곡이다. 칭찬을 들으면 좋아하고 욕을 들으면 싫어한다. 13장에서 총욕약경寵辱若驚을 이야기하면서 살펴본 바 있다. 상반돼 보이는 두 개의 가치를 별개로 보지 않고 통합적 시각을 유지하는 것이 도를 따르는 모습이다. 대칭적 상관관계를 모두 관조하는 마음이 어른의 마음이다. 만물의 양면성을 포용하는 넓은 마음을 가질 때 세상의 모범이 되며 진정한 지도자 역할을 할 수 있다.

골짜기는 노자가 즐겨 사용하는 비유로 무無의 세계를 상징한다. 산을 한번 보자. 우뚝 뽐내는 모양의 봉우리가 수컷을 닮았다면 아래에 위치해 잘 보이지 않는 골짜기는 암컷의 겸손함을 닮았다. 수

컷스러움과 암컷스러움이 조화를 이루어야 산이라고 할 수 있다. 봉우리와 골짜기가 다 중요하지만 노자는 특별히 골짜기를 강조하고 있다. 왜 그럴까? 봉우리가 눈에 잘 보이는 유有의 세계를 상징한다면 봉우리들 사이에 숨어 있는 골짜기는 무의 세계를 가리킨다. 유와 무는 상대적이지만『도덕경』에서 무를 더 강조하는 것처럼 보이는 것은 세상 사람들이 봉우리는 볼 줄 알면서 골짜기는 못 보듯이 골짜기를 닮은 무의 가치를 망각하기 때문이다. 유와 무가 다 필요하지만 통합적 시각을 유지하려면 특히 무의 세계를 볼 수 있어야 한다는 뜻을 골짜기에 대한 특별한 언급으로 강조한 것이다.

그런데 이런 설명은 자칫 남성과 여성을 이분법적으로 나누는 것처럼 오해될 수 있다. 또『도덕경』에는 여성성에 대한 예찬이 많이 나오다 보니 상대적으로 남성성이 비하되는 것처럼 보일 수도 있다. 하지만『도덕경』의 여성성 예찬이 남성성을 비하하는 것이 아님은 전체의 맥락에서 확인할 수 있다. 유무상생有無相生이 도道의 원리인데 마치 유보다 무를 더 중시하는 듯한 표현이 많이 나오는 것과 같은 이치다.

갓난아기와 통나무처럼 분별하지 않는 마음을 가져라

유와 무의 상생 관계를 알아차리는 것이 상덕常德이다. '상덕'은 도가도道可道 비상도非常道의 상도常道를 연상시킨다. 상常에는 대칭적 상관관계를 분별하지 않는 의미가 담겨 있다. '상도'는 대칭적 상관관계가 공존하는 도를 가리킨다. 그런 상도가 자신의 마음에 쌓이면 '상덕'이 된다. 상도를 '분별하지 않는 도', 상덕을 '분별하지 않는 덕'이라고 풀이할 수도 있겠지만 『도덕경』의 전문 용어로 보아 그냥 '상도'와 '상덕'으로 불러도 좋다. 중요한 것은 이름이 아니라 그 의미를 알아차리는 것이다.

대칭적 상관관계를 분리하지 않는 마음이 상덕이다. 강함과 부드러움, 흑과 백, 영화로움과 욕됨의 두 양상을 분리하지 않고 함께 볼 줄 아는 마음이다. 노자는 상덕의 마음을 갓난아기嬰兒, 무극無極, 통나무樸에 비유했다. 이는 모두 같은 의미다.

무극이란 특정한 가치를 절대화하지 않는 마음의 상태를 가리킨다. 무극은 무물無物로 표현되기도 한다. 14장에선 복귀어무물復歸於無物이라고 했다. 살다 보면 때때로 흑백 논리의 이분법에 빠지기도 한다. 그러나 그런 순간을 알아차리고 곧 갓난아기와 통나무처럼 분별하지 않는 '무극의 마음'으로 되돌아올 줄 알아야 한다. 마음챙김 명상은 무극과 통나무의 마음으로 되돌아오는 수행이다.

통나무는 아직 목수가 자르기 이전의 온전한 나무를 가리킨다. 목수가 통나무를 잘라 놓아야 비로소 각각의 사물이 생겨난다. 책상도 만들고 의자도 만들고 집도 지을 수 있다. 통나무를 잘라 만든 다양한 사물을 '그릇'으로 표현했다. 통나무는 통합적 앎이고 그릇은 분별적 앎을 상징한다.

통나무의 이치로 마음을 다스릴 줄 알아야 큰 지도자가 된다. 대제불할大制不割에서 제制와 할割은 모두 자르고 나누어 분리한다는 뜻이다. 자르고 나누는 분별심은 '작은 마음'이다. 큰 다스림은 가르지 않는 '넓은 마음'으로 이끄는 리더십이다. 위대한 다스림을 이루려면 자르거나 가르지 않고 통나무처럼 세계를 통관하는 마음의 눈이 필요하다.

정치 지도자뿐만 아니라 우리 모두 일상에서 통합적 마음의 눈으로 세상의 변화를 알아차려야 한다. 참된 지도자를 알아보고 그런 사람을 선출하려는 마음이 필요하기 때문이다. 통나무의 마음으로 만물을 관조하는 것이 마음챙김이다.

29장

억지로 하면 실패하고 집착하면 잃는다

천하를 취하려고 억지로 일을 벌인다면

將欲取天下而爲之
장 욕 취 천 하 이 위 지

나는 그것이 이루어질 수 없음을 볼 뿐이다.

吾見其不得已
오 견 기 부 득 이

천하는 신령스러운 기물이어서

天下神器
천 하 신 기

억지로 조작할 수 없다.

不可爲也
불 가 위 야

억지로 하면 실패하고

爲者敗之
위 자 패 지

집착하면 잃게 된다.

執者失之
집 자 실 지

그러므로 만물은

故物
고 물

때론 앞서기도 하고 때론 뒤따른다.

或行或隨
혹 행 혹 수

때론 숨을 가늘게 때론 세게 내쉰다.

或歔或吹
혹 허 혹 취

때론 강하기도 하고 때론 약해진다.

或强或羸
혹 강 혹 리

때론 꺾이지만 때론 무너뜨리기도 한다.

或挫或隳
혹 좌 혹 휴

이 때문에 참된 어른은

是以聖人
시 이 성 인

너무 지나침을 버리고

去甚
거 심

너무 사치함을 버리며

去奢
거 사

너무 교만함을 버린다.

去泰
거 태

獻(허): 숨을 내쉬다 / 贏(리): 약하다 / 挫(좌): 꺾이다 / 隳(휴): 무너뜨리다

야심가들은 어느 시대 어느 곳에나 있다. 그들에게 노자는 이렇게 말한다. "천하는 신령스러운 기물이어서 억지로 조작할 수 없다." 억지로 강제하는 것은 유위有爲이고 자연스럽게 하는 것은 무위無爲다. 욕심이 가득한 유위로는 세상을 잘 다스릴 수 없다. 억지로 하면 실패하고 집착하면 잃게 된다.

신령스러움은 조화를 이루고 평화를 유지한다

천하는 신령스러운 기물이라고 했는데 무엇이 신령스럽다는 것일까? 신령스러움이란 대칭적 상관관계가 자연스럽게 조화를 이루며 평화를 유지하는 모습이다. 대칭적 상관관계는 말로 표현할 수 없는 통합적 마음의 세계이기에 신령스럽게 느껴진다. 대칭적 상관관계는 때로는 앞서기도 하고 때로는 뒤따르기도 한다. 때로는 강하기도 하고 때로는 약하기도 하다. 대칭적 상관관계는 돌고 돈다. 야심가들이 함부로 자신의 생각과 욕심을 내세워 자연스러운 흐름에 개입하면 오히려 세상이 어지러워질 뿐이다.

사람들의 마음을 얻을 때 다스림이 이루어진다

권력을 탐하는 야심가들의 눈에는 유有의 세계만 보인다. 욕심이 가득한 눈에는 무無의 세계가 보이지 않는다. 천하를 취한다는 것은 단지 영토를 얻는 것만을 가리키지 않는다. 그 영토에 사는 사람들의 마음을 얻어야 진정으로 잘 다스릴 수 있다. 나라의 영토가 유의 세계라면 백성의 마음은 무의 세계다. 사람들의 마음을 얻을 때 참된 다스림이 잘 이루어질 수 있다. 사람들의 마음을 자연스럽게 얻는 방식이 무위다. 야심가들은 영토에 관심을 가지기 전에 먼저 무위의 이치를 터득해야 한다. 항상 무엇을 하든 극단적으로 심하게 하지 말고 과도하게 꾸미지 말고 지나치게 과장하지 말아야 한다.

30장

아무리 강해도 도에 어긋나면 일찍 끝난다

도로써 임금을 보좌하는 사람은	以道佐人主者 이 도 좌 인 주 자
무력으로 천하를 강제하지 않는다.	不以兵强天下 불 이 병 강 천 하
그런 일은 대가가 돌아온다.	其事好還 기 사 호 환
군대가 머문 자리엔	師之所處 사 지 소 처
가시덤불이 자라고	荊棘生焉 형 극 생 언
대군이 지나간 후엔	大軍之後 대 군 지 후
반드시 흉년이 든다.	必有凶年 필 유 흉 년
잘해서 성과를 냈으면 멈추고	善有果而已 선 유 과 이 이
감히 강자가 되려 하지 않는다.	不敢以取强 불 감 이 취 강
성과를 냈다고 으스대지 않고	果而勿矜 과 이 물 긍
성과를 냈다고 자랑하지 않으며	果而勿伐 과 이 물 벌
성과를 냈다고 교만하지 않는다.	果而勿驕 과 이 물 교

성과를 냈지만 부득이해서 그런 것이기에 　果而不得已
　　　　　　　　　　　　　　　　　　　과 이 부 득 이

성과를 냈어도 강자가 되려 하지 않는 것이다. 　果而勿强
　　　　　　　　　　　　　　　　　　　과 이 물 강

만물은 굳세어지면 노쇠하니 　物壯則老
　　　　　　　　　　　　　물 장 즉 노

이것을 도답지 않다고 한다. 　是謂不道
　　　　　　　　　　　　　시 위 부 도

도답지 않으면 일찍 끝난다. 　不道早已
　　　　　　　　　　　　　부 도 조 이

師(사): 군대 / 荊棘(형극): 가시덤불 / 壯(장): 굳세다

가장 오래된 판본인 죽간본에도 나오는 이 장을 통해 약 2,500여 년 전의 전쟁 상황을 짐작해볼 수 있다. 이 장 역시 수단과 방법을 가리지 않고 욕심을 내는 야심가들이 들어야 할 이야기다. 야심가들은 '기사호환其事好還'이란 표현을 기억해야 한다. 이 장의 맥락에서 '무력을 쓰는 일은 그 대가가 돌아온다'고 풀이할 수 있다. 무력의 결과는 어떤 것인가? 군대가 머문 자리엔 가시덤불이 자라고 대군이 지나간 후엔 반드시 흉년이 든다. 사람이 살기 어려운 환경이 되는 것이다. 민초의 고생은 이루 다 말할 수 없을 것이다.

이 장에도 '잘할 선善' 자가 나온다. 군대의 무력과 관련해선 어떻게 하는 것이 잘하는 것일까? 가장 잘하는 것은 무력을 쓸 상황을 애초에 만들지 않는 것이지만 실제로 그렇게 되기는 불가능하다. 불가피하게 무력을 써야 하는 상황이 발생한다. 앞장서 공격을 주도하지는 않더라도 나라와 국민을 지키기 위해 방어적으로 무력을 사용해야 하는 경우가 있다. 그럴 때 어쩔 수 없이 무력을 사용해야 한다는 전제가 『도덕경』에 깔려 있다.

성과를 냈으면 멈출 줄 아는 마음가짐이 필요하다

노자는 부득이하게 군대를 사용할 때 어느 정도 성과를 내었으면 이내 멈출 줄 알아야 한다고 말한다. 군대를 움직여 살상을 벌이는 일은 아무리 잘한다고 해도 결코 아름다울 수가 없기 때문이다. 부득이 군대를 동원하더라도 살상이 지나치면 그 대가를 받게 된다. 끝없는 전쟁이 이어질 것이다. 보복의 악순환이다. 악순환의 고리를 끊기 위해선 전쟁의 성과를 미화하지 말아야 한다. 승자가 있으면 패자가 있게 마련이다. 살아남은 자가 있으면 억울하고 비참하게 죽는 사람도 있을 것이다. 승자와 패자의 관계는 고정되어 있지 않다. 살육의 악순환을 끊는 길은 이기고도 자랑하지 않는 것이며 어느 정도 성과를 냈으면 바로 멈출 줄 아는 마음가짐이다.

생각이 딱딱하게 굳으면 변화를 못 알아챈다

노자가 말하는 강함이란 생각이 딱딱하게 고착되는 것을 의미한다. 생각이 딱딱하게 굳고 강해지면 상황의 변화를 알아차리지 못하게 된다. 도道의 작동 방식은 부드러움이다. 딱딱함은 도를 따르는 모습이 아니다.

아무리 강하고 굳센 것도 언젠가는 노쇠하게 마련이다. 그걸 자연스럽게 받아들여야 하지만 너무 일찍 쇠약해지는 것은 도에 어긋난 언행 때문일 수 있다. 미리미리 알아차리고 조심하며 대비해야 한다. 도에 어긋나면 일찍 끝난다.

31장

부득이 전쟁에 임하면 상례로써 대처하라

무릇 훌륭한 병기라 해도

夫佳兵者
부 가 병 자

상서롭지 못한 기물이다.

不祥之器
불 상 지 기

사람들이 그것을 싫어하므로

物或惡之
물 혹 오 지

도를 따르는 자는 거기에 처하지 않는다.

故有道者不處
고 유 도 자 불 처

군자는

君子
군 자

평소 거처할 땐 왼쪽을 귀하게 여기고

居則貴左
거 즉 귀 좌

군대를 부릴 땐 오른쪽을 귀하게 여긴다.

用兵則貴右
용 병 즉 귀 우

병기는

兵者
병 자

상서롭지 못한 기물이니

不祥之器
불 상 지 기

군자의 기물이 아니다.

非君子之器
비 군 자 지 기

부득이해서 그것을 사용하더라도

不得已而用之
부 득 이 이 용 지

욕심 없는 담백함을 최상으로 삼는다.

恬淡爲上
염 담 위 상

전쟁에 이겨도 아름답게 여기지 않는다.

勝而不美
승 이 불 미

승리를 아름답게 여기는 자는

而美之者
이 미 지 자

사람 죽이기를 즐기는 것이다.

是樂殺人
시 라 살 인

사람 죽이기를 즐기는 자는

夫樂殺人者
부 락 살 인 자

천하에 뜻을 이룰 수 없다.

則不可以得志於天下矣
즉 불 가 이 득 지 어 천 하 의

길한 일은 왼쪽을 숭상하고

吉事尙左
갈 사 상 좌

흉한 일은 오른쪽을 숭상한다.

凶事尙右
흉 사 상 우

편장군이 왼쪽에 자리잡고

偏將軍居左
편 장 군 거 좌

상장군이 오른쪽에 자리잡는 것은

上將軍居右
상 장 군 거 우

상례喪禮로써 전쟁에 대처함을 말한다.

言以喪禮處之
언 이 상 례 처 지

많은 사람을 죽였으니

殺人之衆
살 인 지 중

슬픈 마음으로 운다.

以哀悲泣之
이 애 비 읍 지

전쟁에 이겼어도

상례로써 처리한다.

戰勝
전 승

以喪禮處之
이 상 례 처 지

偏將軍(편장군): 부사령관 / 上將軍(상장군): 총사령관 / 喪禮(상례): 죽은 사람을
추모하는 예절

아름답다, 훌륭하다는 뜻의 가佳를 병기나 군대를 수식하는 말로 쓸 수 있을까? 나라에 큰 재난이 닥쳤을 때 군대가 나서서 어려운 일을 해결하면 좋은 일을 했다고 할 수 있을 것이다. 예컨대 홍수 피해가 심할 때 군대 병력이 동원돼 무너진 제방을 다시 세우고 다리를 놓으며 사람들이 다니는 길을 닦아줄 수 있다.

노자는 2,500년 전에 반전 사상을 주장했다

하지만 군대의 본질은 전쟁에 대비하는 것이고 전쟁이 벌어지면 살상이 일어날 수밖에 없다. 군대가 훌륭하다는 것은 곧 잘 싸워 이긴다는 것이고 잘 싸워 이긴다는 것은 병기와 전투력이 적을 압도할 정도가 된다는 이야기다. 전쟁이 나면 적군만 피해를 보는 것이 아니라 아군은 물론이고 민간인도 많이 다치게 된다. 그래서 노자는 '부득이'라는 표현을 여러 차례 쓰고 있다. 병기는 어쩔 수 없는 경우에 한해 방어용으로 사용해야 한다는 의미가 담겨 있다.

부득이하게 전쟁에 임하는 자세가 중요하다. 노자는 상례喪禮로써 전쟁에 대처하라고 했다. 상례의 핵심은 죽음을 애도하는 것이다. 전쟁에서 이겼다고 너무 좋아해선 안 된다. 전쟁의 승리를 찬미하는 행위는 사람 죽이기를 즐기는 것이기 때문이다. 이는 전쟁에 반대하는 주장을 뒷받침하는 매우 강력한 발언이다. 『도덕경』이 궁극적으로 지향하는 바가 무엇인지 확인할 수 있다. 2,500여 년 전에 이처럼 강한 '반전反戰 사상'이 나왔다는 것은 놀라운 일이다.

전쟁 상황을 애초에 만들지 않는 것이 잘하는 것이다

전쟁에 대한 마음챙김 명상은 여기서 출발한다. 욕심이 없고 담백한 마음으로 전쟁 상황을 애초에 만들지 않는 것이 가장 잘하는 것이다. 부득이하게 전쟁에 임한다면 상례로써 대처하는 것이다.

32장

그칠 줄 알아야 위태롭지 않다

도는 항상 이름이 없다.

道常無名
도 상 무 명

통나무는 비록 작은 것이라 해도

樸雖小
박 수 소

세상에 누구도 그것을 신하로 삼을 수 없다.

天下莫能臣也
천 하 막 능 신 야

제후와 왕이 통나무의 마음을 지킬 수 있다면

侯王若能守之
후 왕 약 능 수 지

만물이 자연스럽게 찾아와 복종할 것이다.

萬物將自賓
만 물 장 자 빈

하늘과 땅이 서로 화합하여

天地相合
천 지 상 합

단 이슬을 내리듯이

以降甘露
이 강 감 로

사람들은 명령이 없어도 자연스럽게 안정된다.

民莫之令而自均
민 막 지 령 이 자 균

처음 마름질할 때 이름을 붙인다.

始制有名
시 제 유 명

이름이 있게 된 후에는

名亦既有
명 역 기 유

그칠 줄도 알아야 한다.

夫亦將知止
부 역 장 지 지

그칠 줄 알면

위태롭지 않을 것이다.

도가 세상에 행해지는 것은 비유컨대

시내와 계곡물이 강과 바다로 흘러드는

것과 같다.

知止
지 지

可以不殆
가 이 불 태

譬道之在天下
비 도 지 재 천 하

猶川谷之於江海
유 천 곡 지 어 강 해

樸(박): 통나무. 대칭적 상관관계의 공존을 상징 / 侯王(후왕): 제후와 왕. 작은 나라의 왕 / 賓(빈): 복종하다, 따르다 / 甘露(감로): 단 이슬 / 譬(비): 비유하다

상常에는 대칭적 상관관계를 분리하지 않는 의미가 담겨 있다. 무명無名, 즉 '이름 없음'이란 대칭적 상관관계의 한쪽만을 거명하지 않는다는 뜻이다. 특정한 의미로 사물을 절대화하지 않는다는 의미가 담겨 있다. 그래서 도道는 항상 이름이 없다. 도, 상, 무명은 모두 같은 의미를 내포한 다른 이름이다.

무명의 도는 통나무에 비유된다. 이런 이름, 저런 이름, 이런 주장, 저런 주장, 이런 욕심, 저런 욕심으로 분별하기 이전의 모습을 무명과 통나무로 나타낸 것이다. 이름은 곧 분별이고 통나무는 무분별을 상징한다. 목수가 통나무를 처음 가르고 잘라내어 다양한 그릇이나 기구를 만들어낼 때 이름이 붙게 된다. 통나무는 이름이 없지만 통나무를 잘라 만든 그릇에는 이름이 붙는다. 통나무를 잘라 책상도 만들고 의자도 만들고 식탁도 만든다. 책상, 의자, 식탁 등의 이름이 생기기 이전의 통나무는 무명이다.

진정한 주인은 통나무의 마음을 쓸 줄 아는 사람이다

통나무의 마음을 유지할 수 있다면 아무리 작은 일을 하더라도 권력이 함부로 할 수 없다. 세상의 진정한 주인은 통나무의 마음을 쓸 줄 아는 사람이다. 통나무 같은 무명의 마음은 한없이 넓은 마음이다. 작은 분별로 사욕을 채우지 않는 넓은 마음이 무명의 마음이다.

작은 통나무가 세상의 주인이 될 수 있듯이 작은 나라의 임금도 통나무처럼 무명의 정치를 행할 수 있다면 세상의 주인이 될 수 있을 것이다. 작은 나라의 임금이라고 해서 큰 나라에 끌려다니기만

하는 것은 아니다. 세상을 조화롭고 평화롭게 만드는 '무명의 정치'에서는 주인 같은 역할을 할 수 있는 것이다.

하늘과 땅이 서로 화합하여 내리는 감로甘露는 자연의 축복이다. 대칭적 상관관계 중에서 가장 큰 조합이 하늘과 땅이다. 하늘과 땅의 자연스러운 조화를 본받아 만물은 평화롭게 살아간다. 대칭적 상관관계의 자연스러운 조화를 감로, 즉 단 이슬에 비유했다. 사람들도 대칭적 상관관계의 자연스러운 흐름 속에서 안정과 평화를 누릴 수 있다.

지금 한 호흡 가다듬음이 세상을 바꾸는 일이다

불교에서는 중생을 깨우치는 붓다의 가르침을 감로에 비유한다. 세상 만물의 실상實相을 알아차리는 깨달음이 곧 감로다. 만물의 실상은 각기 개별화된 모습이 아니라 서로 연결된 모습이다. 만물의 대칭적 상관관계를 보는 통나무의 마음이 감로인 셈이다. 감로를 마시고 세상 만물을 흑과 백, 깊과 짧음, 선善과 불선不善으로 분별하는 유명有名의 욕심을 씻어낼 수 있다. 통나무의 마음은 하늘과 땅 사이의 허공처럼 무한히 넓은 마음이다. 넓은 마음에서 나오는 감로는 세상에 펼쳐지는 자비와 사랑의 다른 이름이다.

인위적 법령法令은 사람의 행동을 강제할 수는 있지만 마음까지 다 변화시킬 수는 없다. 참된 변화는 제도만으로 이루어지지 않는다. 좁은 마음에서 넓은 마음으로 마음의 크기를 바꿔나가는 의식의 개혁이 함께 이루어져야 한다. 제도의 개혁도 중요하지만 눈에 보이지 않는 마음의 개혁이 그보다 더 중요하다는 사실에 눈을 떠

야 한다. 자연스러운 의식 개혁이 마음챙김이다. 마음챙김은 '마음
혁명'이다. 마음 혁명을 위해선 멈추고 그칠 줄 알아야 한다. 그친
다는 것은 이름 붙이기, 즉 절대화의 한계를 알아차리는 것이다. 절
대화의 한계를 알고 이름 붙이기를 그치기 위해선 무명의 통나무로
돌아갈 줄 알아야 한다. 극단적으로 내달리는 행위를 멈추는 것이
다. 그것은 자신이 지금 어디에 있는지를 잠시 되돌아보는 것으로
시작한다. 지금 이 순간 하던 일을 멈추고 한 호흡을 가다듬는 것이
세상을 바꾸는 일이다.

33장

자신을 알고 이기는 자는 밝고 강하다

남을 아는 자는 지혜롭고

知人者智
지 인 자 지

자신을 아는 자는 밝다.

自知者明
자 지 자 명

남을 이기는 자는 힘이 있고

勝人者有力
승 인 자 유 력

자신을 이기는 자는 강하다.

自勝者强
자 승 자 강

만족을 아는 자가 부자다.

知足者富
지 족 자 부

힘써 행하는 자는 의지가 있다.

强行者有志
강 행 자 유 지

있어야 할 자리를 잃지 않는 자가 오래간다.

不失其所者久
불 실 기 소 자 구

죽어서도 잊히지 않는 자가

死而不亡者壽
사 이 불 망 자 수

오래 사는 사람이다.

『도덕경』에서 앎(知)과 지혜(智)는 거의 구별되지 않으면서 모두 높은 대우를 받지 못한다. 앎과 지혜가 종종 절대적 권력으로 작용하기 때문이다. 자신의 생각과 편견을 지식과 지혜로 포장하여 그럴듯한 이름과 명분을 내세우지만 실제로는 제 잇속을 채우는 일로 타락하는 경우를 경계하는 것이다.

문제는 앎과 지혜의 방향이다. 밖을 향한 앎을 안으로 돌릴 수 있어야 한다. 다른 사람을 자신의 생각과 욕심으로 판단하기 전에 자신의 마음을 먼저 돌아봐야 한다. 소크라테스가 "너 자신을 알라."라고 한 말이 이와 다르지 않아 보인다. 자신의 마음을 아는 것이 최상의 앎이며 참된 지혜다.

노자는 자신을 아는 것을 명明이라고 했다. '명' 자는 '해 일日'과 '달 월月'의 합성어다. '명'에는 낮과 밤으로 대표되는 대칭적 상관관계가 하나로 공존하는 의미가 담겨 있다. 그래서『도덕경』16장과 55장에서 '상常을 아는 것이 명明'이라고 한 것이다.[1] '상'에는 대칭적 상관관계가 분리되지 않고 조화를 이루는 의미가 담겨 있다. '상'과 '명'은 모두 대칭적 상관관계의 공존을 상징하는 글자다.

지나친 욕심을 내려놓는 사람이 참된 강자다

『도덕경』에서 '강할 강强' 자는 대개 안 좋은 의미로 쓰인다. 노자는 도道의 작용 방식을 부드러움이라고 본다. 그래서 강함보다 유약

---

1 "歸根曰靜, 是謂復命. 復命曰常, 知常曰明."(『도덕경』16장)
   "知和曰常, 知常曰明."(『도덕경』55장)

함을 중시한다. 노자가 말하는 강함이란 대개 생각이 딱딱하게 고착되는 것을 의미한다. 생각이 굳어서 딱딱해진 것을 강하다고 표현한다. 딱딱함은 도를 따르는 모습이 아니다.

그런데 이 장에서 노자는 강함을 그렇게 나쁜 뜻으로 사용하지 않았다. 자신의 편견과 욕심을 이겨내는 것을 강함이라고 표현했다. 여기서 다시 언어의 한계를 성찰하게 된다. 강함이라는 말에도 걸려 넘어지면 안 된다는 뜻이다. 좋고 나쁨이 무조건 정해져 있지 않다는 것이 노자 철학의 특징이다. 강함과 약함이라는 말도 예외일 수 없다. 무엇이 좋고 안 좋고의 문제는 누가 그것을 언제 어떻게 쓰느냐에 달렸다. 마치 정해진 좋음이 있는 것처럼 예단할 필요가 없다. 지나친 욕심을 내려놓는 사람이 참된 강자다.

지향점은 자신이 있어야 할 자리인지 돌아보게 한다

무엇을 힘써 행하려는 의지도 무조건 나쁘다고 할 수 없다. 무조건 좋고 나쁨을 판단하는 것이 바로 딱딱한 생각이다. 부드러운 도의 작용에 어긋난다. 무엇을 힘써 행하려는 사람은 지향점이 있는 것이다. 지향점이 있다는 것 자체만으로 좋고 나쁨을 판단할 수 없다. 지향점이 전혀 없다면 살아 있는 것이 아니다. 지향점이 있어야 잘 살아갈 수 있다. 중요한 것은 지향점의 방향이다. '도덕경 명상'을 오늘부터 잘해보겠다는 뜻을 세우는 것은 좋은 지향점이다. 다만 아무리 좋은 지향점이라고 해도 그 지향점을 절대화하지 않아야 한다. 그 지향점이 자신이 있어야 할 자리인지 돌아보는 것이 마음 챙김이다.

노자는 육체의 불사不死를 이야기하지 않는다. 우리는 모두 언젠가 죽는다. 죽더라도 오래 잊히지 않는 사람이 장생長生하는 사람이다. 잊히지 않는 것은 그 사람의 마음이다. 오래 기억되기 위해선 지금 여기에서 자신이 어떻게 마음을 쓰고 있는지를 되돌아보아야 한다. 그것이 참으로 오래 사는 길이다.

34장

대도란 어느 쪽이든 갈 수 있는 길이다

대도는 넘쳐흘러서　　　　　　　　大道氾兮
　　　　　　　　　　　　　　　　대 도 범 혜

왼쪽 오른쪽 어디든 갈 수 있다.　　其可左右
　　　　　　　　　　　　　　　　기 가 좌 우

만물이 그것에 의지해 살아도　　　萬物恃之而生
　　　　　　　　　　　　　　　　만 물 시 지 이 생

이래라 저래라 간섭하지 않고　　　而不辭
　　　　　　　　　　　　　　　　이 불 사

공이 이루어져도 이름을 가지려 하지 않는다.　功成不名有
　　　　　　　　　　　　　　　　공 성 불 명 유

만물을 입히고 기르지만　　　　　衣養萬物
　　　　　　　　　　　　　　　　의 양 만 물

주인 노릇을 하지 않고　　　　　　而不爲主
　　　　　　　　　　　　　　　　이 불 위 주

항상 무욕하니　　　　　　　　　常無欲
　　　　　　　　　　　　　　　　상 무 욕

작다는 이름을 붙일 수 있다.　　　可名於小
　　　　　　　　　　　　　　　　가 명 어 소

만물이 그것에 귀의해도　　　　　萬物歸焉
　　　　　　　　　　　　　　　　만 물 귀 언

주인 노릇을 하지 않으니　　　　　而不爲主
　　　　　　　　　　　　　　　　이 불 위 주

크다는 이름을 붙일 수 있다.　　　可名爲大
　　　　　　　　　　　　　　　　가 명 위 대

끝내 자신을 크다고 여기지 않기에

큰일을 이룰 수 있다.

以其終不自爲大
이 기 종 부 자 위 대

故能成其大
고 능 성 기 대

氾(범): 넘치다

대도大道를 넘쳐흐르는 큰 물에 비유했다. 물은 공간이 있으면 어디에나 다 흘러간다. 왼쪽이든 오른쪽이든, 네모든 동그라미든 그 모양을 가리지 않는다. 자기가 좋아하는 곳으로만 흘러가고 싫어하는 곳은 배제하는 것이 아니다. 왼쪽이니 오른쪽이니 하는 구분은 인간의 작은 생각이 만들어내는 분별적 지식일 뿐이다.

작다, 크다고 하는 이름은 절대적 기준이 아니다

만물은 대도를 따라서 살아간다. 대도를 벗어나면 오래 지속하지 못한다. 대도는 억지로 하지 않고 자연스럽게 이루어지는 흐름이다. 만물이 대도를 따라서 산다고 해서 대도가 이래라저래라 참견하지 않는다. 큰 공을 이루어도 자신의 이름을 드러내며 공치사하지 않는다. 대도를 따라 만물이 조화를 이루며 자연스럽게 살아가는 것이 무위無爲다.

대도는 만물을 입히고 기르는 작용을 하면서도 주인 노릇을 하지 않는다. 항상 자신을 드러내려는 욕심이 없으니 마치 없는 것처럼 보인다는 의미에서 작다는 이름을 붙일 수도 있다. 만물이 그것에 귀의해도 주인 노릇을 하지 않지만 대도가 만물을 모두 다 포용하는 면에 주목하면 크다는 이름을 붙일 수도 있다.

주인 노릇을 하지 않는 두 사례를 제시해놓고 한 번은 작다고 하고 다른 한 번은 크다고 했다. 작다, 크다고 하는 이름은 절대적 기준이 있는 것이 아님을 알려주고 있다. 이름은 상황과 조건과 보는 각도에 따른 분별일 뿐이다.

작다, 크다고 하는 이름에 걸려 넘어지면 안 된다. 이름 붙이기는 생각과 욕심이 반영된 유위有爲다. 무위의 대도는 정해진 이름이 없다. 작다고 해도 되고 크다고 해도 된다. 있다고 해도 되고 없다고 해도 된다. 작다와 크다, 있다와 없다는 이름은 별개의 존재가 아니라 같이 붙어 있으면서 상대를 향해 돌아가는 대칭적 상관관계임을 알아차려야 한다. 억지로 이름을 붙이려는 유위가 자연스러움을 어지럽힌다.

대도의 세계는 자신만 크다고 하지 않는다

이분법적 개념의 분별을 벗어난 곳이 대도의 세계다. 대도는 결코 작은 것이 아니지만 크게 만들려고도 하지 않는다. 작은 것과 큰 것이 하나로 같이 있는 세계가 대도이므로 일방적으로 크다고 단정하지 않는 것이다. 자신만 크다고 하지 않음으로써 오히려 큰일을 해낼 수 있다. 무명無名의 마음챙김이 참으로 위대한 일을 이룰 수 있다.

대상大象을 잡고	執大象 집 대 상
세상에 나아가면	天下往 천 하 왕
어디를 가도 해가 되지 않으니	往而不害 왕 이 불 해
편안하고 태평하다.	安平太 안 평 태
음악과 음식은	樂與餌 악 여 이
길손을 멈추게 하지만	過客止 과 객 지
도는 입 밖으로 나오면	道之出口 도 지 출 구
담담하여 아무 맛이 없다.	淡乎其無味 담 호 기 무 미
보아도 잘 보이지 않고	視之不足見 시 지 부 족 견
들어도 잘 들리지 않지만	聽之不足聞 청 지 부 족 문
아무리 써도 다함이 없다.	用之不可旣 용 지 불 가 기

大象(대상) : 대도大道 / 餌(이): 음식 / 旣(기): 다 써서 없어지다

대상大象은 대도大道를 가리킨다. 도라는 글자가 일종의 상징임을 알려주는 표현이다. 도는 대칭적 상관관계가 공존하는 모습을 상징하는 기호라는 의미다. 대도는 늘 우리 곁에 있지만 눈으로 보면서도 보지 못하고 귀로 들으면서도 듣지 못한다. 감각기관에 포착되는 유有의 세계만 보고 듣기 때문이다. 무無의 세계까지 함께 보아야 도를 전체적으로 보는 것이다. 유무상생有無相生의 도를 알아차림이 대상을 잡은 모습이다.

대상을 잡고 대도를 따르면 누구나 주인이 된다

대상을 잡은 사람이 세상의 주인이다. 군주가 대립하는 양쪽의 어느 한편만 바라보는 것이 아니라 양쪽을 모두 다 관찰하며 정책을 시행하는 것이 대상을 잡은 모습이다. 대상을 잡을 때 사람들이 모두 할 일을 하면서 방해받지 않고 평화롭게 살아갈 수 있다. 편안하고 태평한 세상은 지도자가 대도를 따를 때 이루어진다.

군주만 세상의 주인이 아니다. 대상을 잡고 대도를 따르면 누구나 자기 삶의 주인이 될 수 있다. 빛깔도 없고 소리도 없고 맛도 없기 때문에 대도가 우리 곁에 항상 있어도 느끼지 못한다. 자극적인 맛에 익숙해진 입을 씻어내는 것이 마음챙김이다. 담담하여 아무 맛도 없는 대도의 참맛을 온 마음으로 느껴보길 바란다.

36장

부드러움이 굳세고 강함을 이긴다

장차 거두려면 將欲歙之
장 욕 흡 지

먼저 펴주어야 한다. 必固張之
필 고 장 지

장차 약하게 하려면 將欲弱之
장 욕 약 지

먼저 강하게 해야 한다. 必固强之
필 고 강 지

장차 없애려 하면 將欲廢之
장 욕 폐 지

먼저 일으켜줘야 한다. 必固興之
필 고 흥 지

장차 빼앗으려 하면 將欲奪之
장 욕 탈 지

먼저 주어야 한다. 必固與之
필 고 여 지

이것을 미명微明이라고 한다. 是謂微明
시 위 미 명

부드럽고 약한 것이 굳세고 강한 것을 이긴다. 柔弱勝剛强
유 약 승 강 강

물고기는 연못을 벗어날 수 없다. 魚不可脫於淵
어 불 가 탈 어 연

歙(흡): 거두다 / 利(리): 이롭다, 날카롭다 / 示(시): 자랑하다 / 固(고): 원래, 먼저

나라에 이로운 기물이라 해도

사람들에게 자랑해선 안 된다.

國之利器
국 지 리 기

不可以示人
불 가 이 시 인

거둠과 폄, 약함과 강함, 없앰과 일으킴, 빼앗음과 줌이 대칭적 상
관관계로 제시됐다. 이 중에 약함과 강함의 상생은 세상이 전쟁 없
이 평화롭게 돌아가길 바라는 『도덕경』의 주제를 함축하고 있다.
『도덕경』에서 여러 차례 약함과 강함의 사례가 언급되는 것은 그만
큼 중요하다는 뜻이다. 대칭적 상관관계의 수많은 사례가 궁극적으
로 약함과 강함의 상생을 향하고 있다.

노자는 약함이 강함을 이긴다고 말한다. 노자의 이 말을 약함은
무조건 좋고 강함은 무조건 나쁘다는 의미로 오해하면 안 된다. 무
조건 좋고 무조건 나쁜 것은 없다. 절대적으로 정해진 좋고 나쁨이
란 없다는 이야기다. 노자가 약함을 중시하는 데는 강자의 오만함
을 경계하는 뜻이 담겨 있다. 그래야 평화가 유지되기 때문이다. 도
道가 작용하는 모습은 부드럽다. 부드러움은 대칭적 상관관계의 상
대에 대한 존중을 의미한다. 유有는 무無를 존중하고 무는 유를 존
중하는 자세다. 자신이 먼저 펴주고 자신이 먼저 일으켜주는 것은
상대에 대한 존중과 배려의 의미다.

딱딱하게 고착된 것은 도답지 않고 지속되지 않는다

노자가 말하는 유약함이란 육체적 근육의 적음이 아니라 생각의
유연함을 가리킨다. 생각과 욕심을 내려놓는 겸손한 마음을 유약함
에 비유했다. 겸손해야 유연할 수 있다. 굳세고 강함은 딱딱한 마음
을 가리킨다. 딱딱하게 고착된 것은 도답지 않다. 도답지 않으면 오
래 지속할 수 없다.

겸손한 마음은 약자나 강자 모두에게 필요하다. 약자는 살아남기 위해서라도 겸손할 줄 안다. 강자는 의식적으로 겸손하지 않으면 더욱 교만하게 될 뿐이다. 교만함이 재앙을 부른다. 약한 사람과 강한 사람, 작은 나라와 큰 나라가 함께 조화를 이루며 평화롭게 잘 사는 길이 대도大道다.

마음의 눈으로 보는 세계를 노자는 명明으로 표현한다. '해 일日'과 '달 월月'이 붙어 있다. 낮과 밤이 대칭적 상관관계로 같이 있음을 상징적으로 보여주는 글자가 '명'이다. 이때의 '명'은 대칭적 상관관계인 '밝음과 어둠'의 공존을 상징한다는 점에서 특별한 경우가 아니라면 '밝다'고 번역하기보다는 그냥 '명'으로 표기하는 것이 좋다. 그냥 밝음이 아니라 '어둠을 품은 밝음'이기 때문이다. 대칭적 상관관계를 상징하는 '명'에다가 '미묘할 미微'를 붙여 '미명微明'이란 표현을 노자가 쓰고 있다. 미微와 묘妙는 너무 작아서 잘 보이지 않는 세계를 상징하는 글자다. 유와 무의 관계로 이야기하면 무에 해당하는 글자가 미와 묘. 육안으로 잘 보이지 않는 무의 세계, 미묘한 세계를 보는 마음의 깨달음이란 의미가 '미명'에 담겨 있다. 이를 굳이 '미묘한 밝음'이라고 번역하지 않고 그냥 '미명'이라고 해도 좋을 것 같다. 이름보다 그 의미를 알아차리는 것이 중요하다.

이롭고 해로움은 물건을 어떻게 쓰느냐에 달렸다

연못은 우리가 사는 대도의 세계를 상징한다. 우주의 시각에서 지구를 보면 마치 작은 연못처럼 보일 수 있다. 지구의 수많은 나라 가운데 한 나라는 지구보다 훨씬 더 작은 연못이다. 우주도 연못이고 지구도 연못이고 국가도 연못이다. 하늘과 땅은 연못의 다른 이름이다. 만물은 모두 하늘과 땅 사이에서 태어나 살다가 죽는다. 약자나 강자나 모두 연못에 사는 물고기다. 어떤 물고기도 연못, 즉 하늘과 땅의 대칭적 상관관계를 떠나 살 수 없다.

연못의 평화를 해치는 것이 이기利器다. '이기'는 '이로운 기물'과 '날카로운 기물'의 의미를 동시에 지니고 있다. 아무리 이로운 물건이라도 절대화하면 날카로워지며 결국 해로운 물건으로 타락한다. 이로운 물건이 곧 해로운 물건이기도 한 것이다. 이런 노자의 역설을 알아차려야 한다.

나라를 이롭게 하는 기물도 고정적으로 정해진 것이 아니다. 무조건 좋고 나쁨을 단정할 수 없다. 이롭고 해로움은 그 물건을 누가 어떻게 쓰느냐에 달렸다. 욕심과 편견이 가득한 사람이 사용하면 이로운 물건도 흉기로 변한다.

인간의 말과 지식처럼 무서운 '이기'가 없다. 말로 사람을 죽이고 말로 사람을 살릴 수 있다. 말을 조심해서 잘해야 한다. 부드럽고 따뜻한 말이 사람을 살리고 사회를 살기 좋게 한다. 날카로운 말을 자꾸 내뱉는 것은 좋지 않다.

마음챙김 명상 중에 '마음챙김 말하기Mindful Speaking'가 있다. 마음챙김 말하기는 '마음챙김 듣기Mindful Listening'와 짝을 이룬다. 깊이 있게 듣고 깊이 있게 말하려면 미묘한 변화를 잘 알아차려야 한다. 마음이 깨어 있어야 한다. 마음챙김 듣기와 마음챙김 말하기가 잘 어울릴 때 '마음챙김 대화Mindful Dialogue'가 이루어진다. 마음챙김 대화가 이루어질 때 마음에 스트레스가 줄어들고 가정과 사회와 국가의 평안이 뒤따를 것이다.

37장

무위는 무명의 통나무마저 욕심내지 않는다

도는 항상 무위하지만

道常無爲
도 상 무 위

하지 못하는 것이 없다.

而無不爲
이 무 불 위

제후와 왕이 이를 지킬 수 있으면

侯王若能守之
후 왕 약 능 수 지

만물은 자연스럽게 바뀌어갈 것이다.

萬物將自化
만 물 장 자 화

억지로 바꾸려는 욕심이 일어나면

化而欲作
화 이 욕 작

나는 무명의 통나무로 내리칠 것이다.

吾將鎭之以無名之樸
오 장 진 지 이 무 명 지 박

무명의 통나무

無名之樸
무 명 지 박

그마저도 욕심내지 않겠다.

夫亦將無欲
부 역 장 무 욕

自化(자화): 자연스럽게 바뀌다 / 鎭(진): 진압하다 / 自定(자정): 자연스럽게 안
정되다

욕심내지 않음으로써 고요해지면

不欲以靜
불 욕 이 정

세상은 자연스럽게 안정될 것이다.

天下將自定
천 하 장 자 정

도道는 항상 무위無爲를 한다. 상常에는 대칭적 상관관계를 분리하지 않는 의미가 담겨 있다. 대칭적 상관관계를 분리하지 않는 행위가 곧 무위다. 도, 상, 무위는 모두 같은 의미를 내포한 다른 이름이다.

무위는 자신의 생각과 욕심을 내려놓는 것이다

무위는 아무것도 하지 않는 것이 아니라 무슨 일이든 자신의 생각과 욕심을 내려놓고 하는 행위다. 제후나 왕이 무위를 할 수 있으면 세상 만물이 자연스럽게 잘 바뀌어 갈 텐데 그렇게 하지 못하니까 세상이 시끄러워진다. 자연스러운 변화를 조용히 즐기지 못하고 자신의 욕심에 맞춰 바꾸려는 것이 문제다. 억지로 바꾸려는 욕심이 발동할 때 필요한 처방이 '무명無名의 통나무'로 돌아가는 것이다. 무명의 통나무는 좋다, 나쁘다는 구분이 발동하기 이전의 통합적 의식 상태를 가리킨다.

무명의 통나무로 욕심을 한 번 진정시켰다고 해서 그것이 끝이 아니다. 생각과 욕심은 끝없이 일어난다. 욕심이 일어날 때마다 다시 또 무명의 통나무로 돌아가는 것이 마음챙김이다. 마음챙김을 통해 욕심이 발동하는 횟수와 강도를 줄여나갈 수 있다.

무명의 통나무를 쓴다는 생각마저 하지 않는 것이다

무명의 통나무로 어느 정도까지 무위를 해야 할까? 무명의 통나무를 쓴다는 그 생각마저도 하지 않는 것이 참된 무위다. 무위의 궁극은 무위라는 말 자체도 쓰지 않는 경지다. 무명의 통나무조차 절대화의 대상이 되는 것을 경계하는 것이다. 자신이 무위를 행한다는 생각마저도 내려놓을 때 세상은 자연스럽게 다스려질 수 있다. 이렇게 무위를 하면 이루지 못할 것이 없다.

2부 ─ 덕경 :: 어른의 덕은 치우침 없이 자연스럽다

德經

38장

행함에 의도가 없어야 진정한 대장부다

높은 덕은 덕스럽지 않으니	上德不德 상 덕 부 덕
이 때문에 덕이 있다.	是以有德 시 이 유 덕
낮은 덕은 덕을 잃지 않으려 하니	下德不失德 하 덕 불 실 덕
이 때문에 덕이 없다.	是以無德 시 이 무 덕
높은 덕은 무위를 하면서	上德無爲 상 덕 무 위
무위를 한다는 생각조차 없이 한다.	而無以爲 이 무 이 위
낮은 덕은 덕을 행하면서	下德爲之 하 덕 위 지
덕을 베푼다는 생각을 가지고 한다.	而有以爲 이 유 이 위
높은 인은 인을 행하면서	上仁爲之 상 인 위 지
인을 베푼다는 생각이 없이 한다.	而無以爲 이 무 이 위
높은 의는 의를 행하면서	上義爲之 상 의 위 지
의를 베푼다는 생각을 가지고 한다.	而有以爲 이 유 이 위
높은 예는 예를 행하면서	上禮爲之 상 례 위 지

아무도 응하지 않으면

而莫之應
이 막 지 응

팔소매를 걷어붙이고 끌어당긴다.

則攘臂而扔之
즉 양 비 이 잉 지

그러므로

故
고

도를 잃은 후에 덕이 있고

失道而後德
실 도 이 후 덕

덕을 잃은 후에 인이 있으며

失德而後仁
실 덕 이 후 인

인을 잃은 후에 의가 있고

失仁而後義
실 인 이 후 의

의를 잃은 후에 예가 있다.

失義而後禮
실 의 이 후 례

무릇 예란

夫禮者
부 례 자

진심과 믿음이 얇아서

忠信之薄
충 신 지 박

어지러움의 원인이 된다.

而亂之首
이 란 지 수

앞선 앎은

前識者
전 식 자

도의 겉모습으로

道之華
도 지 화

어리석음의 시작이 된다.

而愚之始
이 우 지 시

이 때문에 대장부는

是以大丈夫
시 이 대 장 부

두터움에 처하지

處其厚
처 기 후

얇음에 거하지 않고	不居其薄 _{불 거 기 박}
실상에 처하지	處其實 _{처 기 실}
겉모습에 거하지 않는다.	不居其華 _{불 거 기 화}
그러므로	故 _고
저것을 버리고 이것을 취한다.	去彼取此 _{거 피 취 차}

無以爲(무이위): 의도를 가지고 함이 없다 / 有以爲(유이위): 의도를 가지고 함이 있다 / 前識(전식): 앞선 앎. 대칭적 상관관계의 유만 보고 무는 보지 못하는 상태

높은 수준의 덕德은 언뜻 덕처럼 보이지 않는다. 자신이 덕을 베푼다는 생각조차 하지 않고 베풀기 때문이다. 높은 덕을 과시하지 않고 덕이 없는 이와도 공존하는 화광동진和光同塵의 경지다. 노자는 높은 덕은 덕스럽지 않기에 오히려 덕이 있다고 말한다. 『도덕경』의 역설이다. 대칭적 상관관계가 공존하는 도道의 이치를 따르는 마음에는 주는 사람과 받는 사람의 분별조차 없다. 이런 경지를 현덕玄德이라고 부른다. 높은 덕은 무위無爲의 현덕이다.

『금강경』에서는 이 같은 무위의 덕행을 무주상보시無住相布施라고 한다. 어떤 이름이나 모양이나 생각이나 의도에 집착하지 않고 보시한다는 뜻이다. 보시를 베푼다는 생각 없이 보시를 행하는 것이 '무주상보시'다.

낮은 덕은 자신의 덕을 드러내고 싶어한다

낮은 덕은 덕을 행하면서 자신의 덕을 드러내고 싶어한다. 공덕을 베풀고 그에 대해 공치사를 하려는 것이다. 낮은 덕은 유위有爲의 덕이다. 낮은 덕의 종류로 인仁, 의義, 예禮가 제시됐다. 높은 인은 낮은 덕에 배치되어 있긴 해도 높은 덕에 가깝다. 높은 인은 인을 베푼다는 생각이 없이 인을 행하기 때문이다.

높은 덕과 낮은 덕의 차이는 어떤 마음가짐으로 그 덕을 행하느냐에 달렸다. 이를 '무이위無以爲'와 '유이위有以爲'로 표현했다. 베푼다는 생각이나 의도가 없이 행하는 것, 즉 마음을 비우고 덕을 베푸는 것이 '무이위'다. 반대로 베푼다는 생각이나 의도를 가지고 행하는 것, 즉 마음을 비우지 못하고 덕을 베푸는 것은 '유이위'다. 마음을 비우느냐 비우지 못하느냐의 차이인 것이다.

인仁과 의義는 비록 낮은 덕에 배치했지만 아주 심하게 비판받지는 않는다. '인'과 '의'는 그 자체로 좋고 나쁨을 판단할 문제가 아니라 그것을 어떻게 사용하느냐에 따라 좋을 수도 있고 나쁘게 변질될 수도 있기 때문이다. 하지만 예禮는 혹독한 비판을 받고 있다. '예'는 일종의 형식적 규범으로 사람들의 행동을 통제하는 성격이 강하기 때문이다. 형식적 규범을 강요하기 때문에 노자에게 좋은 평가를 받지 못한 것이다. 형식적 규범을 절대화하면 오히려 세상이 혼란해진다는 것이 노자의 문제의식이다. 부드러움과 자연스러움이 도의 작용 방식이라고 보는 것이다.

인, 의, 예와 함께 대개 지智도 한 묶음으로 유가儒家의 덕목으로 지칭되곤 하는데 이 지혜(智)는 어디에 있는 걸까? 전식前識이 바로 지식과 지혜의 문제와 관련된 것이다. '지'는 예에 대한 비판 못지않게 매서운 질타를 받았다. '전식'은 무엇인가를 앞서 아는 것을 가리킨다. 여기에선 대칭적 상관관계의 유有만 보고 무無는 보지 못한 상태를 가리킨다고 볼 수 있다. 유무상생有無相生을 중시하는 노자에게 비판을 받을 수밖에 없다.

노자가 인의예지仁義禮智를 비판했지만 무조건 나쁘다고 하는 것은 아니라는 점을 알아차려야 한다. 인, 의, 예를 낮은 덕이라고 했지 덕이 아니라고 한 것은 아니다. 게다가 상인上仁, 상의上義, 상례上禮라는 표현에서 보듯 인, 의, 예에 높다(上)는 수식어까지 붙였다. 도와 덕보다 인의예지가 서열이 낮다고 여기는 생각도 내려놓아야 한다. 그렇게 의미와 서열을 절대화하는 생각이 바로 '전식'이다.

마음챙김을 잘하는 여성과 남성은 모두 대장부다

앎(知)과 지혜(智)는 『도덕경』에서 별 차이 없이 모두 비판의 대상이다. 무언가를 제대로 안다면 지혜롭게 행동할 것이고 진정 지혜롭다면 제대로 알지 않을 수 없을 것이기 때문이다. 노자가 앎과 지혜를 비판했지만 무조건 안 좋다고 하는 것이 아니다. 앎과 지혜는 세상을 살기 편하게 할 수도 있고 동시에 세상을 어지럽히는 원인이 될 수도 있다.

사물의 양면성을 항상 같이 보아야 한다. 앎과 지혜도 누가 어떻게 사용하느냐에 따라 다르게 작용한다. 같은 물을 먹어도 소는 우유를 만들어내지만 뱀은 독을 뿜어낸다. 특정한 앎과 지혜를 절대화할 때의 폐해는 그 어떤 병폐보다 크다. 특정한 앎과 지혜를 절대화하면 그 어떤 칼보다 더 무서운 흉기로 타락할 수 있다. 절대화된 앎과 지혜를 선입견이나 편견이라고 부르기도 한다.

대칭적 상관관계의 도를 깨달은 대장부는 덕을 두텁게 쌓으려고 하지 얕은 앎에 기대어 사물을 분별하지 않는다. 후덕하게 만물을 포용하는 대장부가 곧 참된 어른의 모습이다. 통나무 같은 만물의 실상을 봄으로써 화려한 이름과 명분으로 꾸민 겉모습에 미혹되지 않는다. 도를 깨달은 후덕한 사람에 여자와 남자의 분별이 있을 수 없다. 마음챙김을 잘하는 여성과 남성은 모두 대장부다.

39장

마음챙김의 요체는 하나를 터득하는 것이다

옛날에 하나를 얻은 것들이 있다.	昔之得一者 석 지 득 일 자
하늘은 하나를 얻어 맑고	天得一以淸 천 득 일 이 청
땅은 하나를 얻어 편안하며	地得一以寧 지 득 일 이 녕
정신은 하나를 얻어 신령스럽고	神得一以靈 신 득 일 이 령
계곡은 하나를 얻어 채워지며	谷得一以盈 곡 득 일 이 영
만물은 하나를 얻어 살아간다.	萬物得一以生 만 물 득 일 이 생
제후와 왕은 하나를 얻어 천하를 바르게 한다.	侯王得一以爲天下貞 후 왕 득 일 이 위 천 하 정
모두 하나를 얻어 그렇게 된 것이다.	其致之 기 치 지

하늘이 하나를 얻어 맑지 못하면	天無以淸 천 무 이 청
장차 찢어질 것이다.	將恐裂 장 공 열
땅이 하나를 얻어 편안하지 못하면	地無以寧 지 무 이 녕
장차 갈라질 것이다.	將恐發 장 공 발
정신이 하나를 얻어 신령스럽지 못하면	神無以靈 신 무 이 령
장차 사라질 것이다.	將恐歇 장 공 헐

계곡이 하나를 얻어 채워지지 못하면 　　谷無以盈
　　　　　　　　　　　　　　　　　　곡 무 이 영

장차 메마를 것이다. 　　　　　　　　將恐竭
　　　　　　　　　　　　　　　　　　장 공 갈

만물이 하나를 얻어 살아가지 못하면 　萬物無以生
　　　　　　　　　　　　　　　　　　만 물 무 이 생

장차 소멸될 것이다. 　　　　　　　　將恐滅
　　　　　　　　　　　　　　　　　　장 공 멸

제후와 왕이 하나를 얻어 고귀하지 못하면 侯王無以貴高
　　　　　　　　　　　　　　　　　　후 왕 무 이 귀 고

장차 넘어질 것이다. 　　　　　　　　將恐蹶
　　　　　　　　　　　　　　　　　　장 공 궐

그러므로 　　　　　　　　　　　　故
　　　　　　　　　　　　　　　　　　고

귀함은 천함을 근본으로 삼고 　　　貴以賤爲本
　　　　　　　　　　　　　　　　　　귀 이 천 위 본

높음은 낮음을 기초로 삼는다. 　　高以下爲基
　　　　　　　　　　　　　　　　　　고 이 하 위 기

이 때문에 　　　　　　　　　　　是以
　　　　　　　　　　　　　　　　　　시 이

제후와 왕은 자신을 부르길 　　　侯王自謂
　　　　　　　　　　　　　　　　　　후 왕 자 위

외로운 사람, 부족한 사람, 　　　　孤寡不穀
　　　　　　　　　　　　　　　　　　고 과 불 곡

못난 사람이라고 했다.

이것은 천함을 근본으로 삼는 것이 　此非以賤爲本邪
　　　　　　　　　　　　　　　　　　차 비 이 천 위 본 야

아니겠는가?

그렇지 않은가? 　　　　　　　　　非乎
　　　　　　　　　　　　　　　　　　비 호

그러므로	故
	고
자주 명예를 얻더라도 명예로 여기지 않는다.	致數輿無輿
	치 삭 여 무 여

옥처럼 드물어 귀하기를 바라지도 않고	不欲琭琭如玉
	불 욕 녹 록 여 옥
돌처럼 흔하여 천시되길 바라지도 않는다.	珞珞如石
	낙 락 여 석

貞(정): 곧다 / 不穀(불곡): 제후나 왕이 자신을 겸손하게 이르는 말. '불선不善'의 의미 / 數(삭): 자주 / 琭琭(녹록): 옥처럼 매우 드문 모양 / 珞珞(낙락): 돌처럼 흔한 모양

세상 만물은 '하나(一)'를 얻어서 살아간다. 이 장에선 득일得一이라고 하고 10장에선 포일抱一이라고 했다. '득일'과 '포일'은 같은 의미다. '하나'는 무엇을 가리킬까? 도道라고 하는 이도 있고 무無라고 하는 이도 있다. 필자가 볼 때 둘 다 맞다. 유有와 무無가 하나로 같이 있으면서 상생하는 원리가 도이기 때문이다. 감각기관에 포착되는 유의 세계만 보고 그 이면에 숨어 있는 무의 세계를 보지 못하면 결국 도를 보지 못하는 것이다. 무를 보는 것은 결국 도를 보는 것이다.

노자는 하늘의 특징을 맑음으로 보면서 하늘의 맑음이 하나를 얻음으로써 가능하다고 했다. 맑음이 맑음이라고 여겨지는 것은 맑지 않음이 있기 때문이다. 맑음과 맑지 않음은 대칭적 상관관계다. 대칭적 상관관계가 함께 공존하는 모습이 하나의 의미다. 맑음이 유의 세계라면 맑지 않음은 무의 세계다. 그 반대도 성립한다. 맑음과 맑지 않음이 유무상생有無相生의 관계임을 알아차려야 한다.

땅의 특징은 편안함으로 보면서 그 편안함도 하나를 얻어 가능하다고 했다. 편안함이 편안함으로 여겨지는 것도 그 이면에 편안하지 않음이 있기 때문이다. 편안함과 편안하지 않음도 대칭적 상관관계다.

리더가 야심만 크고 덕목을 모르면 세상이 혼란스럽다

정신의 신령스러움이 신령스럽다고 여겨지는 것도 신령스럽지 않음이 있기 때문이다. 정신의 신령스러움이란 대칭적 상관관계의 공존을 알아차리는 마음인데 그런 신령스러운 마음조차 절대화하면 신령스럽지 않은 마음으로 타락하게 된다. 신령스러움과 신령스럽지 않음도 대칭적 상관관계이기 때문이다. 정신의 신령스러움은 인간의 소중한 덕성이지만 그 덕성이 잘 발휘되려면 하나의 의미를 항상 알아차려야 한다.

만물의 삶은 모두 다 하나를 얻어 유지될 수 있다. 삶은 죽음과 하나를 이루고 있다. 인간도 만물에 속한다. 삶이 삶으로 여겨지는 것은 그 이면에 죽음이 같이 있기 때문임을 알아차려야 한다. 이는 마음챙김의 지극한 경지다.

노자는 지극한 마음챙김의 경지를 군주의 리더십과 연결한다. 군주의 리더십이 세상의 평화와 백성의 삶에 미치는 영향이 하늘과 땅만큼 크기 때문이다. 리더가 되려는 야심이 큰 이라면 새겨들어야 한다. 야심은 큰데 정작 중요한 리더의 덕목을 모르니까 세상이 어지러워지고 백성의 삶이 힘들어진다. 다스림의 요체는 마음챙김이다. 마음챙김의 요체는 하나를 터득하는 것이다. 세상을 다스리는 비결도 이 하나를 체득하는 데 있다.

대칭적 상관관계에서 무의 세계를 망각하면 하나를 잃게 된다. 하나를 잃으면 하늘의 맑음, 땅의 편안함, 정신의 신령스러움, 계곡의 가득 참, 만물의 삶이 소멸하게 된다. 럴裂, 발發, 헐歇, 갈竭, 멸滅, 궐蹶 등은 득일을 못할 때 나타나는 파열 현상을 묘사하는 단어들이다. 무의 세계를 알면 상대를 존중하고 배려하게 된다. 도답지 않으면 일찍 끝난다.

돌처럼 거칠게 보이길 바라는 것도 아니다

제후와 왕이 하나를 잃으면 어떻게 될까? 후왕은 세상에서 고귀한 존재다. 그들이 고귀하다고 여겨지는 것은 고귀하게 태어났기 때문이 아니다. 그들이 고귀함을 유지할 수 있는 것은 고귀하지 않은 것들이 그 이면에 공존하기 때문이다. 고귀함과 고귀하지 않음이 하나로 같이 있음을 아는 것이 하나를 얻은 모습이다. 자신만 고귀한 줄로 아는 것은 무의 세계를 망각한 오만이다. 후왕이 하나를 잃으면 고귀함이 무너지게 된다. 후왕의 득일을 설명하는 대목에서 귀함과 천함, 높음과 낮음이 대칭적 상관관계로 제시됐다. 귀함이 귀함을 유지할 수 있는 것은 천함이 있기 때문이다. 높음과 낮음의 관계도 마찬가지다.

가장 높은 자리에 오른 후왕은 자신을 고孤, 과寡, 불곡不穀이라 불렀다. 모두 자신을 낮추는 겸손한 표현이다. '외로운 사람' '부족한 사람' '못난 사람'으로 풀이할 수 있다. 유무상생의 도를 알기에 말로써 자신을 낮추는 것이다.

치삭여무여致數輿無輿[1]는 후왕이 고귀한 명예를 얻는 일을 자주 하게 되더라도 그것을 명예로 여기지 않는다는 이야기다. 왜 그럴까? 자기만 잘나서 그 명예가 주어진 것이 아니기 때문이다. 절대적 명예가 아니라 상대적 명예일 뿐임을 아는 모습이다. 명예를 얻지 못한 이들이 공존하고 있음을 알아야 참된 명예를 얻게 된다.

무의 세계를 알아차리면 옥처럼 빛나기만을 바라지 않는다. 그렇

---

1 '수레 여輿'는 대개 '명예 예譽'로 풀이된다. 고대에 수레를 타는 사람이라면 고귀한 신분이거나 명예로운 지위에 있었을 것이다. 귀함과 천함의 대비, 후왕이 스스로 낮게 부르는 내용에 이어서 이 장의 결론처럼 이 문구를 제시한 점을 고려하면 명예의 의미로 해석해도 좋아 보인다.

다고 해서 돌처럼 거칠게 보이길 바라는 것도 아니다. 자연 속의 옥과 돌에 어떤 차별이나 편견이 있을까? 자연 속의 옥과 돌을 가져다가 자신의 생각과 개념과 욕망을 거기에 투여할 때 옥은 옥으로, 돌은 돌로 각기 구분될 뿐이다.

40장

부드럽게 되돌아감이 도의 운동 방식이다

되돌아감이 도의 운동 방식	反者道之動 반 자 도 지 동
유약함이 도의 작용 방식	弱者道之用 약 자 도 지 용
세상 만물은 유有에서 살고	天下萬物生於有 천 하 만 물 생 어 유
유는 무無에서 산다.	有生於無 유 생 어 무

反(반): 되돌아가다, 돌아오다 / 弱(약): 유약하다, 부드럽다

몇 줄 안 되는 짧은 문장에 노자 사상의 핵심이 집약돼 있다. 바로 유무상생有無相生의 도道다. 유有와 무無가 상생하는 모습이 '되돌아가다'는 뜻의 반反으로 표현됐다. 유는 무로 되돌아가고 무는 유로 되돌아간다. 되돌아감의 원리는 『도덕경』 전체에 일관되게 적용된다. 『도덕경』에서 '되돌아가다'는 뜻으로는 복復도 쓰인다. 두 글자가 합쳐진 반복反復은 요즘도 흔히 쓰는 표현이다. 우리는 이 반복의 진정한 의미를 망각해버린 것 같다.

도의 작용 방식으로 언급된 유약함이란 육체적 근육의 적음이 아니라 생각의 유연함을 가리킨다. 자신의 생각과 욕심을 고집하지 않는 유연한 부드러움이 도의 작용이다. 유약함은 대칭적 상관관계의 어느 한쪽만 내세우지 않는 모습으로 나타난다. 유약함은 자연스러운 무위無爲의 다른 이름이다. 『도덕경』에서 강함은 대개 생각이 딱딱하게 고착된 것을 상징한다. 딱딱함은 도답지 않은 모습이다. 도답지 않으면 오래 지속할 수 없다.

도는 유와 무가 상생하는 것이다

이 장에 대한 왕필의 설명을 보면 유무상생의 원리가 그 배경에 깔려 있음을 알 수 있다. "높음은 낮음을 기초로 삼고, 귀함은 천함을 근본으로 삼고, 유有는 무無를 쓰임으로 삼으니, 이것이 되돌아가는 것이다. (도의) 움직임에서 모두 그 무가 되는 곳을 알면 사물에 막힘이 없이 통하게 된다."[1]라고 해설했다.

그동안 왕필의 철학에 대해 오해가 있었던 것 같다. 왕필이 무를 유보다 더 중시하여 무를 도와 같은 의미로 보았다고 하는 오해다. '유〈무＝도'의 관계로 보았다는 것이다. 그런 오해는 일종의 착시 현상으로 보인다. 왕필은 높음과 낮음, 귀함과 천함과 함께 나란히 유와 무를 대칭적 상관관계로 제시하면서 '되돌아갈 반反'의 의미를 설명하고 있다. '유＝무〈도'라고 표현할 수 있다. 유와 무는 동등한 위상이고, 유와 무가 상생하는 모습을 도라고 이름 붙인 것이다.

'세상 만물은 유에서 살고 유는 무에서 산다(天下萬物生於有, 有生於無)'는 구절에서 생生을 '낳다' '생겨나다'로 풀이하면 왕필에 대한 오해가 더 심해진다. '생'을 '살다'로 풀이하면 그런 오해가 사라진다. 만물은 유에서도 살고 무에서도 산다는 의미가 된다. 2장에 나온 유무상생과 의미가 통한다.

가장 오래된 『도덕경』 판본인 죽간본에도 이 구절이 나오는데 '천하지물생어유天下之物生於有 생어무生於無'로 되어 있다. 통행본(왕필본)의 유생어무有生於無가 죽간본에선 생어무生於無로 되어 있다. 죽간본에는 '유'가 보이지 않는다. 죽간본이 제작된 형태로 볼 때 '유'가 들어갈 자리가 아예 없다는 것이 죽간본을 처음 정리한 학자들의 견해다. 본래 있던 '유'가 지워진 것이 아니라는 이야기다. 죽간본의 이 구절은 '세상 만물은 유에서 살고 무에서 산다'는 뜻으로 풀이할 수 있다. '생'을 '살다'로 해석하면 통행본과 죽간본의 뜻이 통한다.

---

1 "高以下爲基, 貴以賤爲本, 有以無爲用, 此其反也. 動皆知其所無, 則物通矣."(김학목 옮김, 『노자 도덕경과 왕필의 주』, 홍익출판사, 169~171쪽 참조)

41장

못난 사람이 도를 들으면 크게 비웃는다

뛰어난 사람이 도를 들으면	上士聞道 상 사 문 도
부지런히 행하고	勤而行之 근 이 행 지
평범한 사람이 도를 들으면	中士聞道 중 사 문 도
긴가민가해하며	若存若亡 약 존 약 망
못난 사람이 도를 들으면	下士聞道 하 사 문 도
크게 비웃는다.	大笑之 대 소 지
비웃지 않으면	不笑 불 소
도라 하기는 부족하다.	不足以爲道 부 족 이 위 도

그러므로 옛말에도 있다.	故建言有之 고 건 언 유 지
밝은 도는 어두운 듯하고	明道若昧 명 도 약 매
나아가는 도는 물러나는 듯하며	進道若退 진 도 약 퇴
평탄한 도는 어그러진 것 같다.	夷道若纇 이 도 약 뢰
높은 덕은 골짜기와 같고	上德若谷 상 덕 약 곡
정말 깨끗함은 더러운 듯하며	大白若辱 대 백 약 욕

넓은 덕은 부족한 것 같다.

廣德若不足
광 덕 약 부 족

떳떳한 덕은 구차한 것 같고

建德若偷
건 덕 약 투

꾸밈없이 참됨은 변하는 것 같다.

質眞若渝
질 진 약 유

큰 사각형은 모서리가 없고

大方無隅
대 방 무 우

큰 그릇은 늦게 이루어지며

大器晩成
대 기 만 성

큰 음은 소리가 없고

大音希聲
대 음 희 성

큰 형상은 모양이 없다.

大象無形
대 상 무 형

도는 숨어 있어서 이름이 없지만

道隱無名
도 은 무 명

오직 도만이

夫唯道
부 유 도

잘 빌려주고 또 잘 이루어준다.

善貸且成
선 대 차 성

建言(건언): 옛날부터 전해오는 격언이나 속담 / 大象(대상): 큰 형상. 대도大道 /
夷(이): 평평하다 / 纇(뢰): 어그러지다 / 偷(투): 구차하다 / 渝(유): 변하다

도道에 대한 사람들의 반응은 세 부류로 나눌 수 있다. 높은 수준의 사람은 도를 들으면 부지런히 실천한다. 중간 수준의 사람은 긴가민가하며 실천하다 말다 한다. 이런 이들도 특별한 계기가 생기면 잘 실천할 수 있을 텐데 아직 그런 기회가 없었을 것이다.

수준이 낮은 이의 반응이 흥미롭다. 그들은 도에 관한 이야기를 들으면 비웃는다. 아마 '그게 말이 되느냐'라는 반응을 보일 것 같다. 이 같은 비웃음을 당하지 않으면 도가 되기에 부족하다. 참된 도는 비웃음을 당할 수 있다. 왜 비웃음을 당할까? 『도덕경』의 많은 문장이 역설로 표현되어 있기 때문이다. 역설이란 겉으로는 모순되거나 불합리해 보이는 문장이지만 그 속에 깊은 진실을 담고 있다.

겉만 보고 함부로 판단하는 것도 비웃음의 일종이다

사물의 겉만 보고 함부로 판단하는 것도 비웃음의 일종이다. 유有와 무無의 상생이 만물의 실상實相인데 유만 보고 무는 보지 못하는 것도 비웃음과 크게 다르지 않다. 바른말은 반대처럼 들릴 수 있다. 노자의 표현으로는 정언약반正言若反이라 한다. 이 장에도 정언약반의 역설이 많이 등장한다. 명도약매明道若昧부터 대상무형大象無形까지가 다 정언약반의 사례다.

밝음과 어둠, 나아감과 물러남, 평평함과 어그러짐 등은 대칭적 상관관계이면서 정언약반의 사례로 열거되고 있다. 밝은 도가 어두운 것처럼 보이는 이유는 밝음이 자신의 빛을 뿜내지 않기 때문이다. 밝음의 뒤에는 어둠이 숨어 있음을 아는 이의 마음 자세다. 나아가는 도는 물러나는 것처럼 보이고 평평한 도는 어그러진 것처럼 보이는 것도 모두 대칭적 상관관계의 공존을 보여주고 있다.

높은 덕은 낮은 골짜기를 닮은 듯하다. 무위無爲를 행하는 덕행은 덕을 베푼다는 생각조차 없이 행하기에 덕스럽게 보이지 않는다. 정말 깨끗하여 결백한 사람은 언뜻 욕된 것처럼 보일 수 있다. 깨끗함과 더러움을 분별하지 않고 다 포용하기 때문이다. 보통 사람들이 함부로 흉내 내기 힘든 경지다. 넓은 덕은 부족한 것 같고 떳떳한 덕은 구차한 듯하며 꾸밈없이 참된 것은 변하는 것 같은 이유도 마찬가지다. 화광동진和光同塵의 겸손한 마음 자세다.

대기만성은 '큰 그릇은 이루어짐이 없다'는 뜻이다

대기만성大器晩成은 대중적으로 많이 알려진 사자성어다. 대개 '큰 그릇은 늦게 이루어진다'로 풀이된다. 만晩에 '늦다'는 뜻이 있으니 그렇게 풀이한다고 해서 틀렸다고 단정할 순 없다. 다만 이 장의 전체 문맥으로 보면 여기에서 '만'은 무無에 가까운 뜻으로 쓰였다. 이 표현의 앞뒤에 나오는 '큰 사각형은 모서리가 없다' '큰 음은 소리가 없다' '큰 형상은 모양이 없다'는 구절과의 연관성에서 이해할 때 '큰 그릇은 이루어짐이 없다'는 뜻을 함축하고 있다.

정말 큰 그릇은 크고 작음의 분별을 뛰어넘기에 마치 허공과 같은 모습이다. 세상 만물을 다 포용하는 그릇이라면 어떤 특정한 모양의 그릇으로 제한되지 않을 것이기 때문이다. 『논어』에 군자불기君子不器라는 구절이 나온다. '군자는 그릇처럼 살지 않는다'는 의미인데 『도덕경』의 '대기만성'과 뜻이 통한다.

대상大象은 『도덕경』 35장에서 대도大道와 같은 의미로 사용된 바 있다. 대상과 대도가 모양이 없다는 말은 특정한 생각이나 욕심으로 어떤 모양을 만들어 절대화하지 않는다는 뜻이다. 무형無形은 곧 무위無爲요 무명無名이다.

대도가 특정한 이름을 붙여 의미를 절대화하지 않는 모습은 마치 자신을 드러내지 않고 숨어 있는 것 같다. 마지막 구절인 선대차성善貸且成에서 '선대'는 '잘 빌려준다'는 뜻인데 어떤 주장이나 생각에 집착하지 않는 의미로 풀 수 있다. 그런 대도는 만물이 조화를 이루고 잘 살아가게 하면서도 그 공을 내세우며 뽐내지 않는다.

42장

음양의 조화를 모르는 강량자를 경계하라

도는 하나를 살리고

道生一
도 생 일

하나는 둘을 살리며

一生二
일 생 이

둘은 셋을 살리고

二生三
이 생 삼

셋은 만물을 살린다.

三生萬物
삼 생 만 물

만물은 음을 지고 양을 안으며

萬物負陰而抱陽
만 물 부 음 이 포 양

텅 빈 기로써 조화를 이룬다.

沖氣以爲和
충 기 이 위 화

사람들이 싫어하는 것은

人之所惡
인 지 소 오

외로운 사람, 부족한 사람,

唯孤寡不穀
유 고 과 불 곡

못난 사람이란 말인데

왕과 귀족은 이것을 칭호로 삼는다.

而王公以爲稱
이 왕 공 이 위 칭

그러므로 사물은

故物
고 물

덜어내면 오히려 보태지고

或損之而益
혹 손 지 이 익

보태면 오히려 덜어진다.

或益之而損
혹 익 지 이 손

다른 사람이 가르치는 것을

人之所敎
인 지 소 교

나 역시 가르친다.

我亦敎之
아 역 교 지

강하고 굳센 자는

强梁者
강 량 자

제명에 죽지 못한다.

不得其死
부 득 기 사

나는 이것을 가르침의 으뜸으로 삼는다.

吾將以爲敎父
오 장 이 위 교 부

沖氣(충기): 텅 빈 기운 / 强梁者(강량자): 음과 양의 조화를 모르고 한쪽으로 치
우친 사람 / 敎父(교부): 가르침의 으뜸

도道와 하나(一)는 같은 것이다. 이를 도생일道生一로 표현했다. 대칭적 상관관계인 유有와 무無가 동전의 양면처럼 하나로 같이 있는 모습을 가리킨다. 유무상생有無相生의 도가 바로 하나라는 의미다. 유와 무가 이 장에서는 음陰과 양陽으로 표현됐다. 일생이一生二에서 이二는 음과 양의 두 기운을 가리킨다.

'양'은 '유'처럼 사물의 드러난 측면을, '음'은 '무'처럼 사물의 가려진 측면을 상징한다. 양과 음이 각기 자신의 위상을 절대적으로 주장하지 않기에 하나로 조화를 이룰 수 있다. 음과 양으로 순서를 바꿔 표기해도 된다. 음과 양 혹은 양과 음이 각기 자신을 비움으로써 조화를 이룰 때 그 사물의 특성이 잘 발휘될 수 있다. 음과 양이 자신을 비우는 것을 충기沖氣라고 표현했다.

'생'을 인과관계가 아니라 상생관계로 풀이한다

『도덕경』에 나오는 생生은 인과관계의 원인이 아니라 상생관계의 공존을 나타내는 경우가 많다. 그래서 '낳다'는 뜻을 기계적으로 적용하기보다는 많은 경우 '살다' '살리다'는 뜻으로 풀이하는 것이 더 적합하다.[1] 이 장의 첫머리 '도생일, 일생이, 이생삼, 삼생만물'에 이어서 나오는 문장이 음과 양의 조화라는 점을 주목해야 한다. 음과 양의 조화는 유무상생의 다른 표현이다. 이 장에서는 음과 양을 대칭적 상관관계의 사례로 제시하며 유무상생의 도를 변주하고 있다.

---

1 『도덕경』에 나오는 '생生'을 인과관계의 원인이 아니라 상생관계의 공존으로 해석하는 관점에 대해선 다음의 두 책을 참고했다. 최진석 지음, 『노자의 목소리로 듣는 도덕경』, 소나무, 336~342쪽 참조; 김형효 지음, 『사유하는 도덕경』, 소나무, 338~347쪽 참조

최고의 권력자는 스스로를 낮춰 부른다

이 장에서 유무상생의 의미를 함축한 표현이 충기이위화沖氣以爲和다. 충기沖氣는 '기를 비운다' '텅 빈 기운'이라는 뜻이다. 음과 양두 기운이 각기 자신의 정체성을 비움으로써 조화를 이룬다는 의미가 담겨 있다. 특정한 생각이나 욕심을 내려놓고 마음을 비우는 것이 바로 '충기'다.『도덕경』에 나오는 무위無爲, 무사無私, 무명無名, 그리고『금강경』에 나오는 무아無我가 모두 '충기'의 다른 표현들이다.

'충기'는 도를 따르는 마음이다. 도를 따르는 지도자가 '충기'를 행하는 방법 가운데 하나는 스스로를 낮춰 부르는 것이다. 최고의 권력자가 스스로 '외로운 사람' '부족한 사람' '못난 사람'이라고 자신을 낮춰 부르는 것은 유무상생의 도를 알기 때문이다. 높음은 낮음을 근본으로 삼고 귀함은 천함을 뿌리로 삼는 것이 자연스러운 도의 모습이라고 보는 것이다. 강량자强梁者는 음과 양 두 기운의 조화를 모르고 한쪽으로 치우친 사람이다. '충기'의 무위를 행하지 못하고 자기만 옳다고 강변하는 사람이다. 특정한 생각과 욕심을 내세워 억지로 강제하는 방식은 만물을 오래 잘 살아가게 할 수 없다.

이 같은 맥락에서 첫머리의 '도생일, 일생이, 이생삼, 삼생만물'로 돌아가 그 의미를 살펴보자. 이 구절은 모두 기호로 이루어져 있다. 도는 대칭적 상관관계의 공존을 상징하는 기호다. 도만 기호인 것이 아니라 一(일), 二(이), 三(삼)도 모두 기호다. 一(일)은 대칭적 상관관계가 공존하는 모습을 상징하는 기호다. 二(이)는 대칭적 상관관계인 음과 양을 상징하는 기호다. 三(삼)은 음과 양의 두 기에 '충기'를 합하여 만물이 상생함을 상징하는 기호다.

기호는 달을 가리키는 손가락이다. 손가락을 넘어 달을 보아야 한다. 달은 무엇일까? 각각의 기호를 연결하는 生(생)이다. 만물을 살리는 상생의 마음이 이 '생'으로 연결되어 있다. 도, 일, 이, 삼이라는 기호가 가리키는 달은 만물의 상생임을 알아차려야 한다. 음과 양의 대칭적 상관관계가 '충기'로 조화를 이루며 상생하는 것이 만물이 자연스럽게 살아가는 모습이다.

43장

형태 없는 것이 틈 없는 사이로 들어간다

세상의 가장 부드러운 것이

天下之至柔
천 하 지 지 유

세상의 가장 딱딱한 것을 부린다.

馳騁天下之至堅
치 빙 천 하 지 지 견

형태 없는 것이 틈 없는 사이로 들어간다.

無有入無間
무 유 입 무 간

나는 이로써 안다

吾是以知
오 시 이 지

무위의 유익함을.

無爲之有益
무 위 지 유 익

불언不言의 가르침

不言之敎
불 언 지 교

무위의 유익함

無爲之益
무 위 지 익

세상에 여기에 미친 이가 드물다.

天下希及之
천 하 희 급 지

부드러움과 딱딱함은 약함과 강함의 다른 표현이다. 유약柔弱과 견강堅强으로 표현할 수도 있다. 여기서 부드럽고 약한 것은 육체적 근육의 힘이 적은 것을 가리키는 말이 아니다. 유약함이란 생각과 욕심을 내려놓는 정신의 유연함이다. 도의 작용 방식이 바로 부드러움이다. 세상에서 지극히 부드러운 것이 지극히 딱딱한 것을 부릴 수 있는 이유가 여기에 있다. 자신의 생각과 욕심을 내려놓으면 다른 사람과 부딪칠 일이 애초에 만들어지지 않는다.

생각과 욕심을 내세울 때 형태가 만들어진다

무유입무간無有入無間은 흥미로운 표현이다. '무유'의 '유'는 어떤 형태가 있는 것을 가리킨다. 생각과 욕심을 억지로 내세울 때 어떤 형태가 만들어진다. 이름과 함께 만들어지는 경계가 형태다. 대도는 그런 형태가 없는 무형이고 이름이 없는 무명이다. 형태가 없음은 결국 대도를 따르는 무위無爲를 가리킨다. 무위를 행하면 조그만 틈조차 없는 사이까지 스며들 수 있다.

불언不言이란 말을 아예 하지 않는 것이 아니라 편견이 들어간 말을 하지 않는다는 의미다. 묵언默言은 의도적으로 말을 하지 않음으로써 '불언'의 효용을 체득하는 불교 수행이다. 노자가 2,500년 전에 불언의 가르침과 무위의 유익함을 아는 경지에 도달한 이가 드물다고 했는데 지금은 얼마나 달라졌을까?

44장

이름과 자신 중에 어느 것이 더 가까운가

이름과 자신 중에 어느 것이 더 가까운가?	名與身孰親 명 여 신 숙 친
자신과 재화 중에 어느 것이 더 소중한가?	身與貨孰多 신 여 화 숙 다
얻음과 잃음 중에 어느 것이 병이 되는가?	得與亡孰病 득 여 망 숙 병

이런 까닭에	是故 시 고
너무 아끼면 반드시 크게 쓰게 되고	甚愛必大費 심 애 필 대 비
너무 쌓으면 반드시 크게 잃게 된다.	多藏必厚亡 다 장 필 후 망

만족을 알면 욕되지 않고	知足不辱 지 족 불 욕
그칠 줄 알면 위태롭지 않아	知止不殆 지 지 불 태
오래오래 갈 수 있다.	可以長久 가 이 장 구

이 장을 읽을 때마다 20세기 초 우리나라 불교의 선맥禪脈을 되살린 경허 스님의 「참선곡參禪曲」이 연상된다. 마음챙김 명상을 할 때 참고할 만한 글이다. 이렇게 시작한다. "홀연히 생각하니 도시몽중都是夢中이로다 / 천만고 영웅호걸 북망산 무덤이요 / 부귀문장 쓸데없다 황천객을 면할쏘냐 / 오호라 나의 몸이 풀끝에 이슬이요 / 바람 속에 등불이라(하략)"

풀끝에 놓인 이슬은 하루아침을 버티지 못하고 바람 속에 놓인 등불은 바람 한번 훅 불면 그 순간에 꺼지고 만다. 인생이 길게 보면 길다고 할 수도 있지만 엄밀히 말해 언제 죽을지는 몰라도 언젠가는 반드시 죽게 된다. 그러니 누구나 '시한부 인생'이라고 해도 지나친 말은 아닐 것이다. 인생은 한바탕 꿈과 같다고 해도 좋을 것 같다.

권력이나 명예와 자신 중에 어느 것이 더 소중한가? 구하기 어려운 값비싼 재화와 자신 중에선 어느 것이 더 중요한가? 과연 얻음과 잃음 중에 어느 것이 더 자신을 힘들게 할까? 한마디로 단정해 말하기 어려운 문제다. 노자는 항상 어느 한쪽을 일방적으로 절대화하지 않는다.

도를 따르는 어른은 지나침을 경계한다

『도덕경』의 가르침은 항상 그 반대편을 보라는 것이다. 얻음이 있으면 잃음도 있다. 많은 사람이 더 높은 자리에 오르고 싶어하고 더 많은 권력과 재물을 좇아 동분서주한다. 위로만 시선을 고정하지 말고 아래도 돌아보고 아래만 쳐다보지 말고 위도 함께 살펴보는 통합적 시선이 필요하다. 무엇이 그런 통합적 시선을 가리고 있을까? 끝없이 얻고 채우려고만 하는 욕심이다. 정도가 너무 지나친 것이 문제다. 도를 따르는 어른은 언제나 지나침을 경계한다.

　지나치는 정도를 알아차리는 것이 마음챙김이다. 적당한 선에서 그칠 줄 알아야 한다. 그칠 줄 안다는 것은 만족할 줄 안다는 것이다. 만족할 줄 아는 사람이 진정한 부자다. 그칠 줄 모르고 계속 쌓아가기만 해서는 오히려 더 큰 손해를 볼 수 있다. 그칠 줄 알면 위태롭지 않게 되어 오래 지속할 수 있다.

45장

정말 크게 이룬 이는 모자란 듯 처신한다

정말 크게 이루면 모자란 듯하나	大成若缺 대 성 약 결
그 쓰임이 끝나지 않는다.	其用不弊 기 용 불 폐

정말 크게 채우면 비어 있는 듯하나	大盈若沖 대 영 약 충
그 쓰임이 다하지 않는다.	其用不窮 기 용 불 궁

정말 크게 곧으면 굽은 듯하고	大直若屈 대 직 약 굴
정말 크게 노련하면 서툰 듯하며	大巧若拙 대 교 약 졸
정말 크게 달변이면 어눌한 듯하다.	大辯若訥 대 변 약 눌

빠르게 움직여 추위를 이기고	躁勝寒 조 승 한
고요히 있으면 더위를 이긴다.	靜勝熱 정 승 열

맑고 고요하니 천하가 바르게 된다.	淸靜爲天下正 청 정 위 천 하 정

缺(결): 모자라다 / 弊(폐): 닳다 / 拙(졸): 서툴다 / 躁(조): 빠르게 움직이다

°´°⊗ ✿ ⊗ ᐲ°

이 장에도 대칭적 상관관계가 여러 개 등장한다. 이룸과 모자람, 가득 참과 텅 빔, 곧음과 굽음, 노련함과 서투름, 말 잘함과 어눌함 등이다. '마치 ~인 것 같다'는 뜻의 약若 자를 사용해서 대칭하고 있는 짝을 동시에 나열하고 있다. 정언약반正言若反의 역설을 보여주는 '도덕경 화법'이다.

정말 크게 이루었다면 모자란 듯 처신한다. 혼자 잘나서 완성된 것이 아니기 때문이다. 그 완성을 뒷받침하는 미완의 존재가 있음을 망각해선 안 된다. 육안으로 보이지 않으면서 그 완성을 뒷받침하는 상대를 무無라고 부른다. 이룸과 모자람은 서로 다른 별개의 현상인 것 같지만 하나로 같이 존재한다. 대칭하는 짝을 망각하지 않을 때 그 쓰임이 오래갈 수 있다. 가득 참과 텅 빔, 곧음과 굽음, 정교함과 서투름, 말 잘함과 어눌함 등도 다 마찬가지다.

맑고 고요한 마음챙김이 세상을 바르게 한다

조급함과 고요함도 대칭적 상관관계다. '조급할 조躁'는 '움직일 동動'의 다른 표현이다. '빠르게 움직여 추위를 이기고 고요히 있으면 더위를 이긴다'는 구절은 『도덕경』이 상식에 기반하고 있음을 알려준다. 추운 겨울에 몸을 빠르게 움직이면 몸에 열이 나면서 추위를 잊게 된다. 겨울이 아니라 여름에 그렇게 뛰면 오히려 더 더워질 것이다. 반대로 너무 더울 때는 가만히만 있어도 어디선가 솔솔 시원한 바람이 불어오는 느낌이 든다. 때에 맞는 처방이 필요하다는 이야기다. 도道의 관점에서 보면 세상에 버릴 것이 없다.

조급함과 고요함이 대칭적 상관관계임에도 노자는 조급함보다 고요함에 더 비중을 두고 있다. '맑고 고요하니 천하가 바르게 된다'고 했다. 세상 사람들이 조급하게 목표를 이루려고 하면서 더 많이 가지고 더 높이 올라가려고만 하기 때문이다. 다툼과 전쟁이 계속되는 이유다. 조급함이 초래하는 가공할 살상의 전쟁에 경종을 울리기 위해 노자는 고요함을 방편적으로 중시하고 있다.

먼저 자신의 마음부터 돌아보아야 한다

감히 세상을 바로잡겠다며 나서는 야심가들의 욕심은 오히려 세상을 더욱 뜨겁게 만들며 어지럽힌다. 계절로 치면 겨울보다는 무더운 여름에 가깝다. 그럴듯한 이름과 명분만 내세우면서 앞에 나서기 전에 먼저 자신의 마음부터 돌아보아야 함을 '맑고 고요함'이라고 표현했다. 세상이 온통 불구덩이처럼 뜨거운 전쟁 상황에서 조급하게 날뛰면 더 뜨겁고 어지러워진다. 마음을 맑고 고요하게 하는 마음챙김이 세상을 진정 바르게 하는 길이다.

46장

만족할 줄 모르는 것이 가장 큰 재앙이다

세상에 도가 있으면

天下有道
천 하 유 도

전쟁터 말을 되돌려 거름 주는 데 쓴다.

卻走馬以糞
각 주 마 이 분

세상에 도가 없으면

天下無道
천 하 무 도

군마가 성 밖에서 새끼를 낳는다.

戎馬生於郊
융 마 생 어 교

만족을 모르는 것보다 더 큰 재앙이 없고

禍莫大於不知足
화 막 대 어 부 지 족

얻기만 바라는 것보다 더 큰 허물이 없다.

咎莫大於欲得
구 막 대 어 욕 득

그러므로

故
고

만족할 줄 아는 만족이

知足之足
지 족 지 족

참된 만족이다.

常足矣
상 족 의

卻(각): 물러나다 / 糞(분): 거름을 주다 / 戎馬(융마): 군마軍馬 / 咎(구): 허물

세상에 도道가 있고 없음이 왜 중요한지를 전쟁과 평화의 비교를 통해 극적으로 보여주고 있다. 무도無道한 세상은 전쟁으로 귀결된다. 전쟁이 벌어지면 말들은 전쟁터에 살면서 새끼조차 전선에서 낳게 된다. 유도有道한 세상이 되면 전쟁터를 달리던 말조차 그 방향을 돌려 밭에 거름 주는 데 쓰일 수 있다. 전쟁을 막으려는 노자의 부쟁不爭 사상이 잘 나타나 있다.

무도와 유도, 전쟁과 평화의 경계에 무엇이 놓여 있을까? 욕심과 편견이다. 지나친 욕심보다 더 큰 죄와 허물이 없다. 전쟁의 참상도 거기서 시작된다. 2,500년 전의 옛날이야기로만 여겨선 안 된다. 21세기라고 예외가 아니다. 오늘날 전쟁은 가공할 무기로 더욱 참혹할 수 있다.

참된 만족은 내면을 닦을 때 이루어진다

전쟁까지 일으켜 가득 채우려는 탐욕을 어떻게 줄일 수 있을까? 불구덩이처럼 뜨겁게 타오르는 광란의 세계를 어떻게 고요함으로 되돌릴 수 있을까? 러시아의 우크라이나 침략에 대한 세계적 차원의 대응도 필요하겠지만 그와 동시에 각자가 욕심을 어떻게 줄일 것인가를 놓고 마음챙김 명상의 시간을 가져보는 것이 좋겠다.

이 장에 대한 왕필의 주석을 보면 마음챙김의 해설서 같은 느낌을 받는다. "천하에 도가 있으면 만족할 줄 알고 그칠 줄 알아서 밖에서 구하지 않고 제각기 내면을 닦을 뿐이다. 그러므로 달리던 말을 되돌려 밭 갈고 거름 주는 데 쓴다. 탐욕이 끝이 없으면 자신의 내면을 닦지 않고 제각기 밖에서 구하려고만 한다. 그러므로 군마가 성 밖에서 새끼를 낳는다."[1]라고 했다.

만족할 줄 아는 데서 얻는 만족이야말로 '참된 만족(常足)'이다. 상常에는 대칭적 상관관계를 분리하지 않는 의미가 담겨 있다. 대칭적 상관관계를 알아차릴 때 참된 만족을 얻을 수 있다. 참된 만족은 밖에서 구하지 않고 내면을 닦을 때 이루어진다. 상족常足의 의미가 마음속에 자리를 잡을 때 세상은 서서히 고요해질 수 있을 것이다.

---

1 "天下有道, 知足知止, 無求於外, 各修其內而已, 故卻走馬以治田糞也. 貪欲無厭, 不修其內, 各求於外, 故戎馬生於郊也."(김학목 옮김, 『노자 도덕경과 왕필의 주』, 홍익출판사, 189쪽 참조)

47장

어른은 밖에 나가지 않아도 세상을 안다

집 밖에 나가지 않아도

不出戶
불 출 호

세상을 알고

知天下
지 천 하

창밖을 내다보지 않아도

不窺牖
불 규 유

천도天道를 안다.

見天道
견 천 도

멀리 나갈수록

其出彌遠
기 출 미 원

앎은 적어진다.

其知彌少
기 지 미 소

이 때문에 참된 어른은

是以聖人
시 이 성 인

돌아다니지 않아도 알고

不行而知
불 행 이 지

보지 않아도 지칭하며

不見而名
불 견 이 명

하지 않고도 이룬다.

不爲而成
불 위 이 성

窺(규): 엿보다 / 彌(미): 더욱

밖으로 향한 주의력을 안으로 돌리는 것이 마음챙김이다. 마음은 한시도 가만히 있지 않는다. 눈 깜박할 사이의 짧은 시간에도 온갖 생각이 마음을 스치고 지나간다. 이 생각에서 저 생각으로 옮겨 다니느라 마음은 한시도 쉴 새가 없다. 그런 마음을 쉬게 하는 것이 명상이다. 마음을 쉬게 하는 방법은 밖으로 돌아다니는 관심을 마음속으로 돌리는 것이다. 외향에서 내향으로의 방향 전환, 그것이 마음챙김이다.

참된 명상은 시간과 장소를 가리지 않는다

외향에서 내향으로 방향을 바꾼다고 해서 아예 문 밖으로 나가지도 말고 창밖은 내다보지도 말라는 이야기가 아니다. 그렇게 살 수는 없다. 창밖을 내다보고 계절의 변화를 음미하며 살아야 한다. 밖에 나가 사람들을 만나 교류하고 따뜻한 정을 나누며 살아야 한다. 그렇게 사회 활동을 하되 마음챙김을 하면서 마음을 돌아볼 줄 알아야 한다. 모든 사회적 관계를 단절하고 토굴에 들어가 면벽하고 정좌하는 것이 명상이 아니다. 때로는 그렇게 단절된 시간과 장소가 필요할 때도 있겠지만 참된 명상은 시간과 장소를 가리지 않는다. 명상의 핵심은 마음을 잘 챙기는 것이다. 시간과 장소는 단절하려고 해도 단절되지 않는다. 언제 어디에 있든지 내면의 움직임과 변화를 알아차림이 곧 마음챙김이다.

자신의 마음을 돌아보면서 그로부터 다른 사람의 마음도 짐작할 수 있다. 자신이 원하지 않는 것은 다른 사람도 원하지 않는다. 문

밖을 나가지 않고 창밖을 내다보지 않아도 세상이 돌아가는 이치를 알 수 있는 이유가 여기에 있다. 욕망과 욕망이 부딪치는 소리가 들리지 않는가? 욕망의 충돌을 조정하는 것이 정치의 역할이다. 정치가 조정자 역할을 제대로 하려면 사사로운 욕심을 내려놓아야 한다. 다른 사람의 욕망을 탓하기 전에 자신의 마음부터 돌아봐야 한다.

무위의 길을 걸으면 이루지 못할 일이 없다

노자의 역설에 담긴 진실을 알아차려야 한다. 노자의 말이 새로운 정보에 뒤떨어지는 삶을 살아도 좋다는 뜻이 아니다. 세상의 변화에 대한 정보를 아는 일은 중요하다. 젊은이들은 정보에 뒤떨어진 생활을 해선 안 된다. 노자의 말은 세상 만물의 양면성을 알아야 한다는 뜻이다. 양면성을 포괄하는 참된 앎은 밖이 아니라 내면에서 찾아야 한다. 그것이 바로 마음챙김의 길이다. 자신의 마음과 다른 사람의 마음을 잇는 길이기도 한다. 자신의 생각과 욕심을 고집하지 않는 무위無爲의 길을 걸을 때 이루지 못할 일이 없다.

48장

날마다 덜어내어 텅 빈 무위에 이른다

배움을 행하면 날마다 더하고	爲學日益 위 학 일 익
도를 따르면 날마다 덜어낸다.	爲道日損 위 도 일 손
덜고 또 덜어내어	損之又損 손 지 우 손
텅 빈 무위의 경지에 이른다.	以至於無爲 이 지 어 무 위
무위를 하면 하지 못하는 것이 없다.	無爲而無不爲 무 위 이 무 불 위
세상을 다스림은	取天下 취 천 하
항상 무사無事로써 한다.	常以無事 상 이 무 사
억지로 하는 일이 있으면	及其有事 급 기 유 사
세상을 다스리기에 부족하다.	不足以取天下 부 족 이 취 천 하

取(취): 취하다, 다스리다 / 無事(무사): 억지로 함이 없음. 무위無爲의 다른 표현 / 有事(유사): 억지로 함이 있음. 유위有爲의 다른 표현

앞서 20장에서 '배움을 끊으면 근심이 사라진다'고 했다. 이 장에선 '배움을 행하면 날마다 더한다'고 했다. 배움을 끊으면 사라지는 게 근심이므로 배움을 추구하면 더해지는 것도 근심일 것이다. 배움을 통해 앎이 늘어나는데 그 앎과 함께 근심도 늘어간다. 도를 따르면서 날마다 덜어내는 것도 바로 그 근심이다.

그렇다면 배움은 전혀 필요 없을까? 그렇지 않다. 이 또한 노자의 역설임을 알아차려야 한다. 『도덕경』도 배워야 그 가치를 실천할 수 있고 마음챙김도 배워야 제대로 명상을 할 수 있다. 배우지 않고 할 수 있는 것은 없다. 노자의 이 말은 배움이 무조건 필요 없다는 이야기가 아니다. 배움을 빼놓고 삶을 이야기할 수 없다. 삶은 배움의 연속이다. 하지만 그 배움으로 인한 앎과 생각이 자신을 얽어매는 굴레가 된다는 사실도 알아야 한다. 배우고 나면 그 배움에 집착하지 말고 버릴 줄도 알아야 한다. 배움의 내용이 무엇이든 그것이 절대화되면 그 반대의 가치로 타락하고 만다. 절대 지식은 절대 부패한다.

무위는 분별심을 덜어내는 마음 자세이다

쓸데없는 근심과 불필요한 걱정이 고통의 원인이다. 근심과 걱정은 언제 생기는가? 대개 자신의 생각과 욕심대로 주변 상황이 돌아가지 않을 때다. 자신의 뜻대로 되면 기분이 좋고 자신의 뜻대로 되지 않으면 싫어진다. 근심과 걱정을 줄이려면 그것을 유발하는 생각과 욕심을 줄여야 한다. 어느 정도까지 줄여야 하는 것일까? 줄이고 또 줄여 궁극에 도달하는 경지가 무위無爲다.

배움을 통해 늘어가는 것은 무엇인가? 이것과 저것을 분별하는 앎이 늘어간다. 분별하고 또 분별하다 보면 마음이 점점 좁아진다. 무위는 그런 분별심을 덜어내는 마음 자세다. 분별심을 덜어내는 '넓은 마음'이 명상하는 마음이다. 참된 앎은 분별적이 아니라 통합적이다. 분별적 앎을 덜어내는 만큼 근심이 줄어들 수 있다.

무사는 사사로운 생각과 욕심을 내려놓는 것이다

세상 다스리기를 무사無事로 한다는 것은 사사로운 생각과 욕심을 먼저 내려놓으라는 의미다. '무사'는 무위의 다른 표현이다. 유사有事는 유위有爲와 의미가 통한다. 자기 욕심대로만 억지로 일을 꾸미려고 하면 세상이 잘 다스려질 수 없고 근심만 늘어갈 뿐이다.

세상을 바꾸고 싶은 야심가일수록 먼저 자신의 마음을 돌아볼 줄 알아야 한다. 욕망을 먼저 내려놓는 무사, 무위, 그리고 무아無我에 이르는 마음챙김이 세상의 근심을 줄일 수 있다.

49장

어른은 다스릴 때 자신의 생각을 거둔다

참된 어른은 고정된 마음이 없이

聖人無常心
성 인 무 상 심

사람들의 마음을 자신의 마음으로 삼는다.

以百姓心爲心
이 백 성 심 위 심

잘하는 사람을 나는 잘한다고 여기고

善者吾善之
선 자 오 선 지

잘 못하는 사람도 나는 잘한다고 여기니

不善者吾亦善之
불 선 자 오 역 선 지

잘함을 얻는다.

德善
덕 선

미더운 사람을 나는 믿고

信者吾信之
신 자 오 신 지

미덥지 않은 사람도 나는 믿으니

不信者吾亦信之
불 신 자 오 역 신 지

믿음을 얻는다.

德信
덕 신

참된 어른은 세상을 다스릴 때

聖人在天下
성 인 재 천 하

자신의 생각을 거두고

歙歙
흡 흡

세상을 위해 그 마음을 흐릿하게 한다.

爲天下渾其心
위 천 하 혼 기 심

사람들이 모두 그 눈과 귀를 모으니　　　　百姓皆注其耳目
　　　　　　　　　　　　　　　　　　　　　백 성 개 주 기 이 목

참된 어른은 그들을 갓난아기로 돌아가게 한다.　聖人皆孩之
　　　　　　　　　　　　　　　　　　　　　성 인 개 해 지

常心(상심): 고정된 마음 / 德(덕): 얻다. '얻을 득得'과 의미가 통함 / 歙(흡): 거두
다 / 渾(혼): 흐리게 하다, 뒤섞다 / 孩(해): 어린아이

도道를 잘 따르는 어른은 정해진 마음, 고집스러운 마음, 고착된 마음이 없다. 도는 자신을 고집하지 않는 무명無名, 무위無爲의 텅 빈 마음이다. 무명과 무위의 마음이 무심無心이다. 그렇다면 이 장의 맨 앞줄에 나오는 무상심無常心은 상무심常無心이 되어야 하지 않을까? 상常 자의 위치가 문제가 되는 것인데 '상무심'일 경우엔 쉽게 이해가 된다. 『도덕경』의 다른 장에 도상무명道常無名, 도상무위道常無爲라는 표현이 쓰이고 있으니 '상무심'도 충분히 가능한 표현이다. 무명, 무위의 자리에 무심을 놓으면 된다. 그렇다면 '무상심'은 틀린 표현일까? 결론부터 말하면 '무상심'과 '상무심'은 다른 내용이 아니다. 둘 다 가리키는 달은 같다.

'무상'한 마음이 어른의 마음이다

상도常道, 상덕常德에서 보듯 상常은 대개 도, 덕과 같은 의미로 쓰인다. '상'에는 대칭적 상관관계를 분리하지 않는 의미가 담겨 있는데 그것이 바로 도, 덕과 통용되는 이유다. 최고의 진리를 가리키는 도라는 말에도 절대성을 부여하지 않는 것이 노자의 가르침임을 상기하자. 도라는 말에 걸려 넘어지면 안 되듯이 '상'이라는 말에도 걸려 넘어지면 안 된다.

『도덕경』의 바탕에 흐르는 주제는 '절대화 부정'이다. 언어의 한계를 자각해야 한다는 것이다. 그런 점에서 보면 '무상심'은 어색하지 않다. '상'이라는 말도 절대화하지 않는 의미가 '무상심'에 담겨 있다. '상'이란 말에도 집착하지 않는 무상한 마음이 곧 어른의 마음이다. 무상한 마음은 고정돼 있지 않은 마음이다. 무상한 마음이 고정되어 있지 않은 마음이라면 그와 반대로 '상심'은 고정된 마음이라 할 수 있다. 고정된 마음이 없는 것이 바로 '무심'이다. 그래서 '무상심'이나 '상무심'이 가리키는 달은 같다고 한 것이다.

고정된 마음이 없다는 말은 자신의 생각과 욕심에 집착하지 않는다는 뜻이다. 참된 어른은 고정된 마음이 없이 오직 다른 사람의 마음을 자신의 마음으로 삼을 뿐이다. 임금의 지위에 있다면 백성의 마음을 임금의 마음으로 삼아야 한다.

어른은 잘함과 잘 못함의 양면성을 다 본다

다른 사람의 마음을 자신의 마음으로 삼는다는 것은 자신의 생각과 욕심을 기준으로 다른 사람의 잘잘못을 따지지 않는 것이다. 잘하는 사람이라고 다 잘하는 게 아니다. 잘하는 이들도 잘 못하는 것이 있다. 또 잘 못하는 사람이라고 다 잘 못하는 것이 아니라 잘하는 것도 있다. 잘함과 잘 못함의 양면성을 다 볼 줄 알아야 참된 어른이다. 잘하는 사람을 잘한다고 여길 뿐만 아니라 잘 못하는 사람도 잘하는 것이 있다고 여기며 그가 잘하는 것을 잘하게 하는 것이 어른다운 모습이다. 이렇게 하다 보면 어른의 주변에는 늘 잘하는 사람이 있게 된다. 모두가 잘하는 사람들인 것이다. 왕필은 덕선德善에 대해 "사람을 버리는 일이 없다."[1]라는 설명을 달았다. 『도덕경』 27장에 나오는 원문을 이 구절의 해설에 그대로 사용했다. 사람을 버리는 일이 없기에 모두가 잘하게 되는 것이다.

---

1 "無棄人也."(김학목 옮김, 『노자 도덕경과 왕필의 주』, 홍익출판사, 195쪽 참조)

믿음도 마찬가지다. 믿음직하지 못한 사람이라고 다 믿음직하지 못한 것은 아니다. 자신의 욕심을 내려놓는 어른은 모든 사람의 믿음직한 점을 다 살려준다. 모두가 믿음직하게 되는 이유다. 나의 믿음이 부족하면 남의 불신이 뒤따른다. 내가 먼저 남을 믿어야 남도 나를 믿는다. 믿음의 순서는 나부터다. 통치자가 먼저 백성을 믿어야 백성도 통치자를 믿는다.

참된 어른이 세상에서 활동하는 모습은 언뜻 움츠러든 것처럼 보일 수 있다. 이를 세상 사람들을 위해 자신의 마음을 흐릿하게 한다고 표현했다. 마음을 흐릿하게 한다는 것은 대칭적 상관관계를 분별하지 않는다는 의미다. 사사로운 욕심을 내세우지 않는 것이다. 자신의 마음을 흐릿하게 하는 혼기심渾其心이 곧 고정된 마음이 없는 무상심이다.

이러다 보니 사람들의 눈과 귀가 다 어른에게 쏠린다. 갈등과 분쟁이 심한 문제가 발생할 때마다 그에게 가져올 것이다. 그가 어떤 판단을 내리는지 주목하는 것이다. 그때 참된 어른은 사람들이 갓난아기와 같은 무위의 마음으로 돌아가게 도와준다. 갓난아기는 유무상생有無相生의 도를 상징한다. 28장의 복귀어영아復歸於嬰兒를 떠올려도 좋다. 사물에 대한 분별심이 발동하기 이전의 무심한 상태를 갓난아기에 비유했다.

50장

외뿔소도 호랑이도 두렵지 않아야 한다

나옴은 삶이고 들어감은 죽음이다.　　出生入死
　　　　　　　　　　　　　　　　　출 생 입 사

삶의 부류가 열에 셋이고　　　　　生之徒十有三
　　　　　　　　　　　　　　　　생 지 도 십 유 삼

죽음의 부류가 열에 셋인데　　　　死之徒十有三
　　　　　　　　　　　　　　　　사 지 도 십 유 삼

삶의 자리에서 갑자기 죽음의 자리로　人之生動之死地
　　　　　　　　　　　　　　　　　인 지 생 동 지 사 지

들어가는 부류가

또 열에 셋이나 된다.　　　　　　亦十有三
　　　　　　　　　　　　　　　　역 십 유 삼

대체 무슨 까닭인가?　　　　　　夫何故
　　　　　　　　　　　　　　　　부 하 고

삶을 삶으로만 여기는 생각이　　以其生生之厚
　　　　　　　　　　　　　　　이 기 생 생 지 후

지나치기 때문이다.

대개 듣자 하니　　　　　　　　蓋聞
　　　　　　　　　　　　　　　개 문

삶을 잘 다스리는 사람은　　　　善攝生者
　　　　　　　　　　　　　　　선 섭 생 자

육지로 다녀도 외뿔소와 호랑이를 만나지 않고　陸行不遇兕虎
　　　　　　　　　　　　　　　　　　　　　육 행 불 우 시 호

전쟁터에 나가도 병기에 다치지 않는다고 한다.　入軍不被甲兵
　　　　　　　　　　　　　　　　　　　　　　입 군 불 피 갑 병

외뿔소가 그 뿔을 들이받을 곳이 없고　兕無所投其角
　　　　　　　　　　　　　　　　　시 무 소 투 기 각

호랑이가 그 발톱으로 할퀼 곳이 없으며　虎無所措其爪
　　　　　　　　　　　　　　　　　호 무 소 조 기 조

병기가 그 칼날로 찌를 곳이 없다.　兵無所容其刃
　　　　　　　　　　　　　　　병 무 소 용 기 인

대체 무슨 까닭인가?　夫何故
　　　　　　　　　부 하 고

죽음의 자리가 따로 없기 때문이다.　以其無死地
　　　　　　　　　　　　　　이 기 무 사 지

十有三(십유삼): 십분의 삼 / 攝生(섭생): 삶을 다스리다 / 兕(시): 외뿔소

삶과 죽음도 동전의 양면처럼 하나로 같이 있는 대칭적 상관관계다. 삶이 유有의 세계라면 죽음은 무無의 세계다. 삶이 삶으로 여겨질 수 있는 것은 죽음이 있기 때문이다. 이 장에서는 나옴과 들어감으로 삶과 죽음을 설명하고 있다. 어디에서 나오고 어디로 들어가는 것일까? 그것은 주어진 상황에 따라 다양하게 생각할 수 있을 것이다. 크게 보면 하늘과 땅 사이의 자연에서 나와 이승의 삶을 살다가 다시 자연의 세계로 돌아가는 것이 죽음이라고 할 수 있다. 자연에서 나와 자연으로 다시 들어가는 것이 삶과 죽음인 셈이다. 삶과 죽음은 대칭적 상관관계의 궁극의 문제다. 모든 근심과 걱정이 삶과 죽음의 사이에서 일어난다.

삶과 죽음이 하나임을 알아차림이 참된 섭생이다

언제 죽을지는 모르지만 언젠가는 누구나 다 죽는다. 죽음을 거부할 수는 없어도 잘 죽을 수는 있을 것이다. 잘 죽는 방법은 잘 사는 길을 따르는 것이다. 잘 살아야 잘 죽을 수 있다. 잘 사는 길을 섭생攝生이라고 한다. 삶을 잘 다스리는 방법이 바로 '섭생'이다. 어떻게 하는 것이 섭생을 잘하는 것일까? 좋은 음식을 잘 먹는 것만을 가리키지 않는다. 삶과 죽음이 하나로 같이 있음을 알아차리는 것이 참된 섭생이다. 섭생을 잘하는 사람에겐 '죽음의 자리'가 따로 없다. 죽음의 자리만 없는 것이 아니라 삶의 자리도 따로 없다.

외뿔소와 호랑이 같은 사나운 짐승이나 살상이 벌어지는 전쟁터의 비유는 죽음에 대한 두려움을 상징한다. 사나운 짐승의 발톱이나 날카로운 무기가 들어갈 곳이 죽음의 자리다. 삶과 죽음을 별개의 것으로 분별하는 생각이 죽음의 자리를 만들어낸다. 죽음의 자리를 따로 설정해놓지 않는다면 죽음에 대한 두려움도 없어질 것이다. 쉽지 않은 경지다. 그래서 삶과 죽음은 대칭적 상관관계의 궁극의 문제라고 한 것이다.

이 장에서 노자는 세 부류로 사람을 분류하고 있다. 첫 번째 부류는 무난하게 잘 살아가는 사람이다. 두 번째 부류는 하는 일마다 제죽을 줄 모르고 어리석게 행동하는 사람이다. 세 번째 부류는 그럭저럭 잘 살아가다가 갑자기 어리석은 언행으로 죽음의 자리에 들어서는 사람이다. 세 번째 부류는 다른 게 아니라 첫 번째 부류에서 두 번째 부류로 전락하는 경우다. 우리의 삶이 대체로 세 번째 부류처럼 흘러가는 것 같다.

마음챙김을 하면 갓난아기로 다시 태어난다

첫 번째 부류에서 두 번째 부류로 전락하는 이유가 무엇일까? 노자의 진단에 따르면 삶을 삶으로만 여기는 생각이 지나치기 때문이다. 나옴과 들어감, 삶과 죽음이 같이 있는 도의 원리를 망각한 것이다. 이에 대한 왕필의 해설을 참고할 만하다. 왕필은 "섭생을 잘하는 사람은 삶을 삶으로만 여기는 일이 없으므로 죽음의 자리가 없다. 창칼보다 해로운 도구가 없고 외뿔소와 호랑이보다 위험한 짐승이 없다. 그런데 창칼의 끝으로 찌를 곳이 없게 하고 호랑이와 외뿔소가 발톱과 뿔로 할퀼 곳이 없게 했다. 이는 진실로 욕심이 자신을 옭아매지 않은 때문이다. 그러니 어디에 죽음의 자리가 있겠

는가?"[1]라고 했다. 왕필이 죽음의 자리라고 한 곳이 어디인지 살펴
보자. 욕심으로 자신을 옭아맨다는 표현이 눈길을 끈다. 지나친 욕
심이 바로 죽음의 자리다.

삶을 삶으로만 여기는 분별심이 곧 욕심이다. 분별심이 발동하기
이전의 마음을 노자는 갓난아기에 비유하곤 한다. 갓난아기는 육체
적 나이의 적고 많음이 아니라 마음 자세를 가리킨다. 마음챙김 명
상은 갓난아기 상태로 돌아가 지나친 욕심을 내려놓게 한다. 마음
챙김을 하는 순간 갓난아기로 다시 태어나 새롭게 부활하는 삶을
살 수 있다.

---

1 "善攝生者, 無以生爲生, 故無死地也. 器之害者, 莫甚乎兵戈, 獸之害者, 莫甚乎兕虎, 而令兵戈無所容其鋒
   刃, 虎兕無所措其爪角, 斯誠不以欲累其身者也, 何死地之有乎."(김학목 옮김, 『노자 도덕경과 왕필
   의 주』, 홍익출판사, 200쪽 참조)

51장

현덕의 원리는 키우면서도 주재하지 않는다

도는 살리고

道生之
도 생 지

덕은 기르니

德畜之
덕 휵 지

사물이 모양을 갖추고

物形之
물 형 지

형세가 이루어진다.

勢成之
세 성 지

이 때문에 만물은

是以萬物
시 이 만 물

도를 높이고 덕을 귀하게 여기지 않음이 없다.

莫不尊道而貴德
막 부 존 도 이 귀 덕

도는 높고 덕은 귀하면서도

道之尊德之貴
도 지 존 덕 지 귀

명령하지 않고 항상 자연스럽다.

夫莫之命而常自然
부 막 지 명 이 상 자 연

그러므로

故
고

도는 살리고

道生之
도 생 지

덕은 기른다.

德畜之
덕 휵 지

키우고 자라게 하며

長之育之
장 지 육 지

안정되고 편안하게 하며

亭之毒之
정 지 독 지

돌보고 감싸준다.

養之覆之
양 지 부 지

살리면서도 소유하지 않고

生而不有
생 이 불 유

위하면서도 의지하지 않으며

爲而不恃
위 이 불 시

키우면서도 주재하지 않는다.

長而不宰
장 이 부 재

이것을 현덕玄德이라고 한다.

是謂玄德
시 위 현 덕

畜(휵): 기르다 / 亭(정): 안정시키다. '정定'과 통함 / 毒(독): 편안하게 하다. '안
安'과 통함 / 養(양): 돌보다 / 覆(부): 덮다

도道와 덕德은 밀접히 연관된다. 세상 만물이 존재하고 운행하는 원리를 도라고 부르고, 그 도의 원리를 체득한 이의 마음에 쌓인 것이 덕이다. 마음속 도가 곧 덕인 셈이다. 마음속 도인 덕은 일종의 힘으로 작용한다. 마음속 덕의 힘은 도를 닮아서 부드럽게 작용한다. '부드러운 힘'이 세상을 부드럽게 한다. 덕의 작용은 오직 도를 따를 뿐이다. 도와 덕은 분리되지 않는다. 도가 덕이고 덕이 도다. 덕이 두텁게 쌓인 사람은 자연스럽게 도를 실천한다.

도와 덕은 만물을 살리고 기른다

『도덕경』에서 일관되게 전하는 주제는 유무상생有無相生의 원리이고 그것을 도라고 부른다. 유무상생의 도는 만물을 살리는 원리다. 덕의 작용 역시 도를 따라 유무상생의 모습으로 나타난다. 이를 덕은 만물을 기른다고 표현했다. 도와 덕은 오직 만물을 살리고 기를 뿐이지 조금도 해치지 않는다.

도와 덕의 작용을 나타내는 글자가 생生과 휵畜이다. 살리고 기른다는 뜻이다. 그 뒤로 이어지는 장長, 육育, 정亭, 독毒, 양養, 부覆는 다 비슷한 의미로 쓰였다. 모두 기르고 키운다는 의미를 담고 있다. 도와 덕이 만물을 살리고 기르는 모습을 다양하게 변주한 글자들이다. 만물을 키우고 자라게 하며 안정되고 편안하게 하며 돌보고 감싸주는 일이 모두 도와 덕의 작용임을 알려주고 있다.

도를 따르는 사람은 덕이 많은 사람이다

독毒이 특이하다. 독은 대개 건강이나 생명에 해가 되는 성분으로 알려져 있는데 여기선 만물을 살리고 기르는 의미로 쓰였다. 대칭적 상관관계의 원리에 따라 나쁘게 여겨지는 '독'도 좋은 것으로 바뀔 수 있을 것이다. 나쁜 독과 좋은 약이 절대적으로 정해져 있지 않은 것이다. 독조차도 잘만 쓰면 약이 된다는 이야기다. 마찬가지로 좋은 약이라고 여겨지는 성분도 지나치면 독으로 변할 것이다. 누가 언제 어떻게 그 재료를 사용하느냐에 따라 효능이 달라진다. 때론 독조차도 적당한 양으로 잘 쓰면 약이 되면서 만물을 살릴 수 있다.

도와 덕은 만물을 살리고 기르면서도 소유하지 않고, 만물의 특성이 잘 이루어지게 하면서도 그 공에 기대려고 하지 않고, 만물을 키우면서도 함부로 부리려고 하지 않는다. 모든 작용이 하늘과 땅 사이에서 전개되는 만물의 자연스러운 운행 과정을 닮았다. 자연스러운 도를 잘 따르는 사람은 덕이 많은 사람이다. 후덕한 사람은 자연스러움을 따를 뿐 억지로 명령하지도 않고 공치사를 하며 자신의 이름을 드러내려고도 하지 않는다.

38장에서 '높은 덕은 덕스럽지 않다'고 했다. 덕이 있는 것 같기도 하고 없는 것 같기도 한 모습을 현덕玄德이라고 부른다. 덕을 많이 쌓았으면서도 그 덕을 뽐내지 않기 때문에 덕스럽지 않아 보인다. 현玄에 담긴 의미는 자신을 고집하지 않는 마음이다.

52장

눈과 입을 닫으면 삶의 수고로움이 없다

천하에 시작이 있으니

天下有始
천 하 유 시

그것으로 천하의 어미를 삼는다.

以爲天下母
이 위 천 하 모

그 어미를 얻고 그 자식을 알고

旣得其母以知其子
기 득 기 모 이 지 기 자

그 자식을 알고 다시 그 어미를 지키면

旣知其子復守其母
기 지 기 자 복 수 기 모

죽을 때까지 위태롭지 않다.

沒身不殆
몰 신 불 태

감각의 구멍을 막고

塞其兌
색 기 태

욕망의 문을 닫으면

閉其門
폐 기 문

죽을 때까지 수고롭지 않다.

終身不勤
종 신 불 근

감각의 구멍을 열고

開其兌
개 기 태

일을 이루려고 하면

濟其事
제 기 사

죽을 때까지 구제받지 못한다.

終身不救
종 신 불 구

작은 것을 봄을 명明이라 하고

見小曰明
견 소 왈 명

부드러움을 지킴을 강强이라 한다.

守柔曰强
수 유 왈 강

그 빛을 사용하되

用其光
용 기 광

다시 명明으로 돌아가면

復歸其明
복 귀 기 명

자신에게 재앙을 남기지 않는다.

無遺身殃
무 유 신 앙

이것을 습상習常이라고 한다.

是爲習常
시 위 습 상

塞(색): 막다 / 兌(태): 구멍. 눈과 입 등 감각기관을 상징

도道와 덕德의 관계를 어미와 자식으로 표현했다. 도는 유무상생有無相生의 원리이고 그 도의 원리가 만물에 체득된 것이 덕이다. 덕은 오직 도를 따른다. 도의 원리는 하나이지만 도를 따르는 덕은 세상 만물에 다 적용된다. 하나의 달이 1,000개의 강에 비추면 마치 1,000개의 달처럼 보이는 이치와 같다.

도의 원리를 체득하여 만물에 적용된 덕의 쓰임을 알아차리고, 또 만물에 나타나는 덕의 쓰임을 보면서 도의 원리를 계속 지켜나갈 수 있으면 죽을 때까지 위태롭지 않을 것이다. 죽지 않는다는 이야기가 아니다. 언젠간 죽는다. 하지만 오래도록 위험에 빠지지 않고 장생할 수 있다는 이야기다. 이런 섭생의 원리를 사회와 국가에 적용하면 오래도록 평화롭게 잘 다스릴 수 있을 것이다.

크고 화려한 것 대신 작은 것을 볼 줄 알아야 한다

유무상생의 도와 덕은 감각기관에 대한 의존도가 낮다. 눈과 입에만 의존해선 대칭적 상관관계의 양면을 다 포용할 수 없기 때문이다. 눈과 입이 재앙의 출입구가 되지 않도록 조심해야 한다. 함부로 보고 함부로 말해선 안 된다. 대칭적 상관관계의 공존을 통관하는 마음의 눈으로 보고 마음의 입으로 말할 수 있어야 한다.

많은 사람이 크고 화려한 것을 따라가는데 노자는 오히려 작은 것을 보라고 권한다. 큰 것이 유有의 세계라면 작은 것은 무無의 세계다. 보이지 않는 미세한 세계를 보는 마음을 명明이라고 부른다. '해 일日'과 '달 월月'을 합쳐놓은 '명'은 대칭적 상관관계를 상징한다. 낮과 밤을 모두 통관하는 마음이 '명'이다. 이를 '밝음'이라고 번역하면 '어둠과 같이 있는 밝음'이란 의미가 살아나기 어렵다. '참된 밝음'이라고 번역할 수도 있으나 그냥 '명'이라고 해도 좋다. 이름보다 중요한 것은 그 의미를 알아차리는 것이다.

『도덕경』에서 강強은 대개 안 좋은 의미로 쓰이는데 여기선 그렇지 않다. 어떤 의미와 생각에 고착되면 안 된다는 것을 알려주고 있다. 강함과 부드러움은 대칭적 상관관계다. 강함이 강함으로 여겨지는 것은 그 이면에 부드러움이 있기 때문이다. 부드러움을 품고 있는 강함이 '참된 강함'이다. 이 또한 그냥 강強으로 표기해도 좋다. 이름에 걸려 넘어지지 말고 그 의미를 알아차려야 한다.

다른 사람의 작은 티끌과도 함께할 수 있어야 한다

누구에게나 빛나는 장점이 있다. 작은 것을 보라는 말이 빛나는 장점을 버리라는 이야기는 아니다. 자신의 빛나는 장점을 활용하면서 다른 사람의 작은 티끌과도 함께할 수 있어야 한다. 이것을 습상習常이라고 한다. 상常에는 대칭적 상관관계를 분리하지 않는 의미가 담겨 있다. '습상'을 '항상 같이 있음을 익힘'이라고 번역할 수도 있지만 『도덕경』의 전문 용어로 보아 그냥 '습상'이라고 해도 좋다. 이름보다 중요한 것은 그 의미를 알아차리는 것이다. 유무상생과 화광동진和光同塵의 도를 체득하는 것이 '습상'이다.

53장

대도 대신 샛길을 좋아하면 도둑질이다

가령 내게 확고한 앎이 있어	使我介然有知
	사 아 개 연 유 지
대도를 행할지라도	行於大道
	행 어 대 도
오직 베푼다는 생각을 조심할 뿐이다.	唯施是畏
	유 시 시 외

대도는 매우 평탄한데	大道甚夷
	대 도 심 이
사람들은 샛길을 좋아한다.	而民好徑
	이 민 호 경

조정은 아주 깨끗이 치워 있지만	朝甚除
	조 심 제
논밭은 심하게 거칠어졌고	田甚蕪
	전 심 무
창고는 텅텅 비어 있다.	倉甚虛
	창 심 허

수놓은 비단 옷을 걸치고	服文綵
	복 문 채
날카로운 칼을 차며	帶利劍
	대 리 검
음식을 물리도록 먹는데	厭飮食
	염 음 식
재화가 넘쳐난다.	財貨有餘
	재 화 유 여

이것을 도둑질 자랑이라고 한다.

是謂盜夸
시 위 도 과

도가 아니로다!

非道也哉
비 도 야 재

介然(개연): 단단한 모양 / 施(시): 베풀다, 뽐내다 / 畏(외): 조심하다 / 夷(이): 평
탄하다 / 徑(경): 샛길 / 朝(조): 조정朝廷, 궁궐 / 除(제): 깨끗하게 청소하다 / 蕪
(무): 거칠다 / 綵(채): 비단 / 夸(과): 자랑하다

대도大道는 어렵지 않다. 넓고 평평하며 곧게 난 길이 대도다. 대도를 걷기가 수월할 것이다. 그런데 사람들은 평탄하고 쉬운 대도를 놔두고 샛길로 가길 좋아한다. 왜 그럴까? 남들과 함께 대도를 여유롭게 걷기보다는 혼자 더 빨리 가려는 것이다. 계속 높이 오르고 더 많이 가지려고만 하는 것도 샛길을 탐하는 모습이다.

욕심이 가득한 눈에는 대도가 울퉁불퉁하게 보인다

욕심이 가득한 눈에는 대도가 평탄하지 않고 어그러져 울퉁불퉁한 것처럼 보인다. 남보다 더 화려하게 수놓은 비단옷을 입고 싶고, 날카로운 칼을 차고 군림하고 싶고, 맛있는 음식을 물리도록 먹고 싶고, 집 안 가득 재물을 쌓아놓고 싶어하는 모습을 노자는 '도둑질 자랑'이라고 부른다.

권력자가 이런 도둑질 자랑에 빠지면 어떻게 될까? 권력자가 사는 곳은 화려하게 정비하고 백성이 먹고사는 논밭은 황폐하여 잡초가 무성해 곳간이 텅텅 비도록 내버려두면 안 된다. 『한비자』에 이 구절이 인용되어 있는데 도과盜夸를 '도우盜竽'라고 적어놓았다. '도둑의 우두머리'라는 뜻이다.

도둑의 우두머리가 되지 않으려면 어떻게 해야 할까? 도道를 잘 따르는 어른은 항상 조심스러워한다. 대칭적 상관관계의 돌고 도는 이치를 알기 때문이다. 조심스러워함의 궁극은 자신이 덕행을 베푼다는 생각조차 내지 않는 것이다. 자신이 대도를 따르며 좋은 일을 베푼다는 그 생각이 오만한 마음을 불러일으킬 수 있음을 경계하는 것이다.

54장

잘 세운 것은 뽑히지 않고 오래간다

잘 세운 것은 뽑히지 않고	善建者不拔 선 건 자 불 발
잘 안은 것은 떨어지지 않으니	善抱者不脫 선 포 자 불 탈
자손이 이러한 도로써 제사를 지내면	子孫以祭祀不輟 자 손 이 제 사 불 철
그 도가 끊이지 않을 것이다.	

그 도를 자신에게 닦으면	修之於身 수 지 어 신
자신의 덕이 진실해진다.	其德乃眞 기 덕 내 진
그 도를 집안에서 닦으면	修之於家 수 지 어 가
집안의 덕이 넉넉해진다.	其德乃餘 기 덕 내 여
그 도를 마을에서 닦으면	修之於鄕 수 지 어 향
마을의 덕이 오래간다.	其德乃長 기 덕 내 장
그 도를 나라에서 닦으면	修之於國 수 지 어 국
나라의 덕이 풍성해진다.	其德乃豐 기 덕 내 풍
그 도를 천하에서 닦으면	修之於天下 수 지 어 천 하
천하의 덕이 널리 퍼질 것이다.	其德乃普 기 덕 내 보

그러므로	故 <small>고</small>
자신의 덕으로 자신을 관조하고	以身觀身 <small>이 신 관 신</small>
집안의 덕으로 집안을 관조하며	以家觀家 <small>이 가 관 가</small>
마을의 덕으로 마을을 관조하고	以鄉觀鄉 <small>이 향 관 향</small>
나라의 덕으로 나라를 관조하며	以國觀國 <small>이 국 관 국</small>
천하의 덕으로 천하를 관조한다.	以天下觀天下 <small>이 천 하 관 천 하</small>
내가 어떻게 천하가 그러함을 알겠는가?	吾何以知天下然哉 <small>오 하 이 지 천 하 연 제</small>
이것을 통해서다.	以此 <small>이 차</small>

拔(발): 뽑다 / 輟(철): 그치다

'잘 세운 것은 뽑히지 않고 잘 안은 것은 떨어지지 않는다'고 했는데 무엇을 잘 세우고 무엇을 잘 안는다는 것일까? 대칭적 상관관계가 공존하며 잘 돌아가는 모습을 가리킨다. 유有와 무無가 서로 상대방을 잘 세워주고 잘 품어 안는다는 유무상생有無相生의 도道를 묘사한 것이다.

세상 만물이 이 도를 따라 덕德을 잘 쌓으면 그 생명력이 오래갈 수 있다. 이 도를 자신에게 닦는 것을 수신修身이라고 한다. 수신을 하면 마음에 덕이 쌓이고 두텁게 쌓인 덕은 진실한 모습으로 표출되며 자손들에게 전달된다. 자손들도 이 도를 따르는 마음으로 제사를 지내면 이 도가 끊어지지 않고 계속 이어질 것이다.[1] 도를 따르는 마음이 전수된다면 그 마음으로 지내는 제사 역시 끊어지지 않고 이어질 것이다.

제사의 의미는 유무상생의 도를 잇는 의식이다

도를 전수하는 방법으로 제사를 언급한 점이 눈길을 끈다. 제사라고 하면 대개 음식을 차려 놓고 돌아가신 분을 추모하는 의식으로 여긴다. 그런 의미도 있지만 이 장에 나온 제사의 의미는 '도를 잇는 의식'이다. 돌아가신 분을 추모하며 자손들이 화합하는 의미가 담겨 있지만 본질적으로는 도의 끊임없는 전수라는 이야기다. 유무상생의 도를 알아야 자손들이 마음으로 화합하며 평화롭게 잘

---

1 왕필은 "자손이 이 도道를 전함으로써 제사를 지낸다면 끊이지 않는다(子孫傳此道, 以祭祀, 則不輟也)."고 해설했다. (김학목 옮김, 『노자 도덕경과 왕필의 주』, 홍익출판사, 211~214쪽 참조)

살아갈 수 있기 때문이다. 오늘날 제사의 본질은 희석되고 그 형식만 이어지는 것은 아닌지 되돌아볼 필요가 있다.

도를 따르는 덕은 자신에서부터 시작해 집안, 마을, 국가, 천하로 확장된다. 이 대목에서 유가의 경전인 『대학大學』에 나오는 수신修身, 제가齊家, 치국治國, 평천하平天下의 원리가 연상된다. 도와 덕의 출발점이 자신의 마음을 닦는 수신이란 점과 그 덕을 집안, 마을, 국가, 천하로 확장해 행복한 세상을 만들어가려는 목표가 다르게 보이지 않는다.

『대학』은 큰 사람이 되는 가르침이다. 큰 사람이란 육체적 덩치가 큰 사람을 가리키는 것이 아니다. 마음이 큰 사람을 가리킨다. 마음 씀씀이가 구만리 창공처럼 넓어야 참으로 큰 사람이다. 이런 점에서 『대학』과 『도덕경』의 거리가 그리 멀어 보이지 않는다.

다만 같으면서도 다른 점이 있다. 최고의 진리인 도조차도 절대화하지 않는 것이 노자의 가르침이란 점이다. 수신, 제가, 치국, 평천하의 원리 또한 절대화하지 않아야 한다. 아무리 좋은 명분을 내걸더라도 그 반대의 결과를 가져오며 타락하기 때문이다.

도를 잘 따르는지는 덕을 통해 살펴볼 수 있다

자신이 도를 잘 따르고 있는지 아닌지는 자신의 덕을 통해 살펴볼 수 있다. 자신의 덕을 관조하는 것이 마음챙김이다. 자신의 덕은 진실한 마음으로 표출된다. 마찬가지로 집안에서 도가 잘 실천되고 있는지 아닌지를 집안사람들의 마음속 덕을 통해 살펴볼 수 있다. 집안의 덕은 여유롭고 넉넉한 마음으로 나타난다. 마을에서 도가 잘 실천되고 있는지 아닌지는 마을 사람들의 덕으로 살펴볼 수 있다. 마을의 덕은 마을의 평화로움이 오래 지속되는 것으로 나타난다. 나라에서 도가 잘 실천되고 있는지 아닌지도 그 나라 사람들의 덕을 통해 살펴볼 수 있다. 나라의 덕은 사람들의 삶의 풍성함으로 나타난다. 천하에서 도가 잘 이루어지고 있는지 아닌지를 살펴보는 것도 오직 이것을 통해서다. 이것이란 세상 사람들의 마음속 덕이다.

마음을 관조하며 생각과 욕심을 내려놓는 것이 세상을 아름답게 만드는 출발점이다. 자신의 마음으로 천하의 마음도 살펴볼 수 있다. 자신의 마음속 덕과 세상 사람들의 마음속 덕을 이어주는 길이 도이기 때문이다. 덕은 오직 도를 따를 뿐이다.

55장

조화는 만물을 살리는 부드러운 힘이다

덕을 두텁게 품은 사람은

含德之厚
함 덕 지 후

갓난아기에 비유된다.

比於赤子
비 어 적 자

벌, 전갈, 독사가 물지 않고

蜂蠆虺蛇不螫
봉 채 훼 사 불 석

맹수가 덮치지 않으며

猛獸不據
맹 수 불 극

사나운 새도 낚아채지 않는다.

玃鳥不搏
확 조 불 박

뼈가 약하고 근육이 부드러워도

骨弱筋柔
골 약 근 유

쥐는 힘이 단단하고

而握固
이 악 고

암수의 교합을 알지 못해도

未知牝牡之合
미 지 빈 모 지 합

온전히 자라니

而全作
이 전 작

생명력의 지극함이다.

精之至也
정 지 지 야

종일 울어도

終日號
종 일 호

목이 쉬지 않으니

而不嗄
이 불 사

조화의 지극함이다.

和之至也
화 지 지 야

조화를 아는 것을 상常이라 하고

知和曰常
지 화 왈 상

상常을 아는 것을 명明이라 한다.

知常曰明
지 상 왈 명

삶을 더하는 것은 재앙이라 하고

益生曰祥
익 생 왈 상

마음이 기를 부리는 것은 강함이라 한다.

心使氣曰强
심 사 기 왈 강

만물은 굳세어지면 노쇠하니

物壯則老
물 장 즉 노

그것을 도답지 않다고 한다.

謂之不道
위 지 부 도

도답지 않으면 일찍 끝난다

不道早已
부 도 조 이

赤子(적자): 갓난아기 / 蜂(봉): 벌 / 蠆(채): 전갈 / 虺蛇(훼사): 살무사, 독사 / 螫
(석): 벌레가 쏘다, 물다 / 攫(확): 움키다 / 握(악): 쥐다 / 嗄(사): 목이 쉬다 / 祥
(상): 재앙

덕德을 두텁게 쌓은 사람을 갓난아기에 비유했다. 갓난아기는 육체적 나이의 적음을 가리키는 것이 아니다. 대칭적 상관관계를 분리하지 않는 마음을 상징한다. 덕이 두터워지면 갓난아기처럼 분별심이 없어진다는 의미다. 갓난아기에 대해 왕필은 이렇게 설명했다. "갓난아기는 구하는 것이 없고 바라는 것이 없어서 다른 것들을 범하지 않는다. 그러므로 독충 같은 것들이 그를 범하지 않는다. 덕을 두텁게 쌓은 사람도 다른 사물을 범하지 않는다. 그러므로 어떤 것도 그의 온전함을 훼손하지 않는다."[1]

구하고 바라는 것을 멈출 줄 알아야 한다

왕필이 갓난아기의 특징으로 '구하는 것이 없고 바라는 것이 없음(無求無欲)'을 제시한 점이 눈길을 끈다. 우리의 마음을 가만히 관찰해보면 대개 무엇인가를 구하고 바라는 것에 따라 움직인다는 것을 알 수 있다. 무엇인가를 좋아하고 싫어하는 감정도 곰곰이 살펴보면 바로 그 구하고 바라는 마음에서 나오는 것이다. 구하는 것이 이루어지면 좋아하고 구하는 것이 이루어지지 않으면 싫어하며 화를 내곤 한다. 그렇게 끊임없이 구하고 바라기만 하다가 인생이 다 지나갈지도 모른다. 적절하게 멈출 줄 알아야 한다.

구하고 바라는 마음이 욕심이다. 계속 구하고 바라기만 하는 마음이 고통과 스트레스의 원인이 됨을 알아차려야 한다. 구하고 바

---

1 "赤子, 無求無欲, 不犯衆物, 故毒蟲之物無犯於人也. 舍德之厚者, 不犯於物, 故無物以損其全也."(김학목 옮김, 『노자 도덕경과 왕필의 주』, 홍익출판사, 214쪽 참조: 임채우 옮김, 『왕필의 노자 주』, 한길사, 237쪽 참조)

라는 마음 없이 사물을 있는 그대로 받아들이는 것이 마음챙김이다. 구하고 바라는 마음을 없애는 것이 무위無爲다. 마음챙김이 곧 무위다. 갓난아기는 무위의 다른 이름이다.

분별심뿐 아니라 깨달음도 내려놓아야 한다

뼈가 약하고 근육이 부드럽다는 것은 무위를 행하는 모습을 가리킨다. 쥐는 힘이 단단하다는 것은 하지 못할 일이 없다는 뜻이다. 암컷과 수컷의 교합을 아직 알지 못해도 온전히 자란다는 것은 유무상생有無相生의 도道와 자연스럽게 하나가 된 모습이다. 대칭적 상관관계의 개념을 알기 이전의 유무상생 그 자체라고 할 수 있다. 만물을 살리는 생명력의 극치는 자연스러움이다.

갓난아기는 분별심만 없는 것이 아니라 유무상생의 도에 대한 생각조차도 없다. 분별심도 없고 깨달음에 대한 생각도 없이 갓난아기는 온전하게 자랄 수 있다. 분별심만 고통의 원인이 아니다. 깨달음에 대한 생각도 스트레스의 원인이 된다. 분별심만 내려놓는 것이 아니라 깨달음에 대한 생각도 내려놓아야 한다.

독충이나 짐승은 고통과 환란을 상징한다. 갓난아기의 마음은 고통이나 환란의 개념이 생기기 이전의 상태를 가리킨다. 독충이나 짐승의 공격을 받는 '죽음의 자리'가 없다. 죽음의 자리를 만드는 것은 분별심이다.

갓난아기는 조화의 극치를 상징하기도 한다. 갓난아기가 종일 울어도 목이 잠기지 않는 것은 조화의 지극함 때문이다. 이에 대해 왕필은 "다투면서 무엇을 바라는 마음이 없으므로 종일 소리를 질러

도 목이 쉬지 않는다."²라고 했다. '다투면서 무엇을 바라는 마음(爭欲之心)'이 바로 우리를 힘들게 하는 스트레스의 원인이다. 자신의 뜻대로 하려는 욕심을 내려놓으면 그대로 조화가 이루어진다. 조화가 곧 만물을 살리는 부드러운 힘이다.

계속 더하기만 하면 재앙이 닥치게 된다

조화(和)를 아는 것이 상常을 아는 것이다.³ '상'에는 대칭적 상관관계를 분리하지 않는 의미가 담겨 있다. 대칭적 상관관계인 유有와 무無의 조화가 곧 '상'이다. '상'은 세상 만물의 운행 원리인 도道의 다른 표현이다. 상도常道라고 표현할 수도 있다. 그런 '상'을 아는 것을 명明이라고 부른다. '상'이 곧 '명'인 셈이다.

'해 일日'과 '달 월月'이 합쳐진 글자가 '명'이다. 낮과 밤의 대칭적 상관관계를 내포하고 있다. '명'을 아는 것은 곧 대칭적 상관관계의 조화를 아는 것이고, '상'을 아는 것이고, 유무상생의 도를 아는 것이다. 『도덕경』에서 앎의 최고 경지를 '명'이라고 할 만하다.

이와 달리 삶을 더하려고만 하는 생각을 익생益生이라고 한다. 삶이 삶으로 여겨지는 것은 그 이면에 죽음이 있기 때문이다. 이런 대칭적 상관관계의 원리를 모르는 어리석은 마음이 '익생'이다. '익생'

2　"無爭欲之心, 故終日出聲而不嘎也."(김학목 옮김, 『노자 도덕경과 왕필의 주』, 홍익출판사, 215~216쪽 참조)

3　상常과 명明에 대해 왕필은 이렇게 설명했다. "사물은 조화를 '상常'으로 삼는다. 그러므로 조화를 알면 상을 터득한다. 밝지도 않고 어둡지도 않으며, 따뜻하지도 않고 서늘하지도 않으니 이런 것이 상常이다. 형체가 없어서 볼 수 없기에 '명明'이라고 한다(物以和爲常, 故知和則得常也. 不皦不昧, 不溫不涼, 此常也. 無形不可得而見, 曰明也)."(김학목 옮김, 『노자 도덕경과 왕필의 주』, 홍익출판사, 216쪽 참조)

은 자연스러운 '상'에 어긋나는 유위有爲다. 조화를 망각한 채 혼자만 더 잘살고 더 뽐내려는 것도 '익생'이다. 더하는 것이 있으면 뺄 줄도 알아야 한다. 뺄 줄 모르고 계속 더하기만 하면 재앙이 닥치게 된다. '상서로울 상祥'이 여기선 '재앙'의 뜻으로 쓰였다. 상서로움이 상서롭지 않은 재앙으로 바뀔 수 있다는 것이 대칭적 상관관계의 원리다.

마음이 기氣를 부리는 것은 마음을 비우지 못하고 욕심을 강제하는 모습이다. 그것을 '강함'이라고 한다. 이것은 우리가 일반적으로 알고 있는 '강함'이다. 52장에서 노자는 부드러움을 지키는 것을 '강强'이라고 이름 붙인 바 있다.[4] 이것은 대칭적 상관관계의 도를 아는 '참된 강함'이다. 두 개의 '강함'이 있는 셈이다. 강함이 홀로 강한 줄만 아는 것은 정말 강한 것이 아니다. 만물은 굳세어지면 노쇠하게 된다. 억지로 강제하는 것은 도를 따르는 모습이 아니다. 도의 작용 방식은 부드러움이다. 부드러움을 품고 있는 강함이 '참된 강함'이다. 참된 강함은 굳이 번역을 하지 않고 그냥 '강强'이라고 표기해도 좋을 것 같다. 중요한 것은 이름이 아니라 그 의미를 알아차리는 것이다. 도를 따르지 않으면 일찍 끝나버리고 만다.

---

4 "守柔曰强"(『도덕경』 52장)

56장

아는 자는 말하지 않고 말하는 자는 알지 못한다

아는 자는 말하지 않고	知者不言 지 자 불 언
말하는 자는 알지 못한다.	言者不知 언 자 부 지

감각의 구멍을 막고	塞其兌 색 기 태
욕망의 문을 닫는다.	閉其門 폐 기 문
날카로움을 꺾어	挫其銳 좌 기 예
분란을 해소한다.	解其分 해 기 분
빛남을 조절하여	和其光 화 기 광
티끌과 하나가 된다.	同其塵 동 기 진
이를 현동玄同이라고 한다.	是謂玄同 시 위 현 동

그러므로	故 고
가까이도 할 수 없고	不可得而親 불 가 득 이 친
멀리도 할 수 없다.	不可得而疏 불 가 득 이 소
이롭게도 할 수 없고	不可得而利 불 가 득 이 리

해롭게도 할 수 없다.

不可得而害
불 가 득 이 해

귀하게도 할 수 없고

不可得而貴
불 가 득 이 귀

천하게도 할 수 없다.

不可得而賤
불 가 득 이 천

그러므로 천하의 귀한 것이 된다.

故爲天下貴
고 위 천 하 귀

노자는 언어와 지식의 한계를 지적하고 있다. 만물의 실상은 언어로 표현해낼 수 없다는 게 노자의 일관된 가르침이다. 만물의 실상은 대칭적 상관관계의 조화로 이루어져 있는데 인간의 언어는 대칭적 상관관계의 전체상을 다 표현해내지 못한다. 입에서 말이 나오는 순간 이미 대칭적 상관관계의 어느 한쪽 손을 들어 주게 된다. 그런 편향적 언어의 속성으로 인해 언어에서 제외된 다른 한쪽은 소외되게 마련이다. 그 한계 속에서 우리는 잘 살아가는 방법을 찾아야 한다. 한쪽으로 치우치지 않고 전체를 다 아우르는 방식의 새로운 언어를 노자는 제시한다. 그것이 바로 무명無名, 불언不言, 무위無爲의 언어다. '말 없는 말'의 비결을 찾는 것이 '도덕경 명상'의 요체다.

감각기관이 아닌 내면의 소리에 귀를 기울여야 한다

감각기관은 욕망의 출입구다. 감각기관에 보이고 들리는 대로 함부로 말을 한다면 세상은 분란을 벗어나기 어렵다. 감각기관에 모두 의존하지 말고 내면의 소리에 귀를 기울여야 한다. 감각기관은 각자의 이해관계를 반영하는 날카로운 칼과 같다. 내면을 성찰함으로써 그 날카로움을 무디게 해야 분란을 해소할 수 있다.

『도덕경』 4장에도 '좌기예挫其銳 해기분解其紛'이 나오는데 분紛을 분分으로 다르게 썼지만 의미상 큰 차이는 없다. '화기광和其光 동기진同其塵'과도 같은 의미다. 빛나는 장점과 볼품없는 티끌이 대칭적 상관관계로 같이 있음을 마음의 눈으로 볼 수 있어야 한다. 빛남을 부드럽게 하여 더러운 먼지와도 함께 어울리는 것이 유무상생有無相生의 도道를 따르는 화광동진和光同塵의 참된 지혜다.

단순해 보이는 알아차림이 기적을 만들어낸다

유무상생과 화광동진의 조화를 현동玄同이라고 부른다. 현玄은 대칭적 상관관계를 상징하는 글자다. 그런 점에서 '현동'을 '그윽하게 같이 있음'이라고 번역해도 되지만 『도덕경』의 전문 용어로 보아 그냥 '현동'이라고 해도 좋다. 중요한 것은 이름이 아니라 그 의미를 알아차리는 것이다.

친함과 멀리함, 이로움과 해로움, 귀함과 천함 등이 '현동'의 대칭적 상관관계로 제시됐다. '현동'의 조화를 아는 사람은 함부로 입을 열 수 없다. 입을 여는 순간 대칭적 상관관계의 어느 한쪽 손만 들어주게 되기 때문이다. 그래서 가까이하지도 않고 멀리하지도 않고, 이롭게 하지도 않고 해롭게 하지도 않으며, 귀하게 여기지도 않고 천하게 여기지도 않는다고 했다. 이 같은 자세가 무명無名, 불언不言, 무위無爲의 마음챙김이다.

도를 잘 따르며 덕을 두텁게 쌓은 어른의 마음챙김이 바로 '현동'이다. 가까이하지도 않고 멀리하지도 않으면서 어떻게 살아갈 수 있을까? '말 없는 말' '함 없는 함'의 길을 찾아나가는 것이 '도덕경 명상'이다. 자신의 지나친 욕심을 내려놓으면 '길 없는 길'이 보인다.

눈과 입이 재앙의 출입구라고 해서 보고 듣고 느끼는 감각기관을 아예 틀어막고 살 수는 없다. '감각의 구멍을 막고 욕망의 문을 닫는다'는 표현이 사회생활 자체를 부정하는 말은 아니다. 남들과 어울리고 사회생활을 잘해 나가려면 보이고 들리는 것이 다가 아님을 알아차려야 한다는 뜻이다. 대칭적 상관관계의 공존으로 이뤄진 만물의 실상을 알아차리기 위해선 마음을 잘 다스려야 한다. 마음을 다스리는 수행이 마음챙김이다. 어떤 대상이나 사물이나 상황을 접할 때마다 그냥 있는 그대로 대상의 변화를 알아차려 보자. 그렇게만 하면 된다. 단순해 보이는 알아차림이 기적을 만들어낸다.

57장

어른이 무위하면 세상이 자연스럽게 바뀐다

올바름으로 나라를 다스리려고 하면

以正治國
이 정 치 국

속임수로 무력을 쓰는 지경까지 가니

以奇用兵
이 기 용 병

무사無事로 천하를 취해야 한다.

以無事取天下
이 무 사 취 천 하

내가 어떻게 그런 줄을 알겠는가?

吾何以知其然哉
오 하 이 지 기 연 재

다음과 같은 이유 때문이다.

以此
이 차

세상에 꺼리고 피하는 것이 많을수록

天下多忌諱
천 하 다 기 휘

사람들은 더 가난해진다.

而民彌貧
이 민 미 빈

사람들에게 이로운 기물이 많을수록

民多利器
민 다 리 기

국가는 더 혼란해진다.

國家滋昏
국 가 자 혼

사람들의 기교가 늘수록

人多伎巧
인 다 기 교

이상한 일이 더 일어난다.

奇物滋起
기 물 자 기

법령이 많을수록

法令滋彰
법 령 자 창

도적이 늘어난다.

盜賊多有
도 적 다 유

그러므로	故 고
참된 어른은 이렇게 말한다.	聖人云 성 인 운
내가 무위하면	我無爲 아 무 위
사람들이 자연스럽게 변화하고	而民自化 이 민 자 화
내가 고요함을 좋아하면	我好靜 아 호 정
사람들이 자연스럽게 바르게 되며	而民自正 이 민 자 정
내가 무사無事하면	我無事 아 무 사
사람들이 자연스럽게 부유해지고	而民自富 이 민 자 부
내가 무욕하면	我無欲 아 무 욕
사람들이 자연스럽게 통나무로 돌아간다.	而民自樸 이 민 자 박

奇(기): 속임수. '바를 正正'과 함께 대칭적 상관관계 / 忌諱(기휘): 꺼리고 피함

올바름(正)을 기준으로 나라를 다스리는 것은 좋은 것일까, 나쁜 것일까? 노자가 던지는 매우 근원적인 질문이다. 보통 수준의 문답이라면 '올바름'으로 다스리는 것은 당연히 좋은 것이라고 답해야 한다. 『도덕경』은 보통 수준의 문답에서 한 걸음 더 나아간 고차원의 성찰을 요청한다. 좋다, 나쁘다고 하는 분별을 넘어서는 성찰이다. 올바르게 한다는 것이 절대적 기준으로 고착되면 그 올바름조차 타락할 수 있다는 것이 노자의 가르침이다. '타락한 올바름'이 되는 것이다.

올바름과 속임수(奇)도 대칭적 상관관계다. 올바름이 속임수로 타락할 수 있음을 알아차려야 한다. 바르게 하는 것으로 나라가 잘 다스려지면 좋겠는데 실상은 그렇지 않아서 문제가 된다. 권력자가 말로는 바르게 한다고 하면서 실상은 자기 잇속을 차리는 것일 수 있기 때문이다. 시작할 때 내건 명분은 대개 좋은 것일 수 있다. 좋은 뜻으로 출발했다고 해서 끝까지 좋은 결과를 가져오는 것은 아니다. 여기서 '속임수로 무력을 쓴다'는 말은 자신의 생각과 욕심을 강제로 관철하는 의미로 볼 수 있다. 그런 상황이 오면 백성은 권력의 감시만 피하려고 할 것이다.

절대적 올바름이란 없다

전쟁이 일상화된 춘추전국시대의 노자는 전쟁의 근원적 원인으로 소위 올바름이란 기준 그 자체를 지목한다. 절대적 올바름이란 없다는 것이 노자의 가르침이다. 올바르게 하는 것이 필요 없다는 이야기가 아니다. 그 점을 오해해선 안 된다. 사회를 바르게 하려는 노력은 필요하다. 제자백가諸子百家 모두 세상을 바르게 하려고 했다. 노자 철학이 한 걸음 더 나아간 점은 올바름을 고착된 선善으로 절대화하지 않는 것이다. 올바름이란 명분도 그 반대의 속임수로 전락할 수 있다고 보는 것이다. 『도덕경』은 모든 철학의 성찰을 요청하는 '철학 중의 철학'이다.

무사는 욕심을 내려놓는 것이다

노자가 제시하는 대책은 무사無事다. 억지로 일을 만들어 강제하지 말라는 뜻이다. 욕심을 내려놓는 것이 '무사'다. 자신이 세상을 바르게 한다는 바로 그 생각을 내려놓을 때 오히려 사람들이 자연스럽게 변화할 수 있다. 변화의 방향은 어디일까? 유무상생有無相生의 도道를 상징하는 통나무의 마음으로 돌아가는 것이다. 권력이 무위無爲하고 호정好靜하고 무욕無欲하면 세상이 자연스럽게 평화로워질 것이다.

58장

어른은 빛나되 남을 눈부시게 하지 않는다

정치가 어리숙하면

其政悶悶
기 정 민 민

백성은 순박해지고

其民淳淳
기 민 순 순

정치가 꼼꼼할수록

其政察察
기 정 찰 찰

백성은 이지러진다.

其民缺缺
기 민 결 결

화禍여!

禍兮
화 혜

복이 거기 기대어 있네.

福之所倚
복 지 소 의

복福이여!

福兮
복 혜

화가 거기 숨어 있네.

禍之所伏
화 지 소 복

누가 그 궁극을 알겠는가?

孰知其極
숙 지 기 극

절대적으로 고정된 올바름이란 없다.

其無正
기 무 정

올바름이 돌아가면 속임수가 되고

正復爲奇
정 복 위 기

잘함이 돌아가면 요사함이 된다.

善復爲妖
선 복 위 요

사람들의 미혹	人之迷
	인 지 미
그 세월이 아주 오래되었다.	其日固久
	기 일 고 구

이 때문에 참된 어른은	是以聖人
	시 이 성 인
방정하되 가르지 않고	方而不割
	방 이 불 할
청렴하되 쪼개지 않고	廉而不劌
	염 이 불 귀
정직하되 찌르지 않고	直而不肆
	직 이 불 사
빛나되 눈부시지 않다.	光而不燿
	광 이 불 요

缺(결): 이지러지다 / 倚(의): 기대다 / 伏(복): 숨다 / 方(방): 방정하다 / 劌(귀):
쪼개다, 상처 입히다 / 肆(사): 방자하다, 찌르다

복福은 바라는 것의 대명사이고 화禍는 싫어하는 것의 대명사다. 복을 얻으면 기뻐하고 화를 당하면 슬퍼하는 게 보통 사람의 감정이다. 그런데 복과 화는 대칭적 상관관계. 일방적으로 한쪽만 좋아하거나 싫어할 수 없다. 돌고 돌기 때문이다. 복에는 화가 숨어 있고, 화에는 복이 숨어 있다. 복이 유有의 세계라면 화는 무無의 세계가 되고 그 역도 성립한다. 행복과 불행이 하나로 같이 붙어 있는 셈이다. 행복과 불행이 서로 맞물려 돌아간다면 부딪치는 상황마다 지나치게 기뻐할 일도, 지나치게 슬퍼할 일도 없다. 그럼에도 순간 순간 일희일비하며 사는 게 우리 인생이다.

올바름과 속임수도 서로 기대어 돌고 돈다

노자는 복과 화가 서로 기대어 돌고 도는데 그 돌아감의 궁극을 누가 알겠느냐고 묻고 있다. 부질없는 질문을 던질 필요가 없다는 이야기로 들린다. 유와 무가 상생하며 돌고 돌아가는 게 세상 만물의 자연스러운 이치인데 어디에서 그 끝을 찾으려고 하느냐는 뜻이다.

57장에 이어 이 장에서 올바름과 속임수의 관계를 다시 언급했다. 57장만으로는 미진하다고 보고 부연 설명하면서 그 의미를 확실히 알려주고 있다. 대개 '올바름'은 무조건 좋다고 여기는 생각이 실은 착각일 수 있음을 확인해주는 것이다. 왜 그럴까? 내가 올바르다고 생각하는 그 순간 이미 오만함이 싹트기 때문이다. 오만함이 욕심을 부르고 욕심은 속임수로 이어진다. 여기서 속임수라는 말은 '올바르지 않음'의 의미로 쓰였다. 올바름과 올바르지 않음은 대

칭적 상관관계다. 마찬가지로 올바름과 속임수도 서로 기대어 돌고
돈다.

출발점에서 내건 올바름의 명분이 좋았다고 하여 그 결과도 무조
건 좋다고 장담할 수 없다. 절대적으로 고정된 올바름이란 없다. 올
바름이 올바름으로 여겨지는 것은 올바르지 않음이 있기 때문이다.
이 말 또한 오해하면 안 된다. 올바르게 살지 않고 막 살아도 좋다
는 뜻이 아니다. 누구나 올바르게 살려고 노력해야 한다. 그런 기본
적인 올바름까지 노자가 다 부정하는 것이 아니다. 올바르게 살되
자신이 올바르다는 그 생각마저 내려놓으라는 한 차원 높은 성찰을
요청하고 있는 것이다. 그래야 세상이 평화로워질 수 있다. 올바름
이 속임수로 바뀔 수 있음을 알아차려야 한다. 온갖 그럴듯한 명분
을 내세우며 세상을 바르게 한다고 큰소리를 내면서 뒤로는 제 잇
속을 채우는 일을 하면 '타락한 올바름'이 된다.

어른은 함부로 다른 사람을 재단하려 들지 않는다

잘함(善)과 요사함(妖)도 대칭적 상관관계다. 여기서 요사함은 불
선不善의 의미로 쓰였다. 선善과 불선의 관계에 대해선 『도덕경』 2장
에서 이미 살펴보았다. 이 같은 대칭적 상관관계의 도를 사람들이
망각한 채 미혹의 세월을 보낸 지가 아주 오래되었다고 노자는 안
타까워하고 있다. 미혹의 결과는 참혹한 전쟁이다.

대칭적 상관관계의 도를 체득하여 덕이 두터이 쌓인 어른의 행
동 방식은 어떤 모습일까? 후덕한 어른은 올바름을 절대적 기준으
로 내세워 함부로 다른 사람을 재단하려 들지 않는다. '방정하되 가

르지 않는다(方而不割)'는 구절은 28장의 '큰 다스림은 가르지 않는다(大制不割)'는 구절을 떠올리게 한다. 참된 어른이 세상을 다스리는 원리인 '통나무의 도'를 가리키고 있다. 왜 큰 다스림은 가르지 않을까? 큰 다스림은 큰 마음, 넓은 마음일 때 가능하다. 넓은 마음은 분별적 지식으로 세상을 보지 않는다. 청렴함과 정직함을 내세워 다른 사람을 함부로 판단하며 상처를 입히지 않는다. 빛나되 다른 사람을 눈부시게 하지 않는다는 말은 멋진 표현이다. 화광동진和光同塵과 같은 의미다.

59장

거듭 덕을 쌓으면 이기지 못할 것이 없다

사람을 다스리고 하늘을 섬기는 데

아낌보다 나은 것이 없다.

治人事天
치 인 사 천

莫若嗇
막 약 색

오직 아낄 뿐!

이것을 일찍 따름이라고 한다.

夫唯嗇
부 유 색

是謂早服
시 위 조 복

일찍 따름이란

거듭 덕을 쌓는 것이다.

早服
조 복

謂之重積德
위 지 중 적 덕

거듭 덕을 쌓으면

이기지 못할 것이 없다.

重積德
중 적 덕

則無不克
즉 무 불 극

이기지 못할 것이 없으면

그 끝을 알지 못한다.

無不克
무 불 극

則莫知其極
즉 막 지 기 극

그 끝을 알지 못하면	莫知其極
	막 지 기 극
나라를 가질 수 있다.	可以有國
	가 이 유 국

나라의 근본이 있으면	有國之母
	유 국 지 모
오래갈 수 있다.	可以長久
	가 이 장 구

이것을 일컬어	是謂
	시 위
뿌리를 깊고 튼튼하게 하여	深根固柢
	심 근 고 저
오래 살고 길게 보는 도라고 한다.	長生久視之道
	장 생 구 시 지 도

治人(치인): 사람을 다스리다. 정치를 의미 / 事天(사천): 하늘을 섬기다. 자연스러움을 본받는다는 의미 / 嗇(색): 아끼다. 덕을 쌓으면서도 드러내지 않는 '현덕 玄德'을 의미 / 무服(조복): 일찍 따르다. 미리미리 대비하여 조심한다는 의미 / 柢(저): 뿌리

사람을 잘 다스리는 정치의 요체는 하늘과 땅의 자연스러움을 본받는 것이다. 사천事天의 '하늘 천天'에는 '땅 지地'가 숨어 있다. 하늘과 땅은 대칭적 상관관계다. 하늘과 땅 사이에서 전개되는 만물의 자연스러운 운행을 본받는 모습을 '하늘을 섬긴다'라고 표현했다.

사람을 다스리고 천지의 자연스러움을 본받는 방법으로 아낌만한 것이 없다. 아낌이란 글자에 걸려 넘어지면 안 된다. 수전노처럼 재물을 베푸는 데 인색함을 말하는 것이 아니다. 노자의 아낌이란 무엇을 아끼는 것일까? 덕을 베풀면서도 공치사하지 않는 마음을 가리킨다.

아낌이란 드러내어 뽐내지 않는 현덕을 의미한다

이 같은 아낌의 의미를 바로 앞 장에서 살펴본 바 있다. '방정하되 가르지 않고, 청렴하되 쪼개지 않고, 정직하되 찌르지 않고, 빛나되 눈부시지 않는다'[1]고 한 것이 바로 아낌의 의미다. 아낌이란 바로 드러내어 뽐내지 않는 덕인 현덕玄德을 의미한다.

높은 덕은 덕스럽지 않다. 그 이유는 덕을 덕이라고 말하지 않기 때문이다. 덕을 많이 쌓으면서도 그것을 드러내 보이지 않는 무위無爲의 '현덕'이 바로 노자가 말하는 아낌의 다른 이름이다. 덕은 오직 유무상생有無相生의 도道를 따를 뿐이다. 미리미리 조심하며 대비하는 것이 덕을 쌓는 모습이다. 덕을 쌓으면서 그 덕을 드러내지 않으니 거듭해서 덕을 쌓게 된다.

---

1 "方而不割, 廉而不劌, 直而不肆, 光而不耀."(『도덕경』 58장)

색嗇을 아낌으로 보는 해석의 출처는 하상공의 해설이다.[2] '아낌'
이라고 번역되는 한자는 '사랑 애愛'다. 사랑이란 아끼고 소중하게
여기는 마음이다. 정말 아끼고 사랑한다면 공치사를 하지 말아야
한다. 공치사를 하지 않는 마음이 아낌의 의미다. 사랑이 변하면 상
처가 된다. 사랑이란 이름을 내걸고 가까이 있는 사람에게 상처를
주는 일이 얼마나 많았는지 되돌아보자. 사랑과 상처는 대칭적 상
관관계다. 사랑하는 사람이 잘 살아갈 수 있도록 지켜보는 마음이
아끼는 마음이다. '타락한 사랑'이 되지 않으려면 참된 아낌의 도를
따라야 한다.

농부는 곡식을 힘들게 하지 않고 잘 자라게 한다

왕필은 특이하게 '색'을 농부로 해석했다. "색嗇은 농부이다. 농부
가 논밭을 일구는 것을 보면 곡식과는 다른 종류의 풀들이 너무 자
라지 않게 베어내고 땅을 가지런히 고르는 데 힘쓴다. 자연스러움
을 온전하게 유지하면서 흉년과 병충해가 닥쳐서야 조급해하지 않
도록 미리 그 원인을 다스린다. 위로 천명을 받들고 아래로 백성을
편안하게 하는 데 이보다 나은 것은 없다."[3]
농부는 자연의 흐름에 역행하지 않는다. 밭 갈아야 할 때 밭 갈고

---

2 "색嗇은 '아끼다'(愛)는 뜻이다. 나라를 다스리는 자는 백성의 재산을 아껴야 하고 지나
치게 사치하지 말아야 한다. 몸을 다스리는 자는 정기를 아껴야 하고 방종하지 말아야
한다(嗇, 愛也. 治國者當愛民財, 不爲奢泰. 治身者當愛精氣, 不爲放逸)."(이석명 옮김, 『노자 도덕경
하상공장구』, 소명출판, 344쪽 참조)
3 "嗇, 農夫. 農人之治田, 務去其殊類, 歸於齊一也. 全其自然, 不急其荒病, 除其所以荒病. 上承天命, 下綏百
姓, 莫過於此."(김학목 옮김, 『노자 도덕경과 왕필의 주』, 홍익출판사, 228쪽; 임채우 옮김,
『왕필의 노자주』, 한길사, 252~253쪽; 이현주 역, 『노자익老子翼』, 두레, 267쪽 참조)

씨 뿌려야 할 때 씨 뿌려야 한다. 때를 놓치면 농사를 망친다. 농부가 따르는 길이 자연스러운 도다. 농부가 자신의 의지를 앞세워 강제로 곡식을 키워낼 수는 없다. 화학 비료나 농약이 없던 시절 농사는 자연과 함께하는 삶 그 자체였다. 자연의 흐름을 따르면서 곡식이 잘 자라도록 도와주고 흉년이나 병충해를 예방하는 것이 농부의 일이다. 가뭄으로 인한 흉년에 대비해 저수지 물을 미리 확보하고 비상식량도 비축해 놓아야 할 것이다. 농부가 곡식을 힘들게 하는 일은 없다. 곡식이 잘 자랄 수 있는 환경을 조성하는 것이 농부가 힘써야 할 근본 과제다. 마찬가지로 권력이 백성을 함부로 강제하며 힘들게 해선 안 된다.

60장

나라 다스리는 일을 작은 생선 삶듯 하라

큰 나라를 다스림은

治大國
치 대 국

작은 생선을 삶듯이 한다.

若烹小鮮
약 팽 소 선

도로써 세상을 다스리면

以道莅天下
이 도 리 천 하

귀신도 신령스럽지 않게 된다.

其鬼不神
기 귀 불 신

귀신이 신령스럽지 않아서가 아니라

非其鬼不神
비 기 귀 불 신

그 신령스러움이 사람을 해치지 않는 것이다.

其神不傷人
기 신 불 상 인

그 신령스러움이 사람을

非其神不傷人
비 기 신 불 상 인

해치지 않을 뿐만 아니라

성인聖人의 성스러움도 사람을 해치지 않는다.

聖人亦不傷人
성 인 역 불 상 인

烹(팽): 삶다, 요리하다 / 莅(리): 임하다, 다스리다

신령스러움과 성스러움이

서로 사람을 해치지 않으니

덕이 교대로 사람들에게 돌아간다.

夫兩不相傷
부 양 불 상 상

故德交歸焉
고 덕 교 귀 언

작은 생선을 요리할 때 이리저리 자꾸 뒤집으면 살점이 다 부서져 버린다. 큰 나라를 다스릴 때도 이렇게 작은 생선을 요리하듯 무위無爲 정치를 하라는 것이 노자의 가르침이다. 한마디로 요약하면 '조심조심'이다. 매사에 미리미리 준비하고 조심조심 대처하면 크게 어려운 일이 없을 것이다.

미리미리 조심조심 대처하면 어려움이 없다

무위의 도道를 따라 조심조심 세상을 다스리면 귀신의 신령스러움조차 사람을 해치지 않는다고 했다. 여기서 귀신의 신령스러움이란 말에 걸려 넘어지면 안 된다. 이에 대한 왕필의 설명을 참고할 만하다. "신령스러움이 자연스러움을 해치지 않는다. 만물이 자연스러움을 지키면 신령스러움이 가해질 곳이 없다."[1]라고 해설했다. 신령스러움이 자연스러움을 해치지 않는다는 구절이 눈길을 끈다. 자연스러움이란 도를 따르며 덕을 쌓는 어른의 모습이다. 자연스러운 도와 덕을 지키면 귀신조차 함부로 할 수 없다는 이야기다.

죽은 사람의 신령스러움은 살아 있는 인간이 알 수 없는 세계다. 알 수 없는 세계는 공포의 대상이기도 하다. 공포는 잘못 알고 있거나 착각을 할 때 일어날 수도 있다. 삶과 죽음이 대칭적 상관관계이듯이 산 사람의 세계와 죽은 사람의 세계도 대칭적 상관관계다. 죽은 사람의 세계가 따로 존재하는 것처럼 여기는 것은 대칭적 상관

---

1   "神不害自然也. 物守自然, 則神無所加."(김학목 옮김, 『노자 도덕경과 왕필의 주』, 홍익출판사, 231쪽 참조)

관계를 망각한 모습이다. 또 신령스러움과 신령스럽지 않음도 대칭적 상관관계임을 알아야 한다. 신령스러움과 신령스럽지 않음을 하나로 보는 마음이 자연스러움이다. 자연스러운 마음을 신령스러움이 해칠 수 없는 이유다.

성스러움도 성스럽지 않음으로 바뀔 수 있다

'성인聖人의 성스러움도 사람을 해치지 않는다'는 말은 무슨 뜻일까? 도를 잘 따르는 성인이 사람을 해칠 수도 있다는 말인가? 사람을 해치는 자를 '성인'이라고 부를 수는 없다. 여기서 노자는 성인이라는 이름에도 걸려 넘어지면 안 됨을 알려주고 있다. 성인의 '성스러움'은 절대적으로 고정된 이름이 아니다. 성인이라고 해서 작은 생선을 함부로 뒤적이며 요리할 수는 없다. 작은 생선을 조심조심 요리하는 무위를 실천해야 비로소 성인이라 할 수 있다. 성인이라 여겨져도 무위를 벗어나면 곧 성인이 아니다. 성스러움을 절대화하면 '타락한 성스러움'으로 변질된다. '타락한 성스러움'은 세상과 사람을 살리는 것이 아니라 오히려 해치게 된다.

『도덕경』57장에서부터 정치의 실상에 대해 계속 이야기하고 있다. 그 핵심은 '절대적으로 고정된 올바름은 없다'는 것이다. 올바름이 속임수로 바뀔 수 있듯이 성스러움도 성스럽지 않음으로 바뀔 수 있다는 것이 노자가 전하는 세상의 이치다. 참된 성스러움은 성스럽지 않게 보인다. 덕스럽지 않은 덕을 현덕玄德이라고 하듯이 성스럽다는 생각조차 하지 않고 성스러운 덕을 행할 수 있으면 현성玄聖이라고 불러도 좋을 듯하다.

61장

큰 것이 마땅히 아래가 되어야 한다

큰 나라가 낮은 곳으로 흐르니 　　大國者下流
　　　　　　　　　　　　　　　대 국 자 하 류

천하가 모여 교류하게 되고 　　天下之交
　　　　　　　　　　　　천 하 지 교

천하를 품는 암컷이 된다. 　　天下之牝
　　　　　　　　　　　천 하 지 빈

암컷은 항상 고요함으로 수컷을 이긴다. 　　牝常以靜勝牡
　　　　　　　　　　　　　　　　빈 상 이 정 승 모

고요함으로 자신을 낮추기 때문이다. 　　以靜爲下
　　　　　　　　　　　　　　이 정 위 하

그러므로 　　故
　　　　고

큰 나라가 이를 본받아 작은 나라에 낮추면 　　大國以下小國
　　　　　　　　　　　　　　　　　　　대 국 이 하 소 국

작은 나라를 취하고 　　則取小國
　　　　　　　　　즉 취 소 국

작은 나라가 이를 본받아 큰 나라에 낮추면 　　小國以下大國
　　　　　　　　　　　　　　　　　　　소 국 이 하 대 국

큰 나라에 받아들여진다. 　　則取大國
　　　　　　　　　즉 취 대 국

그러므로 　　故
　　　　고

어떤 경우는 낮춤으로써 취하고 　　或下以取
　　　　　　　　　　　　　혹 하 이 취

어떤 경우는 낮춤으로써 받아들여진다.

或下而取
혹 하 이 취

큰 나라는

大國
대 국

작은 나라 사람들을 함께 보살필 뿐이고

不過欲兼畜人
불 과 욕 겸 휵 인

작은 나라는

小國
소 국

큰 나라에 들어가 그들을 섬길 뿐이다.

不過欲入事人
불 과 욕 입 사 인

무릇

夫
부

양쪽이 각기 바라는 바를 얻으려면

兩者各得其所欲
양 자 각 득 기 소 욕

큰 것이 마땅히 아래가 되어야 한다.

大者宜爲下
대 자 의 위 하

牝(빈): 암컷 / 牡(모): 수컷 / 夫(부): 무릇. 발어사

큰 것과 작은 것은 대칭적 상관관계의 대표 선수라고 할 수 있다. 작은 것 없이 큰 것만 홀로 큰 것이 될 수 없다. 세계 평화를 위해선 큰 나라와 작은 나라가 모두 자신을 낮추고 겸손해야 한다. 서로 존재 근거가 상대에게 있음을 알아야 겸손할 수 있다.

작은 나라가 큰 나라에 자신을 낮추는 일은 그리 어렵지 않다. 힘이 약한 소국은 대국을 두려워하기 때문이다. 문제는 큰 나라를 설득하는 일이다. 큰 나라는 자칫 오만해지기 쉽기에 작은 나라에 낮추기가 쉽지 않다.

겸손이란 상대를 존중하고 배려하는 마음이다

노자는 큰 나라를 하류와 암컷에 비유했다. 하류와 암컷은 겸손한 처신을 상징한다. 자신을 낮추기에 세상 만물이 그리로 모여든다는 공통점이 있다. 도道를 체득하여 마음속에 두텁게 쌓인 덕德은 겸손한 모습으로 나타난다. 겸손이란 상대를 존중하고 배려하는 어른스러운 마음이다.

이런 이치를 본받아 큰 나라가 작은 나라를 존중하고 배려하면 작은 나라를 취할 수 있다. 여기서 취한다는 것은 마음을 얻는다는 뜻이다. 큰 나라는 무력으로 작은 나라를 정복할 수 있다. 영토는 강제로 빼앗을 수 있을지 몰라도 그 나라 사람들의 마음을 얻기는 어려울 것이다. 큰 나라가 작은 나라에 겸손할 수 있으면 작은 나라 사람들의 신뢰까지 얻을 수 있다는 이야기다.

큰 나라가 작은 나라에 자신을 낮춰야 복종을 끌어낸다

이 구절에 대해 조선의 유학자 박세당이 남긴 해설을 참고할 만하다. 박세당은 조선 시대 인물로 드물게 노자와 장자의 주석서를 모두 낸 인물이다. 조선의 정치에서 핵심 현안은 사대事大의 문제였다. 박세당은 "일반적으로 작은 나라는 항상 큰 나라를 두려워해서 큰 나라에 자신을 낮출 수 있다. 하지만 큰 나라는 항상 작은 나라를 업신여겨서 작은 나라에 자신을 낮추는 경우가 드물다. 그렇게 처신하면 작은 나라의 마음을 잃어서 진정으로 복종시킬 수 없으니 끝내 위대함을 이루지 못한다. 그러므로 '큰 것이 마땅히 아래가 되어야 한다'고 한 것이다."[1]라고 했다. 작은 나라의 마음을 얻어야 진정한 복종을 끌어낼 것이라는 해설이 옛날이야기로만 들리지 않는다. 영토가 크고 힘이 세다고 큰 나라가 아니다. 유무상생有無相生의 도를 따를 수 있어야 진정 큰 나라가 된다.

---

1 "蓋小國常畏大國, 能下之, 而大國常侮小國罕能下之者. 如此則失小國之心, 而不能懷服, 卒無以成其大. 故曰大者宜爲下."(박세당 지음, 김학목 옮김, 『박세당의 노자』, 예문서원, 219쪽 참조)

62장

잘 못하는 사람이라고 어찌 버리겠는가

도는 만물을 품는 그윽함이니 　　道者萬物之奧
　　　　　　　　　　　　　　　　도 자 만 물 지 오

잘하는 사람은 보물처럼 여기고 　善人之寶
　　　　　　　　　　　　　　　선 인 지 보

잘 못하는 사람도 보존하고 있다. 不善人之所保
　　　　　　　　　　　　　　　불 선 인 지 소 보

아름다운 말은 시장에서 팔릴 수 있고 　美言可以市
　　　　　　　　　　　　　　　　　　미 언 가 이 시

존귀한 행동은 사람들에게 영향을 미치지만 　尊行可以加人
　　　　　　　　　　　　　　　　　　　　　존 행 가 이 가 인

잘 못하는 사람이라고 해서 　人之不善
　　　　　　　　　　　　　　인 지 불 선

어찌 버릴 수 있겠는가! 　何棄之有
　　　　　　　　　　　　하 기 지 유

그러므로 　故
　　　　　고

천자를 세우고 　立天子
　　　　　　　입 천 자

삼공을 배치할 때 　置三公
　　　　　　　　　치 삼 공

비록 옥을 받들고 사두마차를 앞세울지라도 雖有拱璧以先駟馬
　　　　　　　　　　　　　　　　　　　　수 유 공 벽 이 선 사 마

가만히 앉아서 이 도를 내세우는 것만 못하다. 不如坐進此道
　　　　　　　　　　　　　　　　　　　　　불 여 좌 진 차 도

옛날 이 도를 귀하게 여긴 까닭이 무엇인가?　古之所以貴此道者何
　　　　　　　　　　　　　　　　　　고 지 소 이 귀 차 도 자 하

이로써 구하면 얻고　　　　　　　　　不曰以求得有罪以免邪
　　　　　　　　　　　　　　　　　　불 왈 이 구 득 유 죄 이 면 사

죄가 있어도 면한다고 하지 않았던가?

그러므로 천하의 귀한 것이 된다.　　　故爲天下貴
　　　　　　　　　　　　　　　　　　고 위 천 하 귀

奧(오): 그윽하다. 대칭적 상관관계의 경계가 흐릿한 모습 / 三公(삼공): 주周나라 때 최고의 벼슬. 태사太師·태부太傅·태보太保 / 拱璧(공벽): 진귀한 옥玉을 두 손으로 받들다 / 駟馬(사마): 네 필의 말이 끄는 수레

도道는 세상 만물의 그윽한 모습을 가리킨다. 그윽한 모습이란 대칭적 상관관계가 하나로 같이 있으면서 경계가 흐릿한 모습을 묘사한 것이다. 이 장에서는 잘하는 사람과 잘 못하는 사람의 관계로 그 그윽함을 표현하고 있다.

잘함과 잘 못함이 동전의 양면처럼 같이 있다

말과 행동을 아름답고 존귀하게 잘하는 사람과 잘 못하는 사람의 거리가 얼마나 될까? 도의 그윽함을 체득한 어른은 잘함과 잘 못함의 사이를 그리 심하게 분별하지 않는다. 그 거리를 재는 기준은 잘 잘못을 재는 사람의 생각과 욕심인 경우가 많다. 마음을 넓게 쓰면 그 거리가 거의 없어 보이고, 마음을 좁게 쓰면 그 거리가 크게 보인다. 선善이 선으로 여겨지는 것은 불선不善이 있기 때문이라고 보는 것이 도의 그윽한 관점이다. 잘함과 잘 못함이 동전의 양면처럼 같이 있다고 보는 것이다.

『도덕경』 27장에서 '잘하는 사람은 잘 못하는 사람의 스승이 되고, 잘 못하는 사람은 잘하는 사람의 바탕이 된다'[1]고 한 구절과 의미가 통한다. 또 '참된 어른은 항상 사람을 잘 구제하므로 버려지는 사람이 없다'[2]고도 했다. 『도덕경』 49장에서는 '잘하는 사람을 나는 잘한다고 여기고, 잘 못하는 사람도 나는 잘한다고 여긴다'[3]고 했다.

---

1 "善人者, 不善人之師. 不善人者, 善人之資."(『도덕경』 27장)
2 "聖人常善救人, 故無棄人."(『도덕경』 27장)
3 "善者, 吾善之. 不善者, 吾亦善之, 德善."(『도덕경』 49장)

도의 넓고 그윽함을 알아차리는 것이 중요하다

잘함과 잘 못함을 심하게 분별하지 않는 도의 넓은 포용력에 대한 언급은 『도덕경』에서 계속 이어진다. 하상공은 도를 묘사한 오奧를 '품는다(藏)'는 뜻으로 풀이했다. 만물을 품고 간직한다는 뜻이다. 나라를 다스릴 때도 도의 넓고 그윽함을 알아차리는 것보다 더 중요한 것은 없다.

63장

어른은 쉬운 일을 오히려 어렵게 여긴다

무위를 행하고 　　　　　　　　　爲無爲
　　　　　　　　　　　　　　　위 무 위

무사로 일하며 　　　　　　　　　事無事
　　　　　　　　　　　　　　　사 무 사

무미를 맛본다. 　　　　　　　　味無味
　　　　　　　　　　　　　　　미 무 미

작은 것을 크게 여기고 　　　　　大小多少
　　　　　　　　　　　　　　　대 소 다 소

적은 것을 많게 여기며

원한을 덕으로 갚는다. 　　　　　報怨以德
　　　　　　　　　　　　　　　보 원 이 덕

어려운 일은 쉬운 데서 도모하고 　圖難於其易
　　　　　　　　　　　　　　　도 난 어 기 이

큰일은 작은 것부터 시작한다. 　爲大於其細
　　　　　　　　　　　　　　　위 대 어 기 세

세상의 어려운 일은 　　　　　　天下難事
　　　　　　　　　　　　　　　천 하 난 사

반드시 쉬운 데서 일어나고 　　必作於易
　　　　　　　　　　　　　　　필 작 어 이

세상의 큰일은 　　　　　　　　天下大事
　　　　　　　　　　　　　　　천 하 대 사

반드시 작은 데서 일어난다. 　　必作於細
　　　　　　　　　　　　　　　필 작 어 세

이 때문에 참된 어른은

是以聖人
시 이 성 인

끝내 자신을 크다고 여기지 않기에

終不爲大
종 불 위 대

큰일을 이룰 수 있다.

故能成其大
고 능 성 기 대

무릇

夫
부

가벼운 승낙은 반드시 미더움이 적어지고

輕諾必寡信
경 낙 필 과 신

쉬움이 많으면 반드시 어려움도 많아진다.

多易必多難
다 이 필 다 난

이 때문에 참된 어른은

是以聖人
시 이 성 인

쉬운 일을 오히려 어렵게 여긴다.

猶難之
유 난 지

그러므로 끝내 어려움이 없다.

故終無難矣
고 종 무 난 의

圖(도): 도모하다 / 猶(유): 오히려, 머뭇거리다

육안으로는 작은 것은 작게만 보이고 적은 것은 적게만 보인다. 마음의 눈을 뜨면 작은 것을 크게, 적은 것을 많게 여길 수 있다. 큰 것이 크게 여겨질 수 있는 것은 작은 것이 있기 때문이고, 많은 것이 많게 여겨질 수 있는 것은 적은 것이 있기 때문이다. 큰 것과 작은 것은 하나로 같이 있고 많은 것과 적은 것도 하나로 같이 있다. 마음의 눈으로 유무상생有無相生의 도道를 알아차려야 한다. 마음의 눈으로 보는 것이 무위無爲이고 마음의 눈으로 일하는 것이 무사無事이고 마음의 눈으로 맛보는 것이 무미無味다.

어떤 일을 하든 조심스럽고 어렵게 하라

원한과 덕도 대칭적 상관관계다. 원한이 표출되면 덕은 숨게 된다. 덕을 쌓으면 원한으로 채워졌던 마음이 비워진다. 미움과 분노와 복수의 원한이 우리의 마음을 힘들게 한다. 원한이 스트레스와 고통의 근원이다. 원한은 원한으로 풀 수 없다. 원한을 푸는 열쇠는 덕이다. 마음챙김의 마지막 관문은 용서다. 쉽지 않은 경지다.

어려움과 쉬움도 대칭적 상관관계다. 세상의 크고 어려운 일은 다 작고 쉬운 데에서 시작된다. 큰일을 하고 있다는 오만한 생각이 들면 일을 그르치게 된다. 상황을 너무 쉽게 여기면 어려운 일이 많아진다. 어려움과 쉬움이 돌고 도는 게 세상의 이치다. 그래서 도를 잘 따르는 어른은 어떤 일을 대하든 조심스러워하면서 어렵게 여긴다. 겸손한 마음이 어려움을 줄이고 큰일을 이룬다.

64장

억지로 하면 실패하고 집착하면 잃는다

안정돼 있을 때 유지하기 쉽고

其安易持
기 안 이 지

조짐이 없을 때 도모하기 쉽다.

其未兆易謀
기 미 조 이 모

취약할 때 녹이기 쉽고

其脆易泮
기 취 이 반

미세할 때 흩뜨리기 쉽다.

其微易散
기 미 이 산

아직 드러나지 않을 때 대비하고

爲之於未有
위 지 어 미 유

어지럽지 않을 때 다스려야 한다.

治之於未亂
치 지 어 미 란

한아름 되는 커다란 나무도

合抱之木
합 포 지 목

털끝 같은 싹에서 자라나고

生於毫末
생 어 호 말

구층 누대도

九層之臺
구 층 지 대

한 줌의 흙에서 세워지며

起於累土
기 어 누 토

천릿길도

千里之行
천 리 지 행

발아래에서 시작한다.

始於足下
시 어 족 하

| 억지로 하면 실패하고 | 爲者敗之
위 자 패 지 |
| 집착하면 잃게 된다. | 執者失之
집 자 실 지 |

이 때문에 참된 어른은	是以聖人 시 이 성 인
무위를 함으로 실패가 없고	無爲故無敗 무 위 고 무 패
집착이 없기에 잃음도 없다.	無執故無失 무 집 고 무 실

사람들이 일하는 것을 보면	民之從事 민 지 종 사
늘 거의 다 이룰 무렵 실패한다.	常於幾成而敗之 상 어 기 성 이 패 지
끝마침을 처음처럼 신중히 하면	愼終如始 신 종 여 시
실패할 일이 없다.	則無敗事 즉 무 패 사

이 때문에 참된 어른은	是以聖人 시 이 성 인
바라지 않기를 바라고	欲不欲 욕 불 욕
얻기 어려운 재화를 귀하게 여기지 않으며	不貴難得之貨 불 귀 난 득 지 화
배우지 않기를 배워서	學不學 학 불 학
뭇사람들이 지나치는 곳으로 되돌아간다.	復衆人之所過 복 중 인 지 소 과

脆(취): 취약하다 / 泮(반): 녹다, 풀리다

이로써 만물의 자연스러움을 돕되

以輔萬物之自然
이 보 만 물 지 자 연

감히 억지로 하지 않는다.

而不敢爲
이 불 감 위

노자가 제시하는 '잘 살아가는 법'이 여기 나온다. 두 마디로 요약할 수 있다. 한 마디는 '미리미리'이고 다른 한 마디는 '조심조심'이다. 어떤 조짐이 표출되기 전에 그 기미를 알아차리고 미리미리 조심하며 대비를 한다면 크게 일을 그르치지 않을 것이다. 갈등이 폭발하거나 혼란이 심해지면 이미 늦었다. 호미로 막을 것을 가래로 막기도 힘들어진다. 그렇게 되기 전에 변화의 조짐을 알아차려야 한다.

마음을 비워야 처음처럼 신중하게 할 수 있다

알아차리기 위해선 마음을 비워야 한다. 마음을 비워야 무無의 세계를 볼 수 있다. 유有의 세계에만 집착하지 않고 무의 세계를 알아차려야 미리미리 조심조심 대비할 수 있다. 무의 세계를 알아차림은 상대에 대한 존중과 배려의 마음으로 나타난다.

바라지 않기를 바란다는 것은 무슨 말일까? 바로 자신의 생각과 욕심을 내려놓는 것을 의미한다. 얻기 어려운 재화를 귀하게 여기지 않는 것도 마찬가지다. 그동안 학교에서 배우고 사회에서 경험한 지식과는 다른 종류의 새로운 배움을 노자는 요청하고 있다. 마음을 비우는 공부다. 마음 비우기를 배워야 항상 처음처럼 신중하게 일을 잘 끝마칠 수 있다. 만물이 자연스럽게 살아가도록 돕는 것이 마음챙김의 길이다.

65장

지혜로써 다스리지 않는 것이 복이 된다

옛날에 도를 잘 행하는 사람은	古之善爲道者 고 지 선 위 도 자
백성을 똑똑하게 하지 않고	非以明民 비 이 명 민
어리석게 만들려고 했다.	將以愚之 장 이 우 지
백성을 다스리기 어려운 이유는	民之難治 민 지 난 치
그들의 지혜가 많기 때문이다.	以其智多 이 기 지 다
그러므로	故 고
지혜로 나라를 다스리는 것은	以智治國 이 지 치 국
나라의 도둑이 되고	國之賊 국 지 적
지혜로 나라를 다스리지 않는 것은	不以智治國 불 이 지 치 국
나라의 복이 된다.	國之福 국 지 복
이 두 가지를 아는 것	知此兩者 지 차 양 자
이 또한 법칙이다.	亦稽式 역 계 식

항상 법칙을 아는 것

이를 현덕玄德이라 한다.

常知稽式
상 지 계 식

是謂玄德
시 위 현 덕

현덕은

깊고 아득하구나!

만물과 함께 되돌아간다.

그런 후에 크게 따르는 경지에 이른다.

玄德
현 덕

深矣遠矣
심 의 원 의

與物反矣
여 물 반 의

然後乃至大順
연 후 내 지 대 순

稽式(계식): 법칙

똑똑함과 어리석음도 대칭적 상관관계다. 똑똑함으로 번역한 명
明은 바로 뒤에 나오는 '지혜 지智'와 같은 의미로 쓰였다. 노자는 대
개 '지'를 안 좋은 뜻으로 사용한다. 그 역설을 알아차려야 한다.

지혜 있음과 지혜 없음은 하나로 같이 있다

『도덕경』에서 앎의 최고 수준을 묘사할 때 쓰이는 글자가 '명'인
데 이 '명'조차도 절대화해선 안 됨을 알려주고 있다. 절대화된 '명'
은 어리석음으로 바뀐다. 여기서 노자가 어리석음을 똑똑함보다 더
중시하며 우민 정책을 권장한 것으로 오해해선 안 된다. 노자가 유
有의 세계만 추종하는 세태에 경종을 울리기 위해 무無의 세계를 강
조했던 것처럼 여기서도 어리석음을 방편적으로 강조하고 있다. 똑
똑함과 지혜로움을 자처하는 야심가들이 함부로 세상을 어지럽히
지 못하도록 경계하는 것이다.

지혜 있음과 지혜 없음은 하나로 같이 있으면서 돌아가는 작용을
한다. 지혜조차도 무조건 좋다는 식으로 절대화하지 않는 것이 노
자의 가르침이다. 유와 무가 서로 기대어 있는 대칭적 상관관계의
법칙을 아는 것을 현덕玄德이라고 부른다. 현玄에는 지혜로움과 똑
똑함을 뽐내지 않는 의미가 담겨 있다. 덕의 지극한 경지이면서도
덕스럽지 않기에 깊고 그윽하다고 묘사할 뿐이다. 만물과 함께 반
대 방향으로 되돌아가는 작용을 하지만 궁극적으로는 대자연의 흐
름과 하나가 된다.

66장

앞에 나서려면 반드시 자신을 뒤에 둬라

강과 바다가	江海 강 해
모든 계곡의 왕이 될 수 있는 까닭은	所以能爲百谷王者 소 이 능 위 백 곡 왕 자
자신을 잘 낮추기 때문이다.	以其善下之 이 기 선 하 지
그러므로 모든 계곡의 왕이 될 수 있다.	故能爲百谷王 고 능 위 백 곡 왕

이 때문에	是以 시 이
백성의 위에 있으려면	欲上民 욕 상 민
반드시 말로써 자신을 낮추고	必以言下之 필 이 언 하 지
백성의 앞에 나서려면	欲先民 욕 선 민
반드시 자신을 뒤에 두어야 한다.	必以身後之 필 이 신 후 지

이 때문에 참된 어른은	是以聖人 시 이 성 인
위에 있어도 사람들이 무겁게 여기지 않고	處上而民不重 처 상 이 민 부 중
앞에 있어도 사람들이 해롭게 여기지 않는다.	處前而民不害 처 전 이 민 불 해

이 때문에 세상 사람들이

是以天下
시 이 천 하

기꺼이 그를 받들며 싫증내지 않는다.

樂推而不厭
낙 추 이 불 염

어른은 다투려 하지 않기 때문에

以其不爭
이 기 부 쟁

세상 누구도 그와 다툴 수 없다.

故天下莫能與之爭
고 천 하 막 능 여 지 쟁

推(추): 받들다

자신을 낮춘다는 것은 자신의 생각을 내려놓는 것이다. 생각은 말로 표현된다. 분쟁은 말에서 시작된다. 말을 겸손하게 하는 것만으로도 왕 노릇을 할 수 있다. 옛날에 군주가 자신을 '외로운 사람' '부족한 사람' '못난 사람'이라고 낮춰 부른 이유가 그것이다.

겸손하게 처신하면 다른 사람과 다툴 일이 없다

말을 겸손하고 따뜻하게 하는 것은 어려운 일이 아닐 텐데 안 하다가 막상 하려고 하면 쉽게 되지 않는다. 생각이 바뀌어야 말이 따뜻하고 친절해질 수 있다. 대칭적 상관관계의 돌고 도는 이치를 알아야 상대를 존중하고 배려할 수 있게 된다. '귀함은 천함을 근본으로 삼고 높음은 낮음을 기초로 삼는다'[1]는 유무상생有無相生의 도道를 알면 자신을 낮출 수 있다. 앞서고 싶으면 자신을 뒤로해야 하는 것도 같은 이치다.

자신을 낮추고 뒤로하면 모든 것을 있는 그대로 바라보며 받아들일 수 있게 된다. 낮춤과 받아들임은 강과 바다에서 배울 수 있는 무위無爲, 무아無我의 자연스러움이다. 겸손하게 처신하면 다른 사람과 다툴 일이 없다. 다툼이 사라지니 세상이 평화로워진다.

---

1   "貴以賤爲本, 高以下爲基."(『도덕경』 39장)

67장

사랑하고 검약하며 물러설 줄 안다

세상 사람들 모두 말하길	天下皆謂 천 하 개 위
나의 도는 커서	我道大 아 도 대
도 같지 않다고 한다.	似不肖 사 불 초
오직 크기 때문에	夫唯大 부 유 대
도 같지 않아 보인다.	故似不肖 고 사 불 초
만약 도 같아 보였으면	若肖 약 초
오래전에 작아졌을 것이다.	久矣其細也夫 구 의 기 세 야 부
나에게 세 가지 보물이 있어	我有三寶 아 유 삼 보
그것을 지키고 보존한다.	持而保之 지 이 보 지
첫째 사랑	一曰慈 일 왈 자
둘째 검약	二曰儉 이 왈 검
셋째 감히 세상을 위한다며 나서지 않는 마음	三曰不敢爲天下先 삼 왈 불 감 위 천 하 선

사랑하기에 용감할 수 있다.

慈故能勇
자 고 능 용

검약하므로 넉넉할 수 있다.

儉故能廣
검 고 능 광

감히 세상을 위한다며 나서지 않으므로

不敢爲天下先
불 감 위 천 하 선

만물의 어른이 될 수 있다.

故能成器長
고 능 성 기 장

지금 사람들이

今
금

사랑을 버리고 용감하기만 하고

舍慈且勇
사 자 차 용

검약을 버리고 넉넉하기만 하며

舍儉且廣
사 검 차 광

뒤따름을 버리고 나서기만 하면

舍後且先
사 후 차 선

죽음에 이를 것이다.

死矣
사 의

무릇

夫
부

사랑으로 전쟁을 하면 이기고

慈以戰則勝
자 이 전 즉 승

사랑으로 지키면 단단할 것이다.

以守則固
이 수 즉 고

하늘이 누군가를 도우려 할 때는

天將救之
천 장 구 지

사랑으로 감싸줄 것이다.

以慈衛之
이 자 위 지

肖(초): 닮다, 같다 / 慈(자): 사랑, 자비 / 儉(검): 검약, 검소 / 舍(사): 버리다 / 且
(차): 취하다

말하여진 도道는 참된 도가 아니다. 말할 수 없는 도를 억지로 형용하여 '크다(大)'고 표현할 뿐이지만 그 크기가 어느 정도인지조차 가늠할 수 없다. 도의 크기는 대소大小의 상대적 가치로 분별할 수 없기 때문이다. 큼과 작음이 하나로 같이 있는 세상 만물의 이치를 억지로 말로 표현하기 위해 선택된 기호가 도이고 그 상징이 '크다'는 것일 뿐이다.

사랑, 검약, 감히 나서지 않는 마음이 보물이다

말로 할 수 없고 크기로 잴 수도 없지만 그 도를 체득한 사람의 덕행을 보면 그 도의 작용을 알 수 있다. 도를 체득한 이의 마음속에 쌓인 덕이 바로 노자가 제시한 세 가지 보물이다. 사랑, 검약, 그리고 세상을 위한다면서 감히 앞에 나서지 않는 마음이다.

셋 중에 제일은 사랑이다. 전쟁을 하더라도 사랑의 마음으로 해야 한다. 사랑의 마음으로 전쟁에 임한다면 그 전쟁은 오래가지 않을 것이고 전쟁에 이기더라도 기뻐하지 않고 상례喪禮에 따라 처리할 것이며 궁극적으로 참혹한 전쟁이 애초에 시작되지 않게 할 것이다. 참된 승리는 아예 전쟁이 일어나지 않게 하는 것이다. 하늘이 장차 누군가를 도와준다면 사랑의 마음으로 전쟁이 일어나지 않게 하는 사람일 것이다.

68장

다투지 않는 덕이 천하를 끌어안는다

훌륭한 무사는 힘을 뽐내지 않는다.

善爲士者不武
선 위 사 자 불 무

싸움을 잘하는 자는 화내지 않고

善戰者不怒
선 전 자 불 노

적을 잘 이기는 자는 맞서지 않으며

善勝敵者不與
선 승 적 자 불 여

사람을 잘 쓰는 자는 자신을 낮춘다.

善用人者爲之下
선 용 인 자 위 지 하

이것을 다투지 않는 덕이라 한다.

是謂不爭之德
시 위 부 쟁 지 덕

이것을 사람을 쓰는 힘이라 한다.

是謂用人之力
시 위 용 인 지 력

이것을 하늘에 짝한다고도 하니

是謂配天
시 위 배 천

예로부터의 준칙이다.

古之極
고 지 극

지옥은 다른 곳에 있지 않다. 싸움이 일어나는 곳이 지옥이다. 싸움은 화를 내면서 시작된다. 한번 화를 내면 세상은 곧 지옥으로 바뀐다. 한번 화를 거둘 때 지옥은 천당으로 바뀐다. 지옥과 천당이 본래 따로 있는 것이 아니다. 성냄과 분노가 세상을 지옥으로 만들고 따뜻한 한마디가 세상을 천당으로 바꾼다.

덕이 있는 사람은 적과 싸우지 않는다

가장 잘 싸우는 사람은 밖에 있는 적과 싸우지 않는다. 밖으로 향한 관심의 방향을 안으로 전환하여 내면의 변화를 관조하는 사람이 정말 잘 싸우는 사람이다. 속에서 화가 일어나는 기미를 알아차리면 더 이상 화를 내지 않게 된다. 성냄을 알아차리는 시간이 처음 시도할 때는 길었다가 내면을 관조하는 연습을 계속 할수록 짧아진다. 점점 짧아지다 보면 아예 싸움이 일어나지 않는 경지에 이르게 된다. 이것이 바로 다투지 않는 덕이다. 힘을 뽐내지 않고 화내지 않고 맞서지 않고 자신을 낮추는 경지다. 이런 덕을 쌓을 때 사람의 마음을 움직이는 힘이 생긴다. 그 힘은 거센 무력이 아니라 부드러운 마음의 힘이다. 하늘과 땅이 만물을 살리고 키우는 자연스러움을 본받는 길이다.

사람을 움직이는 힘은 완력이 아니라 포용력이다

내면의 소리를 들을 수 있어야 다른 사람의 마음을 움직일 수 있다. 자신의 마음과 다른 사람의 마음이 동떨어져 있는 것이 아니다. 자신의 믿음이 부족하면 다른 사람도 나를 신뢰하지 않는다. 강과 바다가 계곡의 왕이 되는 이유는 낮은 곳에 처하면서 모든 것을 있는 그대로 받아들이기 때문이다. 사람을 움직이는 힘은 완력이 아니라 바다처럼 낮고 넓고 깊은 포용력이다. 이것이 태고부터 지금까지 전해지는 도道와 덕德의 항상 그러한 법칙이다.

69장

적을 얕보면 나의 보물을 잃게 된다

용병술에 이런 말이 있다.

用兵有言
용 병 유 언

나는 감히 주인이 되지 않고 손님이 되어

吾不敢爲主而爲客
오 불 감 위 주 이 위 객

한 치도 나아가지 않고 한 자를 물러선다.

不敢進寸而退尺
불 감 진 촌 이 퇴 척

이것을 일컬어

是謂
시 위

나아감 없이 나아가고

行無行
행 무 행

팔소매를 걷어붙임 없이 걷어붙이며

攘無臂
양 무 비

적을 끌어당김 없이 끌어당기고

扔無敵
잉 무 적

병기를 잡음 없이 잡는다고 한다.

執無兵
집 무 병

적을 얕보는 것보다 더 큰 재앙은 없다.

禍莫大於輕敵
화 막 대 어 경 적

적을 얕보면 나의 보물을 거의 잃을 것이다.

輕敵幾喪吾寶
경 적 기 상 오 보

그러므로 병기를 들고 서로 싸울 땐

故抗兵相加
고 항 병 상 가

슬퍼하는 쪽이 이긴다.

哀者勝矣
애 자 승 의

행무행行無行은 위무위爲無爲, 사무사事無事, 미무미味無味와 같은 방식의 표현이다. '행함이 없는 행함'이란 행함에 대한 고정된 생각 없이 어떤 일을 행한다는 뜻이다. 용병술에서 행行은 행군行軍을 의미한다. 군대를 일으켜 전선으로 향해 간다는 뜻이다. 전쟁하러 나가는 것이다. 용병술로 보면 '행무행'은 행군에 대한 고정된 생각에 집착하지 않고 행군하는 것이다. 여기선 전쟁 없이 전쟁하는 것을 의미한다. 전쟁을 무조건 안 한다는 이야기가 아니다. 어쩔 수 없이 전쟁해야 할 땐 방어적으로 참전하지만 슬퍼하는 마음으로 임한다는 뜻을 '행군 없이 행군한다'는 역설적 표현에 담았다. 이것이 무위無爲의 전쟁, 즉 '전쟁 없이 하는 전쟁'이다.

무위의 전쟁은 나아감 없이 나아간다

양무비攘無臂, 잉무적扔無敵, 집무병執無兵도 모두 '행무행'과 같은 의미를 변주한 것이다. '팔소매를 걷어붙임 없이 걷어붙인다'는 것은 팔소매에 손을 대지 않는 것이다. 이 또한 무조건 손을 안 대는 것이 아니다. 어쩔 수 없이 손을 대야 할 때는 슬퍼하는 마음으로 댄다는 의미가 담겨 있다. '적을 끌어당김 없이 끌어당긴다' '병기를 잡음 없이 잡는다'는 것도 싸우지 않는다는 뜻이지만 무조건 싸우지 않겠다는 것이 아니다. 부득이하게 싸워야 할 때는 슬퍼하는 마음으로 싸움에 임하겠다는 의미가 담겨 있다.

무위의 전쟁은 어떻게 하는 것일까? 예부터 전해 내려오는 병가의 속담이 그 비결을 알려준다. 감히 전쟁을 일으키는 주인이 되지 말라고 했다. 어쩔 수 없이 전쟁에 임하는 손님이 되라고 한다. 먼저 공격하지 말고 부득이하게 방어전을 치르라는 이야기다. 조금이라도 공격하는 데 앞장서지 말고 오히려 멀리 후퇴하라고 권한다. 왜 그럴까? 전쟁의 재앙은 모두에게 비참한 결과를 가져오기 때문이다. 누가 공격을 시작하는가? 적을 만만하게 보는 쪽이 먼저 공격을 개시한다. 적을 가볍게 여기는 오만함이 재앙의 씨앗이다.

겸손한 마음을 상실하면 적을 얕보게 된다

적을 얕보면 자신의 보물을 거의 상실하게 된다. 노자는 67장에서 자신이 가진 세 가지 보물을 언급했다. 세 가지 보물은 사랑, 검약, 감히 천하를 위한다며 나서지 않는 마음이다. 사랑과 검약을 망각하고 감히 천하를 위한다며 앞에 나서는 이들이 벌이는 유위有爲의 전쟁을 어떻게 막을 수 있을까? 사랑과 검약과 감히 앞서지 않는 마음이 살아나면 비극적 전쟁을 피할 수 있다. 세 가지 보물의 공통점은 자신을 낮추는 겸손한 마음이다. 겸손한 마음을 상실하면 적을 얕보게 된다. 전쟁을 즐기는 자는 살생을 즐기는 자다. 방어하기 위해 어쩔 수 없이 전쟁에 임하게 되더라도 자비와 사랑의 마음으로 참전해야 한다. 슬퍼하는 마음으로 대처하면 이기는 전쟁을 할 수 있다. 참으로 이기는 전쟁은 전쟁을 하지 않고 이기는 것이다.

70장

말에는 종지가 있고 일에는 중심이 있다

내 말은

吾言
오 언

매우 알기 쉽고

甚易知
심 이 지

행하기도 쉬운데

甚易行
심 이 행

세상 사람들이

天下
천 하

알지도 못하고

莫能知
막 능 지

행하지도 못한다.

莫能行
막 능 행

말에는 종지가 있고

言有宗
언 유 종

일에는 중심이 있다.

事有君
사 유 군

오직 그것을 알지 못하니

夫唯無知
부 유 무 지

나를 알지 못한다.

是以不我知
시 이 불 아 지

나를 알아보는 자가 드무니

知我者希
지 아 자 희

나를 본받는 자는 귀해진다.

則我者貴
칙 아 자 귀

이 때문에 참된 어른은

거친 베옷을 입고 옥을 품고 있다.

是以聖人
시 이 성 인

被褐懷玉
피 갈 회 옥

則(칙): 본받다 / 被(피): 입다 / 褐(갈): 베옷

참된 어른은 비록 거친 베옷을 입고 있어도 그 마음속에는 옥구슬이 빛나고 있다. 육안으로는 거친 베옷만 보일 뿐이다. 보아도 보이지 않는 것이 마음속 옥구슬이다. 마음속 옥구슬은 어른의 마음이 되어야 보인다.

밖으로만 향했던 시선을 내면으로 전환해보자

어른이 간직하고 있는 옥구슬은 사랑, 검약, 그리고 감히 세상을 위한다며 나서지 않는 마음이다. 이것이 노자가 했던 말의 종지이고 일의 중심이다. 무위無爲라고도 하고 자연스러움이라고도 하며 무욕無欲이라고도 한다. 모두 자신을 낮추는 겸손을 가리킨다. 이런 이치는 집 밖으로 나가거나 창밖으로 내다보지 않아도 알 수 있을 정도로 쉽다. 억지로 하지 않아도 이룰 수 있는 것이므로 행하기에 어렵지 않다.

누구나 어른이 될 수 있다. 마음속 옥구슬을 볼 수 있으면 모두가 어른이다. 밖으로 아무리 돌아다녀도 옥구슬을 찾을 수는 없다. 옥구슬은 오직 마음속에서 빛나고 있다. 시선의 방향을 돌리면 보인다. 밖으로만 향했던 시선을 내면으로 전환해보자. 생각과 욕심을 내려놓기만 하면 된다.

71장

최상은 알아도 알지 못한다고 여기는 것이다

알아도 알지 못한다고 여김이 최상	知不知上 지 부 지 상
알지 못하면서 아는 척함은 병	不知知病 부 지 지 병
오직 병을 병으로 여길 줄 알면	夫唯病病 부 유 병 병
이로써 병이 되지 않는다.	是以不病 시 이 불 병
참된 어른은 병이 없다.	聖人不病 성 인 불 병
병을 병으로 알아차리기 때문에	以其病病 이 기 병 병
병이 되지 않는 것이다.	是以不病 시 이 불 병

病病(병병): 병을 병으로 여기다

앎과 모름도 대칭적 상관관계다. 내가 무엇을 안다고 하는 것은 모르는 것이 있기 때문이다. 또 내가 무엇을 모른다고 하는 것은 아는 것이 있기 때문이다. 아는 것과 모르는 것은 동전의 양면처럼 하나로 같이 붙어 있다. 내가 뭔가를 안다고 하여 너무 뽐내며 잘난 체할 일이 아니다. 앎이 있으면 동시에 모르는 것이 있기 때문이다. 내가 뭔가를 모른다고 하여 너무 부끄러워할 일도 아니다. 모르는 것이 있으면 동시에 아는 것이 있기 때문이다.

앎과 모름을 별개의 것처럼 분별하는 생각이 문제다

알면서도 그 아는 빛을 지나치게 드러내지 않는 것이 어른의 마음 자세다. 앎과 모름을 별개의 것처럼 분별하는 생각이 문제가 된다. 이분법적 분별은 생각이 만들어낸 습관이다. 이런 습관이 '생각의 병' 혹은 '마음의 병'을 키운다. 모든 근심과 스트레스가 여기서 비롯된다.

생각의 병을 병으로 알아차리는 것이 마음챙김이다. 인간의 의식 활동에서 생기는 이 병은 단지 병으로 여길 줄만 알아도 병이 되지 않는다. 아주 고치기 쉬운 병인 셈이다. 어렵지 않게 고칠 수 있는데도 마음을 내려놓지 못하기에 잘 고쳐지지 않는 희한한 고질병이기도 하다. 생각의 병을 치유하는 마음챙김 이야기를 2,500여 년 전에 노자가 하고 있다는 사실이 놀랍다. 생각과 마음을 비워야 생각의 병과 마음의 병을 고칠 수 있다. 앎과 모름이 하나로 같이 있음을 아는 것이 참된 앎이다.

"오직 모를 뿐!"이라고 하면 알게 된다

일찍이 1970년대에 미국 뉴욕에 거주하며 우리나라의 선불교를 전파한 숭산 스님은 항상 "오직 모를 뿐!"을 강조했다. 자신이 뭘 좀 많이 안다고 여기는 생각만큼 인간에게 큰 병이 없다. 그런 생각이 병을 만들고 키운다. 오만의 병이다. 어떤 사안이나 문제가 닥치면 가만히 호흡을 가다듬으면서 이렇게 외쳐보자. "오직 모를 뿐!" 그러면 알게 된다.

72장

어른은 자신을 귀하게 여기지 않는다

사람들이 위엄을 두려워하지 않으면	民不畏威 민 불 외 위
정말 큰 위엄이 닥친다.	則大威至 즉 대 위 지
그들의 거처를 낮추어 보지 말고	無狎其所居 무 압 기 소 거
그들의 생활을 싫어하지 말라.	無厭其所生 무 염 기 소 생
군주가 싫어하지 않아야	夫唯不厭 부 유 불 염
백성도 싫어하지 않는다.	是以不厭 시 이 불 염
이 때문에 참된 어른은	是以聖人 시 이 성 인
자신이 알아도 자신을 드러내지 않으며	自知不自見 자 지 부 자 현
자신을 아껴도 자신을 귀하게 여기지 않는다.	自愛不自貴 자 애 부 자 귀

威(위): 위엄, 권위 / 狎(압): 업신여기다 / 厭(염): 싫어하다

그러므로

저것을 버리고 이것을 취한다.

故
고

去彼取此
거 피 취 차

어른은 자신의 능력을 알지만 잘난 체하지 않는다. 잘함과 잘 못함의 대칭적 상관관계가 하나로 같이 있음을 알기 때문이다. 뽐내지 않으면 오히려 그 생명력을 오래 유지할 수 있다. 또 어른은 자신을 아끼고 사랑하지만 자신만 귀하게 여기지 않는다. 귀함과 천함 역시 동전의 양면처럼 돌고 도는 관계임을 알기 때문이다.

리더는 사람들의 마음을 자신의 마음으로 삼는다

큰 리더가 되기를 꿈꾼다면 먼저 유무상생有無相生의 도道를 깨달아야 한다. 자신의 이름을 드러내기보다는 사람들이 불편한 곳이 없는지 그 처지를 먼저 돌아보고, 자신을 높이기보다는 사람들의 생활이 어려워지지 않았는지 먼저 살펴보아야 한다. 자신의 마음을 비우고 사람들의 마음을 자신의 마음으로 삼아야 참된 리더가 될 수 있다.

사람들에 대해 안다는 생각이 들 때가 위기의 순간이다. 사람들의 처지를 따뜻한 마음으로 이해하지 못하고 오만하게 함부로 낮추어 보아선 안 된다. 군주가 백성의 처지를 낮추어 보면 백성으로부터 낮춤을 당하게 된다. 오직 백성이 잘 생활할 수 있게 도와주는 것이 군주의 일이다.

군주는 민심의 바다 위에 떠 있는 배와 같다

군주가 신중하게 처신하지 않으면 백성의 믿음을 잃는다. 백성이 군주의 위엄을 두려워하지 않을 정도가 되면 정말 큰 위엄이 닥치게 된다. 정말 큰 위엄은 백성의 위엄이다. 백성이 삶에 염증을 느끼고 죽음도 두려워하지 않을 정도가 되면 정말 크게 두려워해야 할 일이 벌어진다. 큰 위엄이 닥치기 전에 미리미리 조심조심 대비해야 한다. 군주는 민심의 바다 위에 떠 있는 배와 같다. 민심은 배를 띄우기만 하는 것이 아니라 그 배를 뒤집기도 한다.

감히 나서는데 용감하면 죽고

감히 나서지 않는데 용감하면 산다.

勇於敢則殺
용 어 감 즉 살

勇於不敢則活
용 어 불 감 즉 활

이 두 가지 용감함은

어떤 경우엔 이롭고 어떤 경우엔 해롭다.

此兩者
차 양 자

或利或害
혹 리 혹 해

하늘이 싫어하는 것

그 이유를 누가 알겠는가?

天之所惡
천 지 소 오

孰知其故
숙 지 기 고

이 때문에 참된 어른은

쉬운 일을 오히려 어렵게 여긴다.

是以聖人
시 이 성 인

猶難之
유 난 지

하늘의 도는

다투지 않아도 잘 이기고

말하지 않아도 잘 응하며

天之道
천 지 도

不爭而善勝
부 쟁 이 선 승

不言而善應
불 언 이 선 응

부르지 않아도 저절로 오고

不召而自來
불 소 이 자 래

느긋하면서도 잘 계획한다.

繟然而善謀
천 연 이 선 모

하늘의 그물은 넓고 커서

天網恢恢
천 망 회 회

성긴 듯해도 놓치는 것이 없다.

疏而不失
소 이 불 실

繟然(천연): 느릿느릿한 모양 / 恢恢(회회): 넓고 큰 모양

두 종류의 용기가 있다. 하나는 과감히 나서는 용기다. 다른 하나는 과감히 나서지 않는 용기다. '감히 나섬'과 '감히 나서지 않음'이 대칭적 상관관계로 제시됐다. 대개 감히 나섬만을 용기로 아는 사람들이 많다. 노자는 여기서 감히 나서지 않음의 용기를 새롭게 이야기한다. 감히 나서지 않음은 비겁함이 아니라 '용감하지 않을 용기'다. 감히 나섬이 유有의 세계라면 감히 나서지 않음은 무無의 세계다.

이 두 가지 용기는 각기 어떤 경우엔 이롭기도 하고 어떤 경우엔 해롭기도 하다. 절대적으로 정해진 것은 없다. 감히 나섬이 무조건 해로운 것은 아니다. 감히 나서지 않음이 무조건 이로운 것도 아니다. 하늘은 과연 이 둘 중에 어느 것을 좋아하고 어느 것을 싫어할까? 좋아하고 싫어하는 것은 자신의 생각에서 비롯된다. 하늘은 좋아하고 싫어하는 것을 분별하지 않는다. 하늘의 자연스러움이 때로는 누군가를 좋아하는 모습으로 보이고 때로는 싫어하는 모습으로 보일 뿐이다. 하늘의 도를 잘 따르는 어른도 좋다, 싫다는 판단을 함부로 내리지 않는다. 마치 판단을 어려워하면서 망설이는 것 같은 모습이다.

참된 용기는 항상 자연스러움을 본받는 것이다

왕필은 이렇게 설명했다. "성인의 밝은 마음을 가지고도 용감하게 행하기를 망설이며 어려워한다. 하물며 성인의 밝은 마음도 없으면서 행하려고 함에랴!"[1] 왕필은 감히 나서지 않음의 손을 들어준다. 노자가 67장에서 언급한 세 가지 보물 중의 하나도 감히 천하를 위한다며 나서지 않는 마음이었다.

그렇다면 감히 나서지 않는 것이 잘하는 모습일까? 노자가 여기서 양자택일을 강요하는 것이 아니다. 노자는 많은 사람이 놓치는 무의 세계를 보라는 말을 하고 있는 것이다. 무의 세계가 구체적으로 무엇인지는 유의 세계가 어떤 모습이냐에 달렸다. 과연 두 종류의 용기 가운데 어느 용기가 잘하는 모습일까? 항상 자연스러움을 본받는 것이 참된 용기다.

하늘의 길을 따라 느긋하게 호흡하며 걸어가자

하늘의 그물은 허공과 같다. 하늘의 그물엔 좋아함과 싫어함을 분별하는 그물코가 없기에 빠트리는 것이 없다. 아름다움과 추함, 옳음과 그름 등 모든 대칭적 상관관계를 분별하지 않고 품는 것이 하늘의 그물이다. 그 크기와 넓이를 나의 작은 생각으로 다 잴 수 없다. 생각의 그물은 좋아함과 싫어함을 분별하는 각종 편견과 욕심으로 촘촘히 짜여 있지만 놓치는 것이 많다. 다투지 않아도 잘 이기고 말하지 않아도 잘 응하는 하늘의 길을 따라가 보자. 하늘의 자연스러운 길을 느긋하게 호흡하며 걸어가 보자. 걷기 명상Mindful Walking이다.

---

1 "夫聖人之明, 猶難於勇敢, 況無聖人之明, 而欲行之也."(김학목 옮김, 『노자 도덕경과 왕필의 주』, 홍익출판사, 262쪽 참조)

74장

제도를 바꾸기 전에 마음부터 다스려라

백성이 죽음을 두려워하지 않는데	民不畏死 민 불 외 사
어떻게 죽음으로 그들을 겁줄 수 있겠는가?	奈何以死懼之 내 하 이 사 구 지
만약 백성이 계속 죽음을 두려워하도록	若使民常畏死 약 사 민 상 외 사
속임수를 쓰는 자가 있다면	而爲奇者 이 위 기 자
나라도 그런 자를 붙잡아 죽이고 싶지만	吾得執而殺之 오 득 집 이 살 지
어찌 감히 죽일 수 있겠는가?	孰敢 숙 감
항상 죽임을 관장하는 자가 있어	常有司殺者殺 상 유 사 살 자 살
죽이는 것이니	
무릇 죽임을 관장하는 자를 대신해 죽인다면	夫代司殺者殺 부 대 사 살 자 살
이를 일컬어 큰 목수를 대신해	是謂代大匠斲 시 위 대 대 장 착
나무를 깎는다고 한다.	

司殺者(사살자): 죽이는 일을 관장하는 자 / 大匠(대장): 뛰어난 목수 / 斲(착): 깎다

무릇 큰 목수를 대신해 나무를 깎는 자 중에

夫代大匠斲者
부 대 대 장 착 자

그 손을 다치지 않는 경우가 드물다.

希有不傷其手矣
희 유 불 상 기 수 의

삶과 죽음이 맞물려 있음을 아는 이에게 죽음은 두려움의 대상이 아닐 것이다. 유무상생有無相生의 도道를 깨달은 이에겐 '죽음의 자리(死地)'[1]가 따로 있지 않기 때문이다. 그런 도를 따르며 덕을 쌓은 이를 유위有爲의 권력은 싫어할 것이다. 권력의 입맛대로 부리기가 쉽지 않기 때문이다. 유위의 권력은 권위로 포장된 무력을 내세워 백성들이 삶과 죽음을 분별하게 하려고 한다. 권력의 무기는 백성으로 하여금 죽음에 대한 두려움을 갖게 하는 것이다.

백성이 죽음을 두려워하지 않을 지경에 이르렀다면 가혹한 폭정이 갈 때까지 간 것이다. 그런 상황임에도 계속해서 백성으로 하여금 죽음을 두려워하도록 속임수를 쓰는 자가 있다고 가정해보자. 노자는 자신이라도 그런 폭군을 붙잡아 죽이고 싶을 것이라고 하면서 그럼에도 '어찌 감히 죽일 수 있겠는가?'라며 의문을 제기한다.

혁명을 선동하는 것이 아니라 생각을 깨우치는 것이다

노자는 극악한 폭군일지라도 인간이 인간을 죽일 수 없다며 사형을 반대하고 있는 것일까? 그렇지 않다. 사형에 찬성을 하는 것도 아니다. 가혹한 형벌로 인해 백성이 느끼는 사회적 고통을 노자가 외면하는 것도 아니다. 또 백성이 죽음조차 두려워하지 않는 상황을 묘사한 대목에서 혁명을 꿈꾸는 이도 있을 텐데 노자는 혁명을 선동하는 것이 아니며 그렇다고 혁명을 부정하는 것도 아니다. 노자는 혁명이나 사형제도나 형법 등을 절대화하는 그 생각의 한계를

---

1   『도덕경』 50장

지적하고 있다. 무조건 좋은 것도 없고 무조건 나쁜 것도 없다.

혁명을 일으켜 정부를 전복하면 전쟁이 없어지고 행복한 나라가 건설될까? 사형제도를 없애고 형법을 완화하면 다툼이 사라지고 사회가 평화로워질까? 그렇게 될 수도 있지만 아닐 수도 있다. 오랜 역사의 경험으로 보면 아닌 쪽이 더 가까워 보인다. 권력이나 제도를 바꿀 줄은 알면서 권력이나 제도를 움직이는 사람의 마음을 돌아볼 줄 모르기 때문이다. 제도를 바꾸기 전에 마음을 먼저 바꾸어야 한다. 마음부터 돌아보는 것이 무위無爲다. 유위有爲의 권력을 무위의 권력으로, 유위의 제도를 무위의 제도로 바꾸는 의식의 전환이 이루어져야 한다. '어찌 감히 죽일 수 있겠는가?'라는 노자의 탄식은 무위의 의미를 알아차리라는 뜻이다. 군주가 도道를 따르고 덕德을 쌓으며 백성의 본보기가 되는 무위의 정치를 행해야 한다.

마음챙김은 자연스럽게 살다가 자연스럽게 죽는 것이다

노자는 죽이는 일을 담당하는 관리가 따로 있다는 말도 했다. 죽이는 일을 맡은 관리는 하늘을 가리킨다. 하늘은 죽이는 일만 담당하는 것이 아니라 살리는 일도 같이 담당한다. 담당한다는 표현이 오해를 부를 수 있다. 하늘은 대칭적 상관관계로서의 땅과 같이 있는 하늘이다. 하늘과 땅 사이에서 만물이 태어나 살다가 죽는 이치를 알아야 한다. 대자연에서 나와서 살다가 대자연으로 다시 돌아가는 것이 죽음이다. 죽음과 삶은 대자연에서 벌어지는 자연스러운 과정이다. 자연스럽게 살다가 자연스럽게 죽는 것이 무위이고 마음챙김이다.

75장

세상의 모든 죽음은 마음챙김의 계기다

백성이 굶주리는 것은

民之饑
민 지 기

그 위에서 세금을 많이 걷기 때문이다.

以其上食稅之多
이 기 상 식 세 지 다

그래서 굶주린다.

是以饑
시 이 기

백성을 다스리기 어려운 것은

民之難治
민 지 난 치

그 위에서 억지로 일을 벌이기 때문이다.

以其上之有爲
이 기 상 지 유 위

그래서 다스리기 어렵다.

是以難治
시 이 난 치

백성이 죽음을 가볍게 여기는 것은

民之輕死
민 지 경 사

그 위에서 삶을 구함이 두텁기 때문이다.

以其上求生之厚
이 기 상 구 생 지 후

그래서 죽음을 가볍게 여긴다.

是以輕死
시 이 경 사

오직 삶을 위함이 없는 것이

夫唯無以生爲者
부 유 무 이 생 위 자

삶을 귀하게 여기는 것보다 현명하다.

是賢於貴生
시 현 어 귀 생

권력이 귀하고 높을수록 천하고 낮은 것이 자신의 뿌리임을 잊어
선 안 된다. 백성은 권력의 뿌리다. 백성이 배를 주릴 정도로 빈곤
한데 권력이 세금을 너무 많이 걷는다면 자신의 뿌리를 갉아먹는
것과 다르지 않다.

정치는 백성을 잘 다스리는 일이지만 그 출발은 권력자의 마음을
다스리는 데서 시작해야 한다. 마음부터 돌아보는 정치가 무위無爲
다. 마음을 먼저 돌아보지 않고 정치하려는 것이 유위有爲다.

백성을 다스리기 어렵게 된 이유는 권력의 유위에 있다. 권력의
유위는 백성을 함부로 대하는 모습으로 나타난다. 가혹한 세금으로
백성을 굶주리게 하고 무리한 공사나 살육의 전쟁에 백성을 함부로
동원하는 것이 유위의 폭정이라 할 수 있다. 유위의 폭정이 계속되
면 백성이 죽음을 가볍게 여기는 사태까지 이를 수 있다.

'죽음 명상'은 마음챙김의 마지막 관문이다

상황이 이런 지경에 이르렀으니 이제 권력의 폭정을 뒤엎기 위해
백성이 들고 일어나라고 노자가 혁명을 선동하는 것일까? 그렇지
않다. 그럼 권력의 폭정에 가만히 숨죽이며 노예처럼 죽은 듯 살라
는 것일까? 그것도 아니다. 여기서 노자는 경제와 정치의 사회적 문
제를 삶과 죽음의 철학적 문제로 전환한다. 삶과 죽음을 바라보는
눈이 바뀌지 않으면 경제와 정치의 문제가 근원적으로 해결되지 않
는다고 보기 때문이다.

삶과 죽음을 별개의 사태로 보는 것이 유위다. 삶과 죽음을 동전

의 양면처럼 하나로 같이 있다고 보는 것이 무위다. 삶과 죽음을 따로 보면 삶만을 위하며 함부로 오만한 언행을 일삼게 된다. 삶과 죽음을 같이 보면 죽음이 있기에 삶이 의미가 있음을 알고 겸손하게 처신한다.

세상의 모든 죽음은 마음챙김의 계기가 된다

참된 정치는 참된 세계관에서 출발한다. 유위의 권력을 무위의 권력으로 전환해야 한다. 무위의 정치는 권력의 자리 교체나 제도의 개혁만으로 이루어지지 않는다. 혁명을 꿈꾸고 제도를 뜯어고치려는 이들의 마음이 먼저 바뀌어야 한다. 마음의 혁명이 우선이다. 그래야 세계가 바뀐다.

위와 아래, 권력과 백성은 함께 어울려 하나처럼 움직이는 대칭적 상관관계다. 권력이 자연스러운 유무상생有無相生의 원리를 망각하고 함부로 하는 유위를 멈추어야 한다. 권력의 무위는 권력의 잘못된 생각을 내려놓는 것이다. 무의 세계를 알아차리면 상대를 존중하고 배려하게 된다. 상대에 대한 존중과 배려는 무위의 다른 이름이다. 함께 어울려 잘 살아가는 비결이 여기에 있다.

『도덕경』의 후반부는 삶과 죽음의 이야기가 파노라마처럼 전개된다. 생사生死를 유무有無처럼 공존하는 관계로 보는 것은 마음챙김의 마지막 관문이다. 죽음이 있기에 삶이 의미가 있다. '죽음 명상'을 통해 매일 매순간 새롭게 다시 부활하는 삶을 살 수 있다. 세상의 모든 죽음은 마음챙김의 계기가 된다.

76장

부드럽고 약한 것이 위에 처한다

사람이 살아서는 부드럽고 약하지만	人之生也柔弱 _{인 지 생 야 유 약}
죽을 때는 딱딱하고 강해진다.	其死也堅强 _{기 사 야 건 강}

만물과 초목도 살아서는 부드럽고 연하지만	萬物草木之生也柔脆 _{만 물 초 목 지 생 야 유 취}
죽으면 마르고 딱딱해진다.	其死也枯槁 _{기 사 야 고 고}

그러므로	故 _고
딱딱하고 강한 것은 죽음의 무리이고	堅强者死之徒 _{견 강 자 사 지 도}
부드럽고 약한 것은 삶의 무리이다.	柔弱者生之徒 _{유 약 자 생 지 도}

이 때문에	是以 _{시 이}
군대가 강하면 이기지 못하고	兵强則不勝 _{병 강 즉 불 승}
나무가 강하면 베어진다.	木强則兵 _{목 강 즉 병}

강하고 큰 것은 아래에 처하고	强大處下 _{강 대 처 하}

부드럽고 약한 것은 위에 처한다.

柔弱處上
유 약 처 상

柔脆(유취): 부드럽고 연하다 / 枯槁(고고): 초목이 말라 물기가 없어지며 딱딱해짐

삶과 죽음은 동전의 양면처럼 하나로 같이 있다. 유약柔弱과 견강堅強도 마찬가지다. 우리 몸은 부드러운 것과 딱딱한 것으로 이루어져 있다. 태어날 때는 부드러운 것이 더 많지만 나이 들며 늙어갈수록 부드러움은 줄고 딱딱한 것이 더 많아진다. 몸만 그런 것이 아니다. 우리 생각도 그렇다. 부드러운 생각과 딱딱한 생각으로 이루어져 있다. 좀 더 오래 잘 살고 싶으면 부드러운 생각을 많이 해야 한다. 부드러운 생각이 무위無爲이고 딱딱한 생각은 유위有爲다.

물처럼 부드러워야 권력을 오래 유지한다

욕망을 앞세우는 것은 딱딱한 생각이다. 권력은 딱딱한 쪽에 가깝다. 자신의 욕망대로 다른 사람을 부리려는 생각이 권력의 속성이기 때문이다. 권력을 오래 유지하고 싶으면 물처럼 부드럽게 바꾸어가야 한다. 부드러움이란 자신의 생각을 낮추는 것이다. 높은 것은 낮은 것이 되고 낮은 것은 높은 것으로 바뀌는 것이 유무상생有無相生의 도道임을 알아차려야 한다. 부드러움이 행복과 평화의 문으로 들어가는 열쇠다.

77장

만물의 이치는 남으면 덜고 부족하면 보탠다

하늘의 도는

天之道
천 지 도

아마도 활을 당기는 것 같네!

其猶張弓與
기 유 장 궁 여

높으면 누르고

高者抑之
고 자 억 지

낮으면 올리며

下者擧之
하 자 거 지

남으면 덜고

有餘者損之
유 여 자 손 지

부족하면 보탠다.

不足者補之
부 족 자 보 지

하늘의 도는

天之道
천 지 도

남는 것을 덜어 부족한 것에 보태는데

損有餘而補不足
손 유 여 이 보 부 족

사람의 도는 그렇지 않으니

人之道則不然
인 지 도 즉 불 연

부족한 것에서 덜어 남는 것을 받든다.

損不足以奉有餘
손 부 족 이 봉 유 여

누가 능히 남는 것을 가지고

孰能有餘
숙 능 유 여

세상 사람들을 받들 수 있겠는가?

以奉天下
이 봉 천 하

오직 도가 있는 사람이다.

唯有道者
유 유 도 자

이 때문에 참된 어른은

是以聖人
시 이 성 인

위하면서도 의지하지 않고

爲而不恃
위 이 불 시

공을 이루어도 머무르지 않는다.

功成而不處
공 성 이 불 처

현명함을 드러내려 하지 않는다.

其不欲見賢
기 불 욕 현 현

見賢(현현): 현명함을 드러내다

하늘의 도를 활쏘기에 비유했다. 높은 것은 누르고 낮은 것은 들어 올린다고 했다. 어디 활쏘기만 그럴까? 자연스럽게 운행되는 만물의 이치가 다 그렇다. 그래야 삶의 균형이 유지될 수 있다. 남는 것을 덜어내 부족한 것에 보태주는 것도 같은 이치다.

도를 따르는 어른의 생각은 부드럽다

사람은 만물의 하나임에도 예외적인 것 같다. 사람은 생각이 있기 때문이다. 부드러운 생각이 아니라 딱딱한 생각이 문제가 된다. 자기만 더 잘살려 하고 자기만 더 높이려는 생각이다. 딱딱한 생각을 줄이고 부드러운 생각이 많아지면 개인의 수명도 오래가고 나라의 평화도 유지할 수 있다. 딱딱한 생각을 많이 하는 이들이 권력을 장악해서 문제가 된다.

도를 따르는 어른의 생각은 부드럽다. 만물이 잘 자라게 도와주면서도 거기에 의지하려고 하지 않는다. 공을 이루어도 거기에 오래 머물려고 하지 않는다. 욕심에 휘둘린 유위有爲의 정치와 마음을 비우는 무위無爲의 정치가 달라지는 대목이 이 지점이다. 심지어 무위가 현명한 처신임을 알아 무위를 행하면서도 그것조차 드러내려고 하지 않는다. 현명함을 드러내는 것은 또 다른 유위이기 때문이다.

78장

바른말일수록 마치 반대처럼 들린다

천하에 물보다 부드럽고 약한 것이 없으나	天下莫柔弱於水 천 하 막 유 약 어 수
딱딱하고 강한 것을 공격하는 데	而攻堅强者 이 공 견 강 자
물을 이길 것이 없다.	莫之能勝 막 지 능 승
그 무엇도 물을 대신할 수 없기 때문이다.	以其無以易之 이 기 무 이 역 지

약함이 강함을 이기고	弱之勝强 약 지 승 강
부드러움이 굳셈을 이기는 것은	柔之勝剛 유 지 승 강
세상에 모르는 사람이 없지만	天下莫不知 천 하 막 부 지
아무도 행하지는 못한다.	莫能行 막 능 행

이 때문에	是以 시 이
참된 어른은 이렇게 말한다.	聖人云 성 인 운
나라의 더러운 것을 받아들이는 사람을	受國之垢 수 국 지 구
사직의 주인이라 한다.	是謂社稷主 시 위 사 직 주
나라의 상서롭지 못함을 받아들여야	受國不祥 수 국 불 상

천하의 왕이 된다.

是爲天下王
시 위 천 하 와

바른말은 반대처럼 들린다.

正言若反
정 언 약 반

易(역): 바꾸다, 대신하다 / 垢(구): 때, 티끌 / 社稷(사직): 토지신과 곡식신. 나라를 의미 / 祥(상): 상서롭다

유약함과 견강함이 대칭적 상관관계로 다시 또 제시됐다. 줄여서 약함과 강함이라고 해도 좋다. 강함이 약함을 이기는 것을 모르는 사람은 없다. 그러나 노자는 약함이 강함을 이긴다는 역설을 계속 이야기한다. 왜 그럴까? 하늘과 땅 사이에 살아가는 만물의 운행 원리가 그렇기 때문이다. 이를 유무상생有無相生의 도道라고 한다. 약함을 중시하는 노자의 말에 담긴 속뜻은 약함과 강함이 돌아가며 서로의 위치를 바꾼다는 것이다. 강함은 약함이 되고 약함은 강함이 된다. 그러니 지금 강하다고 해서 오만하면 곧 약해지니까 미리미리 조심해서 대비해야 한다. 약함이 강함의 뿌리라는 것을 알아차리면 함부로 약자를 무시하지 않으면서 함께 잘 살아가는 길을 찾아나가게 된다.

실천하지 못하면 제대로 아는 것이 아니다

노자는 이런 이치를 세상에 모르는 사람이 없다고 말한다. 그런데 실천하지 못하는 이유가 무엇일까? 노자가 안타까워하는 대목이다. 실천하지 못하면 제대로 아는 것이 아니다. 그래서 노자는 물의 비유를 거듭 사용해서 유약함이 실제 견강함을 이긴다는 사실을 확실히 알게 하려고 한다.

노자가 좋아하는 물의 이미지는 8장의 상선약수上善若水에서 제시한 부드러운 물이다. 물은 만물을 이롭게 하면서도 다투지 않는 부쟁不爭의 상징이다. 많은 사람이 가기 싫어하는 낮은 곳에도 기꺼이 머무는 겸손의 상징이기도 하다. 물은 자신을 고집하지 않는다. 네모를 만나면 네모의 모양이 되고 세모를 만나면 세모가 되고 동그라미를 만나면 동그라미로 자신의 모양을 바꾼다.

유약함이란 자신을 고집하지 않는 것이다

노자가 말하는 유약함이란 육체적 근육의 적음을 가리키는 것이 아니다. 자신의 생각과 욕심을 고집하지 않는 마음을 유약함으로 표현했다. 자신을 고집하지 않으니 세상 그 무엇과도 다툴 일이 없다. 권력이 물의 유연함을 본받는다면 세상을 평화롭게 다스릴 수 있을 것이다. 권력은 높고 귀한 자리다. 권력의 마음 씀씀이를 넓고 깊게 하는 것이 물을 닮는 모습이다. 나라의 힘들고 더러운 일을 백성에게 돌리지 않고 권력이 떠맡을 줄 알아야 진정한 사직의 주인이라고 할 수 있다. 나라의 상서롭지 못한 일을 백성 탓으로 돌리지 않고 권력이 책임지는 모습을 보여야 세상 사람들의 마음까지 얻는 진정한 왕이 될 수 있다.

바른말은 반대처럼 들린다. 『도덕경』에는 정언약반正言若反의 역설이 많이 나온다. 크게 이루어진 것은 마치 모자란 것처럼 보인다. 말을 아주 잘하는 사람은 어눌해 보인다. 『도덕경』 전체가 정언약반의 모음집이라고 할 수 있다.

79장

하늘의 도를 따르면 원망과 원한이 없다

큰 원한은 화해를 해도	和大怨 화 대 원
반드시 여한이 남으니	必有餘怨 필 유 여 원
어찌 잘했다고 할 수 있겠는가?	安可以爲善 안 가 이 위 선
이 때문에 참된 어른은	是以聖人 시 이 성 인
돈 빌려준 계약서를 가지고 있어도	執左契 집 좌 계
사람들에게 갚으라고 독촉하지 않는다.	而不責於人 이 불 책 어 인
덕이 있으면 계약서 살피는 일을 맡고	有德司契 유 덕 사 계
덕이 없으면 돈 걷는 일을 맡는다.	無德司徹 무 덕 사 철
하늘의 도는 사사롭게 친함이 없으니	天道無親 천 도 무 친
항상 도를 잘 따르는 사람과 함께한다.	常與善人 상 여 선 인

左契(좌계): 차용증. 돈을 빌려준 징표 / 徹(철): 거두다 / 善人(선인): 잘하는 사람. 도를 잘 따른다는 의미

'하늘의 도는 사사롭게 친함이 없다'는 구절은 『도덕경』 5장에 나온 천지불인天地不仁과 같은 의미다. '친함이 없다' '어질지 않다'는 말은 역설적 표현이다. 아름다움과 추함, 잘함과 잘 못함, 높음과 낮음 등을 분별하는 이분법적 의식을 가지지 않는다는 의미다. 하늘의 도道는 사사롭게 친함이 없기 때문에 항상 원한을 쌓지 않고 잘 지낼 수 있다. 무친無親은 사사로움이 없는 무사無私의 뜻이다. '무사'는 나를 고집하지 않는 무아無我의 마음을 가리킨다. 무친, 무사를 실천하는 사람은 도를 잘 따르는 사람이다. 이를 선인善人이라고 표현했다.

자신을 낮추고 미리미리 조심해야 한다

원망은 바라고 구하는 마음이 있을 때 생긴다. 바라는 것이 이루어지면 좋아하고, 구하는 대로 이루어지지 않으면 싫어하면서 원망까지 하게 된다. 원망이 깊어지면 원한이 되고 원한이 크게 맺히면 화해를 한다고 해도 여한이 남는다. 상황이 그렇게 악화되게 방치해선 안 된다. 미리미리 조심하는 것이 도를 잘 따르는 사람의 모습이다.

어떻게 미리미리 조심해야 할까? 자신을 낮추는 것이다. 어느 정도까지 낮추어야 할까? 그것은 상황에 따라 풀어가야 한다. 이 장에선 채무자와 채권자의 비유를 들었다. 돈을 빌려준 채권자라고 해도 채무자에게 너무 오만해서는 안 된다. 도를 잘 따르는 어른은 채권 증서를 가지고 있다고 해도 채무자를 독촉하지 않는다고 했다. 쉬운 경지는 아니지만 이렇게까지 낮추어야 한다는 이야기다. 바라고 원하는 마음을 줄여나가는 마음챙김이 원한이 생기지 않게 하는 길이다.

80장

욕심이 작고 적을수록 삶이 풍성해진다

나라를 작게 하고 백성을 적게 한다.

小國寡民
소 국 과 민

열배 백배로 유용한 기물이 있어도

使有什佰之器
사 유 십 백 지 기

쓸 일이 없게 한다.

而不用
이 불 용

백성으로 하여금 죽음을 무겁게 여겨

使民重死
사 민 중 사

멀리 옮겨 다니지 않게 한다.

而不遠徙
이 불 원 사

배와 수레가 있어도

雖有舟輿
수 유 주 여

탈 일이 없고

無所乘之
무 소 승 지

갑옷과 병기가 있어도

雖有甲兵
수 유 갑 병

펼칠 일이 없다.

無所陳之
무 소 진 지

사람들은 다시 새끼를 엮어

使人復結繩
사 인 복 결 승

문자로 사용한다.

而用之
이 용 지

자신들의 음식을 달게 여기고

甘其食
감 기 식

자신들의 옷을 아름답게 여기며

美其服
미 기 복

자신들이 거처를 편안하게 여기고

安其居
안 기 거

자신들의 풍속을 즐겁게 여긴다.

樂其俗
낙 기 속

이웃 나라가 서로 바라보이고

隣國相望
인 국 상 망

닭 울고 개 짓는 소리가 서로 들려도

鷄犬之聲相聞
계 견 지 성 상 문

사람들이 늙어 죽을 때까지

民至老死
민 지 노 사

서로 왕래하지 않는다.

不相往來
불 상 왕 래

什佰之器(십백지기): 열배 백배로 편리한 기물 혹은 그렇게 뛰어난 능력의 인재 /
結繩(결승): 문자가 없던 시기에 노끈을 엮어 의미를 전하던 방법

나라를 작게 하고 백성을 적게 하라는 말은 행위의 대상을 향한 것이 아니다. 군주의 마음을 향한 경구다. 작게 하고 적게 하는 것은 욕구를 무화無化하는 것이다. 그러기 위해선 무無의 세계를 볼 수 있어야 한다. 육안으로 유有의 세계만 보면 '유위有爲 정치'를 하게 될 뿐이다. 마음의 눈으로 무의 세계를 보아야 '무위無爲 정치'를 할 수 있다.

열 사람, 백 사람 몫의 재능이 있는 사람이라면 뛰어난 인재다. 그렇게 뛰어난 인재들이 권력의 주변에 모여 능력을 잘 발휘하면 평화로운 세상을 만들어가야 할 텐데 그게 잘 안 되는 이유가 여기에 있다. 유의 세계만 보는 육안은 줄이고 무의 세계를 보는 심안은 키움으로써 육안과 심안이 균형을 이루어야 한다.

세상 만물이 존재하고 움직이는 이치를 알아야 한다

나라와 백성을 진정 위한다면 '무위 정치'를 해야 한다. '유위 정치'는 권력의 욕구를 충족하기 위해 억지로 무엇인가를 일삼는 것이다. 대개 나라와 백성을 위한다는 그럴듯한 명분을 내세우지만 권력의 잇속을 채우기 위한 속셈일 수 있다. 백성의 마음을 자신의 마음으로 삼을 때 무위 정치를 행할 수 있다. 무위 정치는 '무아無我 정치' '무심無心 정치'다.

감히 나라와 백성을 위한다며 백성 앞에 나서기 전에 먼저 마음을 돌아보아야 한다. 세상 만물이 존재하고 움직이는 이치를 알아차려야 한다. 그것은 집 밖으로 나가지 않아도 알 수 있고 창밖으로 내다보지 않아도 느낄 수 있다. 알 수 있는 비결은 생각과 욕심을 비우는 마음챙김이다. 비우면 보인다.

왕필은 수유주여雖有舟輿 이하의 긴 문장에 대해 "구하고 바라는 것이 없다."[1]라는 단 한마디의 주석만 남겼다. 바라고 구하는 욕구가 사물의 실상을 있는 그대로 보지 못하게 한다. 덧붙일 말이 없다.

---

1 "無所欲求."(김학목 옮김, 『노자 도덕경과 왕필의 주』, 홍익출판사, 348쪽 참조)

81장

아름다운 말은 믿음직하지 않다

믿음직한 말은 아름답지 않고	信言不美 신 언 불 미
아름다운 말은 믿음직하지 않다.	美言不信 미 언 불 신
잘하는 사람은 분별하지 않고	善者不辯 선 자 불 변
분별하는 사람은 잘하지 못한다.	辯者不善 변 자 불 선
아는 사람은 박식하지 않고	知者不博 지 자 불 박
박식한 사람은 알지 못한다.	博者不知 박 자 부 지
참된 어른은 쌓아두지 않는다.	聖人不積 성 인 부 적
쌓아두지 않고 다른 사람을 위하는데	旣以爲人 기 이 위 인
자신이 더 가지게 되고	己愈有 기 유 유
쌓아두지 않고 다른 사람에게 주는데	旣以與人 기 이 여 인
자신이 더욱 많아진다.	己愈多 기 유 다

하늘의 도는

만물을 이롭게 할 뿐 해치지 않는다.

어른의 도는

만물을 위할 뿐 다투지 않는다.

天之道
천 지 도

利而不害
이 이 불 해

聖人之道
성 인 지 도

爲而不爭
위 이 부 쟁

辯(변): 말을 잘하다, 분별하다

아름다운 말이 어찌 미덥지 않을까? 이 또한 노자의 역설임을 알아차려야 한다. 이제『도덕경』의 마지막 장까지 왔는데 여기 나온 아름다움이란 말에 걸려 넘어지면 안 된다. 아름다움이 아름다움으로 여겨지는 것은 그 이면에 추함이 있기 때문이다. 유무상생有無相生의 도道를 보지 못하면 아름다움이 홀로 아름다움인 줄로 착각하게 된다. 그것은 참된 아름다움이 아니고 꾸민 아름다움이다.

꾸밈을 비우면 많은 말이 필요 없다

꾸밈이 줄면 미덥게 된다. 꾸밈이 줄고 줄어 없어지는 경지가 무위無爲다. 꾸밈을 채우는 것은 유위有爲다. 아름다움과 추함을 분별하지 않는 것이 무위이고 분별하는 것은 유위다. 꾸밈과 분별을 정당화하려면 많은 말이 필요하다. 꾸밈을 비우면 많은 말이 필요 없다. 말이 많은 것은 마음을 비우지 못했다는 표시다.

하늘의 도는 만물을 이롭게 하면서 해를 끼치지 않는다. 그 도를 따르는 어른도 만물을 위하며 도울 뿐 이래라 저래라 강요하지 않는다. 공을 이루어도 거기에 머물려고 하지 않는 것이다. 자연스럽게 이루어졌기에 자연스럽게 물러날 줄 안다. 그칠 줄 모르고 물러나지 않으려는 욕심이 세상을 어지럽힌다. 전쟁과 평화는 자신의 마음 씀씀이에 달렸다.

마음챙김은 쌓는 것이 아니라 비움이다

마음챙김은 무엇을 계속 쌓는 것이 아니라 비움을 지향한다. 비움이 곧 무위다. 비움 중에서 가장 큰 비움은 마음 비움이다. 마음 비움이란 상대에 대한 존중이다. 상대적 존재로서 서로에 대한 존중과 믿음이 공동체를 평화롭게 유지하는 밑거름이다.

따뜻하게 친절하게 마음챙김!

아주 오래된 옛날부터 전해 내려오는 격언이 있었다. 평평한 길은 마치 어그러진 것처럼 보이고 큰 사각형은 마치 모서리가 없는 것 같다는 등의 이야기다. 평평한 길이 어떻게 어그러져 보이고 모서리가 없는데 어떻게 사각형이란 말이 성립할 수 있을까? 이런 의문은 언어를 사용하는 인간의 생각으로는 풀리지 않는다. 『도덕경』에 나오는 이 같은 역설은 언어가 끊어진 세계로 우리를 안내한다.

인간의 언어는 선악善惡과 시비是非를 분별하는 데 익숙하다. 그런 분별적 언어가 끊어진 세계가 어디에 있을까? 우리 마음이다. 누구나 그런 마음을 가지고 있다. 그런 마음을 알아차리는 것이 마음챙김이다. 희로애락喜怒哀樂의 감정에 끌려만 다니면 그런 마음을 느낄 수 없다. 지금 무슨 일을 하든지 간에 잠시 하던 일을 멈추고 자신의 관심을 호흡에 가져가 보자. 숨을 한번 크게 들이쉬고 내쉬는 단순한 동작이 당신을 그 이전과 전혀 다른 세계로 안내한다.

노자는 오래된 격언을 이어받아 자신의 버전으로 세상과 우주의 실상을 변주하고 있다. 화禍와 복福은 서로 기대고 있다는 삶의 구체적 이야기에서부터 유무상생有無相生의 추상적 표현까지 다양하게 전개된다. 21세기 마음챙김도 그런 오래된 흐름을 이어받고 있다. 우리는 우리 시대의 마음챙김을 각자의 삶 속에서 구현해가야 한다.

 노자가 81장에 걸쳐 제시하는 수많은 비유와 상징을 통해 우리
는 새로운 삶의 비전을 알아차려야 한다. 새롭다는 것은 앞으로 살
아갈 미래를 염두에 둔 말이다. 그 새로움이란 다른 것이 아니라
'오래된 미래'에 대한 자각이다. 지금까지 보아도 보이지 않던 것이
문득 보이게 되는 새로움이다. 없던 것이 아니라 본래 있던 것인데
보지 못했을 뿐이다. 노자가 전해주는 '오래된 새로움'은 자연의 허
공처럼 넓고 큰 우리 마음을 이야기한 것이다. 우리 마음은 본디 그
어떤 경계도 없이 넓고 큰 허공과 같다. 무한히 넓고 크게 쓸 수 있
음에도 그와 반대의 모습으로 제한돼 있는 것은 아닌지 되돌아보아
야 한다. 그것이 마음챙김이다. 지금 여기서 즉각 마음 씀씀이를 바
꾸는 것이 마음챙김이다.

 세상 모든 일에는 양면이 존재한다. 나와 남, 남자와 여자, 이것과
저것, 귀함과 천함, 높음과 낮음, 강함과 약함, 옳음과 그름 등은 언
어로 만들어낸 분별이다. 언어 이전의 만물은 하나로 같이 있다. 대
칭적 상관관계가 같이 있으면서 조화를 이루는 유무상생의 도를 알
아차리는 것이 마음챙김이다. 보이는 것이 전부가 아니다. 들리는
것이 전부가 아니다. 보이지 않고 들리지 않는 무無의 세계를 마음
의 눈과 마음의 귀로 알아차리는 것이 마음챙김이다. 무의 세계를
보는 마음은 상대에 대한 존중과 배려로 표출된다. 따뜻한 한마디,
친절한 미소가 세상을 바꾼다. 무의 세계를 알아차리면 변화는 이
미 시작됐다. 마음챙김으로 우리 모두 함께 행복과 평화의 나라로
여행을 떠나보자. 따뜻하게 친절하게 마음챙김!

마음챙김으로 지금 이 순간 나에게 따뜻하기를!

마음챙김으로 지금 이 순간 남에게 친절하기를!

마음챙김으로 지금 이 순간 사회가 평화롭기를!

마음챙김으로 지금 이 순간 모두가 행복하기를!

2023년 7월 만리재萬里齋에서

배영대

참고문헌

1. 도덕경 주석서

河上公,『老子章句』

王弼,『老子注』

成玄英,『老子義疏』

焦竑,『老子翼』

2. 도덕경 관련 단행본

김학목,『노자 도덕경과 왕필의 주』, 홍익출판사, 2000.

──,『초원 이충익의 담노 역주』, 통나무, 2014.

──,『박세당의 노자』, 예문서원, 1999.

김형효,『사유하는 도덕경』, 소나무, 2004.

──,『노장사상의 해체적 독법』, 청계, 1999.

최진석,『노자의 목소리로 듣는 도덕경』, 소나무, 2001.

최진석·정지욱,『노자의소老子義疏』, 소나무, 2007.

이석명,『노자 도덕경 하상공장구』, 소명출판, 2005.

──,『노자』, 민음사, 2020.

임채우,『왕필의 노자주』, 한길사, 2005.

최재목,『톨스토이가 번역한 노자 도덕경』, 21세기문화원, 2021.

최재목·박종연,『진고응이 풀이한 노자』, 영남대학교출판부, 2008.

오진탁,『감산의 노자 풀이』, 서광사, 1990.

이현주,『노자익老子翼』, 두레, 2000.

김용옥,『노자가 옳았다』, 통나무, 2020.

──,『노자: 길과 얻음』, 통나무, 1989.

김만겸,『임희일의 노자풀이』, 소강, 2014.

박영호, 『노자-빛으로 쓴 얼의 노래: 다석 류영모를 통해 본 노자의 도덕경』, 두레, 1998.

오강남, 『도덕경』, 현암사, 1995.

남회근, 『노자 타설』, 설순남 옮김, 전 2권, 부키, 2013.

Arthur Waley, 『The Way and Its Power』, London: Allen and Unwin, Ltd., 1934.

3. 마음챙김 명상 관련 단행본

존 카밧진, 『처음 만나는 마음챙김 명상』, 안희영 옮김, 불광출판사, 2012

———, 『온 정신의 회복』, 안희영·김재성·이재석 옮김, 학지사, 2017

———, 『마음챙김 명상과 자기 치유』, 김교헌·김정호·장현갑 옮김, 전2권, 학지사, 2017

틱낫한, 『너는 이미 기적이다』, 이현주 옮김, 불광출판사, 2017

———, 『화』, 최수민 옮김, 명진출판사, 2002

———, 『지금 이 순간이 나의 집입니다』, 이현주 옮김, 불광출판사, 2019

진우기, 『달마, 서양으로 가다』, 불교시대사, 2002

혜거, 『천 년을 이어온 마음 수련법』, 책으로여는세상, 2018

크리스틴 네프, 『오늘부터 나에게 친절하기로 했다』, 서광스님·김정수·한창호 옮김, 더퀘스트, 2018

잭 콘필드, 『깨달음 이후의 빨랫감』, 이균형 옮김, 한문화, 2006

타라 브랙, 『받아들임』, 김선주·김정호 옮김, 불광출판사, 2012

스티븐 미첼, 『부처님께 재를 털면』, 최윤정 옮김, 고려원, 1990

고요한소리 편집, 『새불교 원초불교』, 수행편 1, 고요한소리, 1994

배영대, 『명상, 참 마음이 따뜻해』, 메이트북스, 2020

어른의 마음공부

: 동양 최고의 고전 노자 『도덕경』으로 마음챙김 명상을 한다!

초판 1쇄 인쇄 2023년 7월 3일
초판 1쇄 발행 2023년 7월 10일

지은이 배영대
펴낸이 안현주

국내 기획 류재운 이지혜 **해외 기획** 김준수 **메디컬 기획** 김우성
편집 안선영 박다빈 **마케팅** 안현영
디자인 표지 정태성 본문 장덕종

펴낸곳 클라우드나인 **출판등록** 2013년 12월 12일(제2013-101호)
주소 우) 03993 서울시 마포구 월드컵북로 4길 82(동교동) 신흥빌딩 3층
전화 02-332-8939 **팩스** 02-6008-8938
이메일 c9book@naver.com

값 20,000원
ISBN 979-11-92966-22-9 03180
